Adam J. Jackson

De keerzijde

Leer de andere kant van de medaille te zien

Uitgeverij Ankh-Hermes bv – Deventer

Oorspronkelijke titel *The Flipside*, uitgegeven door Headline Publishing Group, Engeland

Vertaling: Aleid C. Swierenga en Sipko A. den Boer

CIP-gegevens

ISBN: 97890 202 04056

NUR: 720

Trefwoord: keerzijde / tegenslag / uitdaging

Voor Sam Chapman

Inhoud

De keerzijde

www.ankh-hermes.nl

Keerzijde: de ommezijde, de keerzijde van de medaille, de minder fraaie, de onaangename zijde van een in ander opzicht goede zaak

– *van Dale, Groot woordenboek der Nederlandse taal*, 14e herziene uitgave, 2005.

In dit geval op te vatten als de mooiere, de betere zijde van een zaak die in eerste instantie alleen maar slecht lijkt.
De zonzijde, de zonnige kant tegenover de schaduwzijde, de schaduwkant.

Als de goden besluiten ons te straffen,
verhoren ze gewoon onze gebeden.
Oscar Wilde

Proloog

De hele wereld is vol lijden, maar ook vol overwinningen.

HELEN KELLER

De jongen was net twaalf. Hij staarde naar de grond. Hij wriemelde nerveus met zijn vingers, in afwachting van het antwoord van de dokter. De arts was een lange, slungelige man van in de zestig. Hij miste elk gevoel van warmte. Zijn haar was glad achterovergekamd, hij had een puntneus en dunne, samengeknepen lippen. Hij droeg een rond brilletje, waardoor zijn bleekgrijze ogen op knikkers leken. Hij pakte de papieren die voor hem lagen op, maakte er een keurige stapel van, legde ze weer neer, verschoof zijn bril en keek de jongen toen recht aan.

'Het spijt me, joh', zei hij, 'maar wat jij hebt, gaat niet meer over. Als ik je geef waar je om vraagt, bewijs ik je een slechte dienst. Hoe eerder je hiermee leert leven, hoe beter.'

'Maar kunt u niet …', begon de jongen.

'Luister', viel de dokter hem in de rede. 'Het is voor je eigen bestwil.'

De tranen sprongen de jongen in de ogen. Zijn borst krampte samen. Hij stond op en verliet met gebogen hoofd de spreekkamer.

De jongen leed aan de huidziekte die bekendstaat als psoriasis, een ziekte die zich kenmerkt door rode, schilferige plekken op de huid. Deze beperken zich in veel gevallen tot de ellebogen en knieën van de patiënt. Er zijn ook mensen die het op hun hoofd hebben. Maar de jongen had die dikke, schilferige plekken over zijn hele lichaam.

Hij merkte het voor het eerst toen er op een ochtend allemaal rode plekjes aan de zijkant van zijn buik verschenen. Dat was nog maar twee maanden geleden, maar die plekjes waren in de weken daarna groter geworden en hadden zich over zijn hele lichaam verspreid.

De jongen ging niet naar de schoolarts voor een remedie, de huisdokter had hem namelijk al verteld dat die niet bestond. De jongen had de schoolarts gevraagd om een briefje zodat hij niet zou hoeven meedoen met de zwemles.

Terwijl de jongen door de gang het gebouw uit liep, kon hij zijn tranen niet meer bedwingen. Hij zag niets en niemand, het enige waaraan hij kon denken was hoe de andere kinderen zouden reageren als hij op de zwemles verscheen terwijl hij eruitzag als een melaatse. De onvermijdelijke vragen tolden door zijn hoofd tot hij er misselijk van werd. 'Waarom ik? Waarom moest mij dit overkomen? Waarom is het leven zo onrechtvaardig?'

Opeens voelde hij een hand op zijn schouder. Hij draaide zich om en zag zijn klasseleraar, meneer Greenstein, naast zich staan. Meneer Greenstein was klein van stuk en nauwelijks groter dan de jongen. Hij droeg een effen grijs pak, een wit overhemd en een marineblauwe das. Het was een aardige man met een zachte stem. De kinderen van zijn klas mochten hem graag.

'Wat is er aan de hand?' vroeg meneer Greenstein.

'Niks', zei de jongen en veegde zijn tranen af.

'Kom eens even zitten', drong meneer Greenstein aan.

Ze gingen samen op een bankje zitten onder een grote eikenboom, een eindje bij de school vandaan.

'Wat is er aan de hand? Misschien kan ik je helpen.'

'Niemand kan me helpen', mompelde de jongen.

'We kunnen op z'n minst een poging wagen', zei meneer Greenstein.

De jongen rolde zijn mouw op, liet de grote, rode met schilfers bedekte plekken zien en vertelde wat er aan de hand was. Toen hij uitgepraat was, legde meneer Greenstein zijn hand op de schouder van de jongen.

'Van wie heb je zwemles?'

'Van meneer Cunningham.'

'Zullen we dan samen bij meneer Cunningham langsgaan? We krijgen hem vast wel zover dat je niet aan de zwemles mee hoeft te doen.'

'Echt waar?'

'Absoluut. Maar vóór we dat doen, wil ik je iets vertellen. Ik was zeven toen mijn vader stierf en ik begon te stotteren. Dat gebeurde, net als jouw huidprobleem, bijna van de ene dag op de andere. Het werd zo erg dat de andere kinderen me begonnen te pesten. Ik praatte als Brugman met mijn moeder. Maar er zat niets anders op. Ik moest naar school. Daar ben ik achteraf blij om, want als ik dat niet had gedaan, had ik mijn school niet afgemaakt. Dan was ik geen onderwijzer geworden en had ik hier nu niet met jou gezeten.'

Meneer Greenstein keek de jongen recht in de ogen. 'Elk probleem waarvoor het leven ons stelt heeft z'n keerzijde.'

'Wat bedoelt u daarmee?', vroeg de jongen.

'Elk probleem of obstakel brengt kansen met zich mee die even groot en soms zelfs groter zijn dan het probleem zelf. Zo'n kans is de keerzijde.'

De jongen trok zijn mouw op. 'Wat kan hier de keerzijde van zijn? Hoe kan het nou een kans zijn dat je eruitziet als een melaatse en dat iedereen dat kan zien?'

'Tja, daar moeten we eens goed over nadenken ...' zei meneer Greenstein. 'Laten we eens kijken of we de keerzijde, de zonnige kant hiervan, kunnen vinden.'

Inleiding

In elk probleem gaat een kans schuil, een kans zo groot, dat hij het probleem letterlijk tenietdoet. De grootste succesverhalen zijn de verhalen van mensen die een probleem onderkenden en dat tot een kans maakten.

JOSEPH SUGARMAN

De eerste keer dat ik iemand tegenkwam die de keerzijde had gevonden, was op een koude winteravond in februari 1981. In feite ontmoette ik die avond niet één, maar twee opmerkelijke mannen, die het allebei hadden over de belangrijkste gebeurtenis in hun leven, die alles had veranderd. Ik weet niet meer hoe ze heetten, maar wat er die avond gebeurde, is me altijd bijgebleven. Het was een avond die ik nooit zal vergeten.

Ik was net naar een voorstelling van het studententoneel van de universiteit van Southampton geweest, een grandioze opvoering van het stuk *Whose Life Is it Anyway?*, het verhaal van een man die na een ernstig auto-ongeluk in een ziekenhuis belandt en als hij bijkomt tot de ontdekking komt dat hij vanaf zijn nek verlamd is.

Het is een heel aangrijpend verhaal. Vóór het ongeluk draaide het hele leven van de man om zijn werk als beeldend kunstenaar. Als hij tot de ontdekking komt dat hij verlamd is, wil hij dat niet onder ogen zien en smeekt de leiding van het ziekenhuis hem te helpen om te sterven. Wanneer dat geweigerd wordt, begint hij een gerechtelijke strijd om een eind aan zijn leven te mogen maken.

Dit briljant geschreven toneelstuk onderzoekt de emotionele reis van een man wiens heldere, scherpzinnige, levendige geest gevangenzit in een niet-functionerend lichaam. Het belicht ook de problemen waarvoor euthanasie ons juridisch en moreel stelt. In het gerechtelijk getouwtrek dat daarop volgt, wordt duidelijk dat de man heel anders tegenover het leven komt te staan. Hij begint een band op te bouwen met de mensen om zich heen, en de uitdaging waarvoor de rechtszaak hem stelt geeft zin aan zijn bestaan van dag tot dag. Ik vertel je niet hoe het stuk afloopt. Mocht je de kans krijgen om het stuk – of de film met Richard Dreyfuss in de hoofdrol – te zien, dan weet ik zeker dat het een avond wordt die je aan het denken zet en die je niet gauw zult vergeten.

Als student in de rechten vond ik het met name interessant om het stuk te zien omdat we ons op dat moment in onze studie bezighielden met de juridische en ethische kanten van euthanasie. De kernvraag die in het stuk aan de orde wordt gesteld, is of iemand vlak na zo'n ingrijpend lichamelijk en emotioneel trauma mentaal en emotioneel evenwichtig genoeg is om een verstandige beslissing te nemen.

De avond waarop ik het stuk in 1981 zag was met name gedenkwaardig omdat er daarna een open discussie plaatsvond over wat er in het verhaal te berde werd gebracht. Er voegden zich op het toneel bij de regisseur een professor in de rechten, een professor in de psychologie en nog twee mannen, die beiden in een rolstoel zaten.

De professor in de rechten sprak over de vragen die gesteld moeten worden wanneer je overweegt euthanasie te legaliseren. Zelfdoding is in Groot-Brittannië niet strafbaar en je zou dus verwachten dat je ook niet strafbaar bent als je iemand helpt die wil sterven maar fysiek niet in staat is zichzelf te doden. Als iemand van wie je houdt lijdt en jou vraagt een eind aan zijn lijden te maken door hem een flesje met pillen aan te reiken en je doet dat, maak je je dan schuldig aan moord of doodslag?

Als iemand die daartoe lichamelijk wel in staat is een flesje met pillen mag pakken om een eind aan zijn leven te maken, moet iemand die verlamd is dat recht dan worden ontzegd enkel en alleen omdat hij dat flesje niet zelf kan pakken?

In hoeverre kun je iemand die een ander helpt een eind aan zijn leven te maken strafbaar stellen? Het ligt zo voor de hand. De meeste mensen aarzelen geen moment om een eind te maken aan het lijden van een dier, dus waarom breiden we datzelfde mededogen niet uit tot mensen? Hoe meer je hierover nadenkt, hoe meer je tot de ontdekking komt dat het zo eenvoudig niet ligt. Een van de vragen die maar bleef terugkomen was: hoe lang na zo'n ingrijpend trauma kun je van iemand die een eind aan zijn leven wil maken zeggen dat hij gezond van geest is en in staat om een verstandige beslissing te nemen?

De psycholoog pakte de discussie op en legde uit dat traumatische gebeurtenissen veranderingen teweegbrengen in het denken en het gedrag van een mens. Dit staat bekend als posttraumatische stressstoornis en ontwikkelt zich meestal in de eerste drie maanden na een trauma. Het kan echter wel een jaar duren vóór de symptomen – zoals depressie, zelfmoordneigingen, nachtmerries, woede-aanvallen en flashbacks – zich echt openbaren.

Wanneer je een van de ergste lichamelijke en emotionele trauma's meemaakt die je je maar kunt voorstellen, namelijk dat je vrijwel van top tot teen verlamd bent, met alle gevolgen van dien, kan onmogelijk worden vastgesteld of je al dan niet in staat bent een verstandige beslissing te nemen. Voor de psycholoog stond het vast dat je de eerste drie maanden na het trauma zo'n definitieve beslissing niet kunt nemen.

Toen richtten de twee mannen in de rolstoel zich tot het publiek. Wat zij zeiden maakte zo'n diepe indruk op me, dat het me na vijfentwintig jaar nog steeds glashelder voor de geest staat. Zij vertelden dat ze in de weken vlak na hun ongeval hadden willen sterven, maar dat in de maanden daarna hun leven en hun houding tegenover het leven een ingrijpende verandering had ondergaan. Ze zagen zich elke dag voor nieuwe uitdagingen geplaatst; uitdagingen als 's morgens gewassen en aangekleed worden – iets dat vóór het ongeval amper een uitdaging was – was dat nu opeens wel. Het ongeval dwong hen hun leven, hun verwachtingen, hun dromen en aspiraties bij te stellen. Ze zeiden allebei dat dit iets had teweeggebracht dat ze niet hadden verwacht. Ze hadden beiden, ieder op hun eigen manier, de wil om te leven gevonden.

Wat ik het meest verbazingwekkend vond was dat beide mannen vervolgens zeiden dat hun leven na het ongeluk veel rijker was geworden en hun meer voldoening gaf dan vóór het ongeluk ooit het geval was geweest. Ze waren nu, naar eigen zeggen, gelukkiger dan ooit. Ze gingen zelfs zover dat ze zeiden dat dat ongeval 'het beste was wat hun ooit was overkomen'. Hoe kan iemand beweren dat een ongeluk waardoor je verlamd bent geraakt en voor de rest van je leven aan een rolstoel gekluisterd bent, het beste is wat je ooit is overkomen?

Een uitkering van 105 dollar en een kiprecept

Harland Sanders was vijfenzestig toen hij buiten zijn schuld om het bedrijf kwijtraakte dat hij tijdens zijn leven stap voor stap had opgebouwd. Hij ging financieel ten onder op een leeftijd waarop een ander recht heeft op pensioen of pensioen in het vooruitzicht heeft. Het enige wat hij kreeg was een uitkering van 105 dollar. Maar dat bleek uiteindelijk een van de allerbeste dingen te zijn die hem overkwam, want het feit dat hij zijn zaak kwijt was, werd de katalysator voor iets ongelooflijks. Harland ging op zoek naar de keerzijde.

Dat hij de keerzijde kon vinden was geen toeval. Hij had wel vaker voor hete vuren gestaan. Hij werd op 9 september 1890 in Indiana in de Verenigde Staten geboren en zijn jeugd was allesbehalve gemakkelijk. Voordat hij zes was, stierf zijn vader en restte zijn moeder niets anders dan uit werken te gaan. Harland kon dus niet naar school, maar moest zorgen voor zijn broertje van drie en zijn kleine zusje. Hij moest koken en thuis de boel bijhouden. Hij kweet zich uitstekend van zijn taak. Volgens zijn moeder was hij tegen de tijd dat hij zeven was een kei in het bereiden van allerlei streekgerechten.

Toen hij tien was, kreeg hij zijn eerste baantje op een nabijgelegen boerderij, waar hij twee dollar in de maand verdiende. Toen hij twaalf was, hertrouwde zijn moeder en verliet de jongen zijn ouderlijk huis in de buurt van Henryville, Indiana, om op een boerderij in Greenwood te gaan werken. In de jaren daarna had hij een aantal baantjes. Zo werd hij op zijn vijftiende tramconducteur in New Albany en diende hij op zijn zestiende een halfjaar als soldaat op Cuba.

In de jaren die volgden werkte Harland als brandweerman bij de spoorwegen, deed hij een schriftelijke cursus rechten, werkte hij als jurist bij een aantal gerechtshoven, verkocht hij verzekeringen, voer hij met een stoomboot heen en weer over de rivier de Ohio, verkocht hij autobanden en werd hij ten slotte beheerder van een pompstation in Corbin, Kentucky.

Op zijn veertigste nam Harland een nieuw initiatief door hongerige reizigers die zijn pompstation aandeden een maaltijd voor te zetten. Hij had toen nog geen echt restaurant, maar diende zijn bezoekers eenvoudige streekgerechten op aan zijn eigen eettafel in het woonhuis bij het pompstation.

Dit liep zo goed dat hij algauw zijn kans schoon zag om de zaak uit te breiden. Hij besloot in een pand aan de overkant van de straat een restaurant met 142 zitplaatsen te openen. Het duurde niet lang of hij stond wijd en zijd bekend om zijn heerlijke, eigenhandig gemaakte maaltijden. Zijn restaurant stond in de vijfsterrengids van de streek en in 1935 ontving hij zelfs een oorkonde van Ruby Laffoon, de gouverneur van de staat, als erkenning voor zijn bijdrage aan de kookkunst van Kentucky.

Maar het leven is aan verandering onderhevig en in het midden van de jaren ’50 van de vorige eeuw werd er rond het stadje Corbin een nieuwe autosnelweg aangelegd, die het verkeer omleidde en daarmee Harland van het gros van zijn klanten beroofde. Harland was toen vijfenzestig. Een paar maanden daarvoor had hij nog een bloeiende zaak gehad en had mogen verwachten dat hij rustig met pensioen kon gaan wanneer hij dat wilde. Nu zat hij echter finaal aan de grond. Zijn garage en restaurant kwamen onder de hamer en nadat hij zijn laatste schuldeisers had betaald, moest hij zien rond te komen van een uitkering van 105 dollar.

Maar binnen een paar jaar zou Harland hierop terugkijken niet als een ramp maar als de kans die hem beroemd maakte en hem het succes bracht waarvan hij zelfs nooit had durven dromen en dat hij naar alle waarschijnlijkheid nooit had gehad als hij gewoon was doorgegaan met zijn garage en restaurant.

Nu Harland zijn bedrijf buiten zijn schuld om had verloren en niet meer zelf in zijn levensonderhoud kon voorzien, had hij het bijltje er gemakkelijk bij neer kunnen gooien. Als hij op dat moment een verbitterd man vol wrok was geworden, had niemand daarvan opgekeken. Gelukkig voor hem kon je in die tijd niet zo gemakkelijk een ander de schuld geven als nu en de staat aansprakelijk stellen.

In plaats van te klagen of de schuld bij een ander te leggen, ging Harland op zoek naar de keerzijde en vond die op een plek die beslist niet voor de hand lag, namelijk bij een kiprecept!

Harland wist dat zijn kiprecept bijzonder was. Zijn klanten hadden het altijd erg lekker gevonden en dat niet onder stoelen of banken gestoken. En dus reisde hij, gewapend met enkel zijn geheime recept – een verrukkelijk mengsel van elf kruiden en specerijen – stad en land af en bezocht het ene restaurant na het andere in de hoop dat sommige restauranthouders zo onder de indruk zouden zijn van de smaak, dat ze bereid waren te betalen voor het gebruik van het recept. Harland braadde de ene kip na de andere voor de restaurateurs en hun personeel. Viel het in de smaak, dan sloten ze een overeenkomst, die werd bekrachtigd door een handdruk, en die hem vijf cent garandeerde voor elk kipgerecht dat door het restaurant verkocht werd.

De rest van het verhaal is bekend. Tegen 1964 had Harland, die bekendstond als ‘de Kolonel’, 600 gefranchisede vestigingen in de Verenigde Staten en Canada, waar zijn kipgerecht aan de man gebracht werd. Dat jaar verkocht hij zijn belangen in het Amerikaanse bedrijf voor twee miljoen dollar aan een groep investeerders. Maar de Kolonel bleef het gezicht en de officiële spreekbuis van het bedrijf. In 1976 werd hij door middel van een onafhankelijk onderzoek uitgeroepen tot de op één na bekendste beroemdheid ter wereld.

Nu vind je de KFC-vestigingen van Kolonel Sanders – aanvankelijk Kentucky Fried Chicken – die jaarlijks meer dan twee miljard maaltijden serveren, in meer dan 82 landen over de hele wereld.

De Kolonel, die in 1980 op negentigjarige leeftijd bezweek aan leukemie, legde jaarlijks meer dan 150.000 kilometer af in het KFC-imperium dat hij zelf had gesticht. En dat alles begon met een man van vijfenzestig die alles kwijtraakte, maar niet bij de pakken ging neerzitten. Met in zijn hand slechts zijn uitkering van 105 dollar en een kiprecept vond hij de keerzijde.

Een glimlach met gebroken tanden

Toen Simon Purchall met zijn fiets een ongeluk kreeg waarbij hij een aantal tanden brak, had hem dat financieel te gronde kunnen richten. Hij fietste van zijn werk naar huis, nam een bocht, ging onderuit en viel van zijn fiets. Hij kwam op zijn gezicht terecht en brak zijn kaak op de rand van het trottoir. Eerst dacht hij dat er maar een paar scherfjes van een paar tanden af waren, maar toen gingen er vier tanden ontsteken. Na grondig onderzoek kwam Simons tandarts erachter dat vier van Simons tanden lelijk gebroken waren en vervangen moesten worden. Een dure grap! Het herstellen van de afgesplinterde en het vervangen van de gebroken tanden door implantaten zou zo'n 20.000 pond gaan kosten!

Eerst leek het erop dat Simon weinig anders overbleef dan het geld te lenen en de klus te laten klaren. Maar Simons vrouw, Veronika, een gediplomeerde tandartsassisente uit Hongarije, stelde voor dat in Boedapest te laten doen.

'Net als de meeste mensen voelde ik er weinig voor om naar een voormalig communistisch land te reizen om daar mijn gebit te laten opkalefateren, maar ik wist niet wat me overkwam. De dienstverlening en de vakkennis waren grandioos', zegt Simon. 'Ik besloot dan ook de hele behandeling daar te laten doen en bespaarde daarmee 16.000 pond.'

Toen hij weer terug was in het Verenigd Koninkrijk, vond Simon de keerzijde van zijn ongeval. Het drong tot hem door dat Veronika en hij de kans hadden andere mensen te helpen een heleboel geld te besparen door de specialistische tandheelkundige behandeling in Hongarije onder de aandacht te brengen en te promoten.

Het feit dat Veronika zelf Hongaarse en een gediplomeerd tandartsassisente was, maakte een en ander een stuk makkelijker en zo lanceerden ze een paar maanden later hun bedrijf SmileSavers.

SmileSavers is nu een buitengewoon succesvol bedrijf, zodat Simon zijn vorige baan als IT'er kon opgeven. Veronika en hij hebben nu hun eigen bedrijf en bouwen samen een toekomst op.

Of het nu in de sterren geschreven stond of dat het toeval was dat Simon een ongeluk kreeg met zijn fiets, doet er voor hem en voor ons onderzoek naar de keerzijde weinig toe. Het voorval zou op zich genoeg zijn geweest om mensen met minder veerkracht depressief te maken, nog afgezien van de financiële implicaties van het vinden van 20.000 pond om je kapotte tanden te laten repareren. Maar wat aan dit verhaal zo veelzeggend is, is dat het ongeval van Simon Purchall een kans uit duizenden bleek te zijn. Het was de katalysator waardoor zijn leven ingrijpend zou veranderen. Simon greep die kans met beide handen aan en keerde het ongeluk ten goede. Hij kijkt er nu met een glimlach op terug, een glimlach met een mooi stel tanden, in de wetenschap dat hij zonder dat ongeval niet het soort leven zou leiden dat hij nu leidt. Simon Purchall vond de keerzijde.

Op zoek naar de keerzijde

Was het stom toeval dat de twee invalide mannen die aan hun rolstoel gekluisterd zaten het geluk vonden in hun invaliditeit, waardoor hun leven meer zin kreeg en die hun meer geluk bracht? Was het het lot dat Harland Sanders in staat stelde een wereldwijd succes te bewerkstelligen, iets wat hij van zijn levensdagen niet had kunnen doen als hij niet eerst alles was kwijtgeraakt? En was het puur geluk waardoor Simon Purchall na het ongeluk met zijn fiets met succes een bemiddelingsbedrijf voor tandheelkundige behandeling kon opbouwen?

Of speelt hier nog iets anders een rol? Is er sprake van een gemeenschappelijke draad in deze en soortgelijke verhalen? Iets waardoor doodgewone mensen letterlijk een situatie die zich ogenschijnlijk tegen hen keert ten goede weten te keren en kansen zien die anders onzichtbaar zouden zijn gebleven.

Dit boek is een poging die vragen te beantwoorden met behulp van een eenvoudige maar controversiële en ingrijpende filosofie. Aan de basis ervan staat de overtuiging dat elk probleem, elk obstakel dat het leven op onze weg plaatst, hoe groot of hoe klein ook, een even groot of groter voordeel of een kans biedt. Die kans staat bekend als de keerzijde.

Om achter de geheimen van de keerzijde te komen neem ik je mee naar Zuid-Afrika voor een ontmoeting met de man zonder voeten, die het wereldrecord 100, 200 en 400 meter korte baan op zijn naam heeft staan en die wereldwijd wordt gezien als een sportfenomeen van de bovenste plank. We gaan naar Spanje om het verhaal te horen over een van de meest veelbelovende voetballers van zijn tijd, die bij een tragisch auto-ongeluk zijn carrière en zijn jeugddroom in rook zag opgaan, maar die een andere, grotere droom nastreefde, die leidde tot wereldwijde bekendheid en rijkdom.

Ik stel je voor aan een blinde goochelaar die zegt dat de ziekte waardoor hij als jongetje van negen 90 procent van zijn gezichtsvermogen verloor een 'geschenk' was. We horen over een man die zijn baan verloor en daardoor het gezicht van de amusementswereld van Amerika veranderde. We ontmoeten een man die Auschwitz overleefde en op grond daarvan de wereld van de psychologie ingrijpend veranderde.

We gaan terug in de tijd om bepaalde tragedies en persoonlijke tegenslagen die een ommekeer teweegbrachten aan een nader onderzoek te onderwerpen. Ik stel je voor aan allerlei bijzondere mensen en samen leren we van hen en de problemen en obstakels die zij op hun pad tegenkwamen. Dat zal af en toe niet meevallen. We worden blootgesteld aan veel lijden en trauma's. Zo ontdekken we ook de tragedie achter de dingen die we zelf hebben meegemaakt, maar aan het eind van de rit begrijpen we misschien iets dat voor velen het allergrootste geheim is en is geweest om blijvend succes te hebben en geluk in het leven te vinden.

Welkom bij de keerzijde …

Adam J. Jackson
Javea, Spanje, november 2008

DEEL I

Ontdekkingen – De keerzijde vinden

Een jaar geleden stortte mijn wereld in. Ik was aan het eind van mijn Latijn. Mijn vader stierf en mijn relaties waren één grote puinhoop. Ik had er op dat moment geen flauw idee van dat mijn grootste wanhoop mijn grootste geschenk zou worden.

RHONDA BYRNE, *THE SECRET*

1

De weg naar Madrid

DE TOCHT VAN ÉÉN MAN NAAR DE KEERZIJDE

Als de ene deur zich sluit, gaat er een andere open. Maar we kijken vaak met zoveel spijt naar die dichte deur, dat we de deur die zich voor ons opent niet zien.

HELEN KELLER

Op de avond van 22 september 1963 reden vier jonge mannen met de auto van Majadahonda naar Madrid. Het waren goede vrienden die een avondje gingen stappen, maar het zou een tocht worden die ze nooit zouden vergeten.

Julio was een van de mannen die die avond in die auto zat. Hij droomde ervan beroepsvoetballer te worden en voor de club te spelen waar hij als jongetje al helemaal weg van was, Real Madrid. Hij had die droom gekoesterd en vanaf zijn jonge jaren nagejaagd en die leek eindelijk bewaarheid te worden. Hij was een groot talent en een soort wonderkind. Real Madrid had hem aangenomen als doelman en hij werd wijd en zijd aangemerkt als de beste toekomstige keeper van het nationale elftal van Spanje. Het leven lachte hem toe, zijn ster was rijzende, tot die avond dat hij met zijn vrienden in die auto stapte. Zijn lot was bezegeld en aan zijn droom kwam die nacht een einde.

Rond twee uur die nacht raakte de auto waarin Julio en zijn vrienden zaten betrokken bij een ernstig ongeluk. Julio kwam bij bewustzijn in het Eloy Gonzalo-ziekenhuis in Madrid en kwam tot de ontdekking dat hij half verlamd was. Volgens de artsen moest hij anderhalf jaar het bed houden zodat het letsel aan zijn ruggengraat kon genezen. Volgens hen was de kans klein dat Julio ooit weer zou kunnen lopen. Maar één ding stond als een paal boven water: aan zijn voetbalcarrière was een eind gekomen!

Gedurende die achttien maanden in het ziekenhuis lag Julio 's nachts naar de radio te luisteren en schreef hij gedichten – weemoedige, romantische verzen, waarin hij vraagtekens zette bij het lot van de mens en de zin van het leven. Een jonge broeder die hem verzorgde, Eladio Magdaleno, las de gedichten die Julio schreef, nam een gitaar voor hem mee en raadde hem aan die gedichten om te zetten in liedjes.

Zingen was in eerste instantie een afleiding voor Julio, een manier om zijn gelukkiger dagen als sportman te vergeten. Maar gaandeweg werd het meer een passie dan een afleiding. Hij krabbelde de vingerzettingen op de gitaar om de basisakkoorden te leren. Er kwamen er steeds meer bij en binnen de kortste keren had hij zijn gedichten op muziek gezet.

Toen de anderhalf jaar voorbij was en Julio van zijn letsel was hersteld, besloot hij terug te keren naar de universiteit van Murcia en zijn rechtenstudie te hervatten. Later ging hij naar Engeland, eerst naar Ramsgate in Kent en daarna naar Bell's Taleninstituut in Cambridge, om beter Engels te leren. Af en toe bracht hij in de weekends in een van de café's van de luchthaven liedjes ten gehore van mensen als Tom Jones, Engelbert Humperdinck en de Beatles, die op dat moment populair waren.

Julio keerde naar Spanje terug en ging op zoek naar iemand die zijn liedjes zou willen zingen. Hij ging met zijn eerste liedje naar een opnamestudio in Madrid en vroeg of zij een zanger konden aanbevelen. De studiomanager die naar Julio keek en hoorde hoe hij zelf het lied ten gehore bracht, was verrast. Waarom zou een man als Julio iemand nodig hebben om zijn liedjes te zingen? Julio was een opvallend knappe man met pikzwart haar, grote bruine ogen, een gladde, door de zon gebruinde huid en een glimlach waar menige vrouw voor zou vallen. Hij had ook een prachtige stem en kon goed toon houden. 'Waarom doe je het niet zelf?' vroeg de studiomanager. Julio antwoordde: 'Omdat ik geen zanger ben!'

Maar uiteindelijk volgde Julio het advies van de man op en ging met een van zijn liedjes naar een songfestival in Spanje. Op 17 juli 1968, een kleine vijf jaar na het ongeluk dat bijna zijn leven had vernietigd, won hij de eerste prijs op het Fiesta de Benidorm met het liedje 'La Vida Sigue Igual' (Het leven gaat gewoon door) en kreeg vlak daarna een contract aangeboden bij Columbia Records.

De kans is groot dat je Julio hebt horen zingen. Misschien heb je wel een van zijn albums in huis. Want de man aan wiens jeugddroom bij dat tragische auto-ongeluk een eind kwam, werd een van de best verkopende platenartiesten in de geschiedenis van de Latijns-Amerikaanse muziek. Hij werd over de hele wereld een begrip. De man wiens droom in rook was opgegaan, vond de keerzijde door het verwezenlijken van een nieuwe, nog grotere droom dan de droom die hem was ontnomen. Zijn naam is Julio Iglesias.

Negatieve ervaringen, positieve gevolgen

Elk probleem brengt een geschenk met zich mee.
RICHARD BACH

De keerzijde is de andere kant van een probleem of obstakel, een kans die een ommekeer teweeg kan brengen waardoor ons leven ten goede keert. Dit klinkt je misschien in de oren als iets wat je alleen in een Hollywood-film of een roman aantreft, maar er komt steeds meer wetenschappelijk bewijs waaruit blijkt dat de keerzijde iets heel reëels is, iets waardoor iemands leven kan veranderen.

Het verhaal van Julio Iglesias is, hoe opmerkelijk ook, zeker niet enig in zijn soort. Mensen van allerlei achtergrond, ras, rang en stand kregen te maken met tegenslagen, zagen zich gesteld voor schijnbaar onoverkomelijke problemen en obstakels en wisten die om te zetten in iets positiefs. Die problemen en obstakels bieden ons vaak ook kansen en kunnen ons in een nieuwe richting stuwen. Dan gebeurt het heel vaak dat mensen terugkijken en met het voordeel van de terugblik dat wat ze hebben meegemaakt in een ander licht zien. Sommigen hebben het gevoel dat het voor hen uiteindelijk goed heeft uitgepakt. Volgens hen heeft het hun leven niet verarmd maar juist verrijkt.

Alle mogelijke trauma's en tegenslagen keerden zich letterlijk ten goede, en vaak bleek de keerzijde, de zonnige kant, zo sterk en zinvol te zijn, dat de negatieve ervaring, de schaduwkant, er volledig bij in het niet viel. Maar wat veel belangrijker is, de afgelopen jaren hebben wetenschappers in klinieken, ziekenhuizen en aan universiteiten over de hele wereld onderzoek gedaan naar de aard van de keerzijde en de geheimen ervan ontsloten. Uit bewijsmateriaal van vooraanstaande psychologen, gedragstherapeuten en economen blijkt overduidelijk dat de grootste problemen, obstakels en tegenslagen waarmee we te maken krijgen ons heel vaak ook de grootste kansen bieden.

2

Bepalende momenten

WAAROM DE DIEPTEPUNTEN IN ONS LEVEN VORMGEVEN AAN ONS TOEKOMSTIGE GELUK EN SUCCES

Tot mijn geluk bereikte ik eindelijk een punt in mijn leven waarna ik volgens mij niet dieper kon zinken.
ANTHONY ROBBINS, *PERSONAL POWER SEMINAR*

Peter Jones behoort tot een kleine groep zeer succesvolle ondernemers die in het Verenigd Koninkrijk en Noord-Amerika niet meer of minder zijn dan beroemdheden. Zijn zakenimperium is, naar verluidt, meer dan 750 miljoen pond waard en hij heeft een indrukwekkende cv met belangen in telecommunicatie, levensmiddelen, cadeau-artikelen, de amusementsindustrie, uitgeverijen, onroerend goed en, sinds kort, televisie. Na zijn succes in de *Dragons' Den* werd hij jurylid bij het succesvolle tv-programma *American Inventor*, een programma van zijn eigen televisieproductiebedrijf.

Als er iemand is die iets weet over wat er allemaal bij succesvol ondernemen komt kijken, is het Peter Jones wel. Terugkijkend op zijn carrière, zegt hij dat het niet aan hemzelf te danken was dat zijn leven zo'n drastische wending nam en dat hij zo succesvol werd, maar aan een zeer ingrijpende gebeurtenis. Het was niet het moment waarop hij voor het eerst werd gekozen om in *Dragons' Den* te verschijnen, het was niet het moment waarop hij op zijn zeventiende zijn eerste zaak, een tennisacademie, opzette en ook niet het moment waarop hij in 2002 de Emerging Entrepeneur of the Year Award ontving, dat van doorslaggevende betekenis was. Volgens Jones was dat het moment waarop hij aan het begin van zijn carrière zijn bedrijf kwijtraakte.

'Ik was in de twintig, had een bloeiend computerbedrijf, een mooi huis, een BMW, een Porsche, en kon smijten met geld', vertelt Jones op zijn website. 'Door een samenloop van omstandigheden, door eigen fouten en een harde leerschool toen enkele belangrijke klanten over de kop gingen, raakte ik mijn bedrijf kwijt.'

De manier waarop je in je levensonderhoud voorziet kwijtraken kan een vreselijke ervaring zijn, maar ook een keerpunt. Volgens Jones gaf het verlies van zijn bedrijf toen hij nog maar net twintig was de doorslag, want dat maakte hem naar eigen zeggen 'vastberadener dan ooit om te slagen'.

Diep vallen om op te klimmen naar de top

Anthony Robbins is een van de bekendste en meest succesvolle 'goeroes' voor persoonlijke ontwikkeling in Noord-Amerika. Hij is een buitengewoon charismatisch en inspirerend man, die met zijn seminars en workshops uitverkochte zalen trekt. Ook al kan de prijs van een toegangsbewijs oplopen tot honderden dollars, tienduizenden over de hele wereld tellen dat er graag voor neer.

Robbins begeleidde CEO's van multinationals, presidenten en politieke leiders. De *New York Times* meldde in december 1994 dat Robbins samen met Marianne Williamson en Steven R. Covey door Bill Clinton in Camp David was uitgenodigd. Robbins hielp ook enkele van Amerika's sportteams en topsporters hun prestaties te verbeteren, onder wie Greg Norman, de golfspeler, Andre Agassi, de voormalig wereldkampioen tennis, de L.A. Kings, het beroepsijshockeyteam van Los Angeles, en voormalig wereldkampioen zwaargewicht boksen, Mike Tyson.

Nu is Robbins schrijver van bestsellers en vice-president van vijf bedrijven. Hij heeft door zijn boeken en seminars direct invloed gehad op het leven van meer dan 50 miljoen mensen in meer dan honderd landen. Maar in zijn seminars is een van de eerste dingen die hij met zijn publiek deelt dat zijn succes niet het gevolg is van iets dat hij had bereikt, maar van het feit dat hij de greep op zijn leven kwijt leek te zijn. Pas toen hij alles kwijt was en, naar zijn eigen zeggen, 'finaal aan de grond zat', nam zijn leven een wending. 'Ik was volkomen failliet', zegt hij. 'Ik had mijn bedrijf te gronde gericht. Ik was in emotioneel opzicht een wrak, ik was veel te dik, bijna 17 kilo zwaarder dan ik nu ben ... En pas toen ik volledig in elkaar stortte ... begon ik te kijken naar wat nu eigenlijk dé sleutel voor succes was.'

Er is een uitspraak die ik leerde van een Amerikaanse vriend: 'Mensen veranderen pas als ze het moe zijn om het zat te zijn.' Er komt een moment waarop we tegen onszelf zeggen: 'En nu is het afgelopen!' Pas dan zijn we bereid de noodzakelijke stappen te zetten om te veranderen. Dit wordt onderschreven door de wetenschap van het Neuro-Linguïstisch Programmeren (NLP), die stelt dat we allemaal primair gedreven worden door twee krachten – pijn en genot – en dat van die twee pijn de sterkste drijfveer is. In wezen zullen we meer doen om pijn te vermijden dan we doen om genot te krijgen. Vandaar dat Robbins zegt dat hij het geluk had de bodem van de put te bereiken. Soms moeten we voor ons gevoel zo diep zijn gezonken als maar kan vóór we ons gaan inspannen om de weg naar de top te zoeken.

Peter Jones en Tony Robbins kregen aan het begin van hun carrière te maken met een persoonlijke en een financiële tegenslag, maar beiden geven toe dat die tegenslagen grotendeels verantwoordelijk waren voor de daaropvolgende grote successen. Het komt heel vaak voor dat mensen het enorme verlies én de uitdaging waarvoor ze zich vroeg in hun leven gesteld zagen uiteindelijk aanmerken als iets positiefs, als de katalysator die hen stuwde in de richting van succes. Velen van 's werelds belangrijkste zakenlieden hebben hetzelfde of iets dergelijks meegemaakt. Zij schrijven hun succes toe aan de uitdaging waarvoor dat verlies of die belangrijke tegenslag vroeg in hun leven hen stelde.

Een ramp was hét instrument voor succes

'We hadden geen cent meer te makken. We zouden over drie weken trouwen. Mijn verloofde was – zonder werk – naar Californië gekomen om zich bij mij te voegen en de beleggingsmarkt was in het kielzog van het ineenstorten van de telecombedrijven in elkaar geklapt.' Peter Fiske was nog maar net negentien maanden bezig met zijn eerste avontuur op zakelijk gebied toen hij werd geconfronteerd met een dreigende financiële ondergang. Nu kijkt hij daarop terug als een bepalend moment in zijn carrière. 'Het was', zo zegt hij, 'van cruciaal belang voor het succes van ons bedrijf.'

Peter Fiske is een afgestudeerd wetenschapper en medeoprichter van RAPT Industries, een technisch bedrijf in Fremont, Californië. Hij heeft ook het boek *Put Your Science to Work* geschreven en werkt samen met Geoff Davis, die nagaat welke invloed wetenschapsbeleid, economie en initiatieven op het gebied van onderwijs op wetenschappers heeft.

Volgens Fiske is er bij het zakendoen en zelfs bij een loopbaan in de wetenschap maar weinig zeker en voorspelbaar. Er kan zomaar iets verkeerd gaan en dat gebeurt dan ook maar al te vaak. Tegelijkertijd weet hij dat tegenslagen en zelfs wat mensen als een regelrechte ramp zien vaak de katalysator blijken te zijn die nodig is voor een verandering ten goede. Wanneer hij terugkijkt op de in rap tempo verdampende winst die hem bijna ruïneerde, gelooft hij, met het voordeel van de terugblik, dat die tegenslag voor zijn vorming en de opbouw van zijn bedrijf van essentieel belang is geweest. 'We moesten ons geld kwijtraken om te leren wat we echt nodig hadden om ons avontuur tot een succes te maken', zegt hij. 'Het dwong me tot een frontale confrontatie met potentiële klanten en aandeelhouders.' Het was die nieuwe strategie waardoor zijn bedrijf later dat jaar een belangrijk contract kon afsluiten met het leger van de Verenigde Staten.

'Wanneer ik doctoraalstudenten en promovendi die mijn workshops in loopbaanontwikkeling volgen vertel dat geen rooie cent meer hebben een van de beste dingen was die mijn bedrijf is overkomen, kijken ze me stomverbaasd aan', zegt Fiske. Maar hij is ervan overtuigd dat omwegen, tegenslagen en rampen 'onvermijdelijk deel uitmaken van een beginnend bedrijf'. 'Onze bijna-doodervaring dwong ons ertoe de discipline te ontwikkelen waardoor we het hebben overleefd.'

Peter Fiske geeft ons een fascinerend inzicht dat in feite door toonaangevende zakenlieden over de hele wereld wordt gedeeld. Volgens hem zijn tegenslagen en rampen 'onvermijdelijk', maar hebben ze altijd een keerzijde. Dat komt doordat obstakels en uitdagingen ons de kans bieden om te leren en te groeien, waardoor het bewuste obstakel bij terugblik dan ook heel vaak wordt gezien als het beslissende moment dat de grondslag legde voor het toekomstige succes.

De posterijstaking

Sir Richard Branson werd vroeg in zijn carrière geconfronteerd met een ernstig obstakel toen medewerkers van de Britse posterijen in staking gingen. Branson is een van de bekendste en meest succesvolle zakenlieden die het Verenigd Koninkrijk telt. Hij heeft een zakenimperium opgebouwd onder het merk Virgin, dat meer dan tweehonderd bv's heeft met een marktaandeel op velerlei gebied: van amusement en vrijetijdsbesteding tot reizen, van communicatietechnologie – waaronder gsm's, breedbandinternet en radio – tot uitgeven, en van cosmetica tot mode. Sinds de start van Virgin in 1970 is het uitgegroeid tot een van de toonaangevende merken in het Verenigd Koninkrijk.

Het succes van Sir Richard Branson is net als dat van Peter Jones, Tony Robbins en Peter Fiske te herleiden tot een van de moeilijkste en meest uitdagende perioden waarvoor hij zich vroeg in zijn carrière gesteld zag. In de jaren '70 van de twintigste eeuw stond een nieuwe wet in het Verenigd Koninkrijk mensen toe grammofoonplaten te verkopen tegen kortingsprijzen, en Branson was een van de eersten die daarvan gebruikmaakte door een verzendbedrijf op te richten, dat hij 'Virgin' noemde. Het bleek een groot succes. De verkoopcijfers gingen met sprongen omhoog en Branson moest steeds meer werknemers in dienst nemen om aan de vraag te voldoen. Toen sloeg het noodlot toe. De medewerkers van de posterijen in Engeland gingen in staking. Er waren in die tijd geen andere postbedrijven en dus zag Virgin samen met duizenden andere postorderbedrijven zijn ondergang tegemoet.

De geschiedenis toont echter aan dat de staking bij de posterijen uiteindelijk een verhulde zegen bleek te zijn. Het betekende zonder meer een keerpunt in de geschiedenis van Virgin, want het dwong Branson nogmaals stil te staan bij de strategie van zijn bedrijf en op zoek te gaan naar andere bronnen van inkomsten. Als gevolg daarvan opende hij het jaar daarop een Virgin-platenwinkel, de eerste van wat later een wereldwijde keten zou worden, en lanceerde hij twee jaar daarna het Virgin-platenlabel.

Vrijdagmiddagen

Je baan verliezen is altijd een bepalend moment in je carrière en dat gebeurt meestal op een vrijdagmiddag. Er worden op vrijdag meer mensen ontslagen dan op welke andere dag in de week ook. In een inernetenquête, uitgevoerd door HRnext.com en de aanverwante website BLR.com, zeiden medewerkers op het gebied van personeelszaken en organisatie dat volgens hen vrijdag de beste dag is om iemand te ontslaan. Een werknemer op vrijdagmiddag ontslaan geeft hem, volgens hen, het hele weekeinde de tijd om 'stoom af te blazen' en steun te zoeken bij vrienden en familie. Je kunt dus, als je als werknemer de bui ziet hangen, op vrijdag maar beter bij je baas en het hoofd personeelszaken uit de buurt blijven.

Ook al is je baan kwijtraken op het moment dat het je overkomt een regelrechte ramp, er is altijd een keerzijde, een zonnige kant. Salomon Brothers was een van de grootste investeringsbanken op Wall Street vóór het bedrijf in 1982 werd overgenomen door de handelsonderneming Phibro Corporation. Vlak vóór de fusie werd aangekondigd, werd een van de compagnons van Salomon Brothers door de raad van bestuur van het bedrijf opgeroepen en kreeg hij, samen met tweeënzestig andere collega's, te horen dat zijn dienstverband werd verbroken. Die dag bleek een belangrijk keerpunt te zijn in de carrière van de jonge bankier.

Zijn naam was Michael Bloomberg. Hij gebruikte zijn ontslagpremie en de verkoop van zijn aandelen in Salomon om een nieuw zakelijk idee te financieren waarmee hij al een tijdje rondliep. Vóór de komst van internet kon je niet gemakkelijk toegang krijgen tot de beursgegevens, en Bloomberg wilde een computernetwerk in het leven roepen waarmee financiële instellingen meteen toegang kregen tot de gegevens die ze nodig hadden. Het systeem was een geweldig succes en vandaag de dag, bijna dertig jaar later, heeft Michael Bloomberg, naar verluidt, een eigen kapitaal opgebouwd in de orde van grootte van vier miljard dollar. Hij heeft een zakelijk marktaandeel in de technologie en de media, maar hij is waarschijnlijk het bekendst geworden als een van de meest succesvolle burgemeesters van New York City, die twee verkiezingen op rij won.

Sommige mensen zullen aanvoeren dat het ontslag van Bloomberg nauwelijks een persoonlijke tegenslag te noemen was omdat hij nog steeds een flink kapitaal achter de hand had waarop hij zijn toekomst kon opbouwen. Maar je hoeft alleen maar te kijken naar hoe het veel loterijwinnaars vergaat om te beseffen dat er, om ergens in te slagen, wel iets meer nodig is dan alleen kapitaal. Wat je ervoor nodig hebt zijn visie, inzet, toewijding en de bereidheid om ingecalculeerde risico's te nemen. Als je je baan verliest, is datgene waarmee je je geconfronteerd ziet niet alleen een kwestie van geld. Je kunt te maken krijgen met een vorm van stigmatisering waardoor je je uit de maatschappij buitengesloten voelt – wat een gevoelige klap kan betekenen voor je gevoel van eigenwaarde. Maar ook zijn er veel mensen die, net als Bloomberg, de ervaring van het verliezen van hun baan hebben gebruikt om pas op de plaats te maken, terug te blikken op hun carrière en hun leven, en een nieuwe, frisse start te maken.

In zijn boek *We Got Fired And It's The Best Thing That Ever Happened To Us* (Ballentine, 2004) haalt Harvey Mackay geval na geval aan van enkele van de meest succesvolle mensen op velerlei gebied – van de auto-industrie tot de wereld van de media en het amusement

– die allemaal, althans ten dele, hun succes te danken hebben aan het moment waarop ze hun baan kwijtraakten.

Toen Bernie Marcus werd ontslagen als directeur van de Handy Dan Home Improvement Center-keten, begon hij zijn eigen bedrijf, Home Depot, dat aan het eind van 2007 marktleider was op het gebied van doe-het-zelfmaterialen, bouwmaterialen en klussendiensten in de Verenigde Staten.

Mark Cuban was verkoopleider bij Your Business Software, een van de eerste pc-softwarewinkels in Dallas. Hij vloog binnen een jaar de laan uit omdat hij de winkel niet op tijd open had gedaan doordat hij op dat moment in gesprek was met een grote klant over de aankoop van software. Nadat hij de laan uit was gestuurd, volgde Cuban zijn eigen passie voor de computerbusiness en begon hij zijn eigen bedrijf, MicroSolutions, dat hij een paar jaar later voor zes miljoen van de hand deed. Thans is Cuban internetmiljardair en de trotse eigenaar van het Dallas Mavericks basketballteam.

De lijst van mensen die werden ontslagen maar daarna ongelooflijke successen boekten, lijkt eindeloos. Gerekend over een tijdsspanne van veertig jaar, krijgt het merendeel van de werknemers op een bepaald moment met ontslag te maken. Dat is voor sommigen in financieel en emotioneel opzicht niet minder dan een regelrechte ramp, maar anderen maken het juist helemaal doordat ze hun baan verliezen.

The Secret

Rhonda Byrne is schrijfster en producer voor de Australische televisie. In 2007 stond ze op de lijst van *Time* magazine 'TIME 100: The People Who Shape Our World', een lijst van de honderd meest invloedrijke personen van dat jaar. Rhonda was de inspiratiebron en drijfveer achter een dvd en een boek, die een waar fenomeen werden. Briljant uitgevoerd en op de markt gebracht, verklaart *The Secret* de wet van aantrekking om zo te laten zien hoe we door de kracht van de gedachte een begin kunnen maken met het veranderen van ons leven. 'De mens heeft, geen mens uitgezonderd', zo zegt *The Se-*

cret, 'het vermogen om elke zwakheid, elke vorm van lijden om te zetten in sterkte, kracht, volmaakte vrede, gezondheid en overvloed.' De boodschap sloeg aan bij miljoenen mensen over de hele wereld. Er werden in het eerste jaar meer dan twee miljoen dvd's van verkocht en van het boek dat ze daarna schreef zijn meer dan zes miljoen exemplaren verkocht.

Het meest interessante aan het succes van Rhonda Byrne met *The Secret* is dat die inspiratie het gevolg was van een van de grootste dieptepunten in haar leven. Pas toen Rhonda Byrne, net als Tony Robbins, het dieptepunt had bereikt, kreeg ze het idee dat zou leiden tot haar volgende succes. Op de dvd zegt ze: 'Een jaar geleden stortte mijn wereld in. Ik was aan het eind van mijn Latijn. Mijn vader stierf en mijn relaties waren één grote puinhoop. Ik had er op dat moment geen flauw idee van dat mijn grootste wanhoop mijn grootste geschenk zou worden.'

In een interview over het verhaal achter *The Secret* vertelt Rhonda hoe ze nu kan zien dat de gebeurtenissen in haar leven zich voordeden om een bepaalde reden: 'Zij brachten me zover dat ik me die bepaalde nacht kon overgeven. Ik kon niet bedenken hoe ik wat er in mijn leven gebeurde moest oplossen. Ik stortte in en barstte in tranen uit.'

Toen ze volslagen van de kaart was, kreeg Rhonda van haar dochter een boek waardoor ze een glimp opving van wat bekendstaat als de wet van aantrekking, de overtuiging dat we wat we meemaken door onze gedachten en opvattingen zelf naar ons toe trekken. Dit zette haar aan tot een onderzoek naar de achtergronden van dit verschijnsel, en dat inspireerde haar vervolgens tot *The Secret*.

Wat duidelijk blijkt uit *The Secret*, blijkt ook uit alle verhalen die we hier gehoord hebben. Ze vertolken allemaal hetzelfde gevoel, dezelfde waarheid: het zijn vaak de dieptepunten in ons leven die ons toekomstig geluk en succes bepalen en er vorm aan geven.

3

Tegenslagen en kansen

WAAROM EEN TEGENSLAG ALTIJD EEN KANS IS

Het woord 'tegenslag' wordt in het Chinees geschreven met twee lettertekens, waarvan het ene 'gevaar' en het andere 'kans' betekent.

JOHN F. KENNEDY, IN EEN TOESPRAAK OP 12 APRIL 1959

De drie jongens waren op weg naar de buurtbioscoop. Ze waren vreselijk opgewonden. Hier hadden ze tijden naar uitgekeken. Het was een mooie zaterdagochtend in de jaren vijftig van de vorige eeuw in een voorstad van Manchester. De bioscoop zat vol kinderen die met hun ouders naar de film kwamen kijken. Die drie jongens kwamen niet om naar de film kijken. Zij zouden in de pauze voor het publiek optreden met het playbacken van een grammofoonplaat. Ze waren een leuk, nieuw intermezzo. Maar toen ze die morgen naar de bioscoop holden, kregen ze te maken met een tegenslag. De grammofoonplaat waarop ze zouden playbacken gleed uit zijn hoes en viel op het plaveisel in gruzelementen.

Nu ze geen grammofoonplaat meer hadden, hadden de jongens gewoon rechtsomkeert kunnen maken om onverrichterzake naar huis terug te keren. Daar zou de baas van de bioscoop vast wel begrip voor hebben kunnen opbrengen. Maar de broers kozen voor een andere oplossing. Ze liepen door naar de bioscoop en besloten dat ze wel degelijk zouden optreden, maar nu echt zouden zingen. De oudste van de drie, Barry, speelde gitaar en zong samen met zijn jongere broers, Maurice en Robin, *live* voor het publiek. Het was de eerste keer dat ze dat deden. En het publiek vond het geweldig. Ze hadden het meteen gemaakt!

Die tegenslag, die bijna het leven van de drie jongens had vergald, bleek de katalysator te zijn waardoor hun leven een totaal andere wending nam. Het betekende het begin van een van de meest succesvolle jongenspopbands, liedjesschrijvers en platenartiesten aller tijden. Die drie jongens waren de gebroeders Gibb, beter bekend als 'The Bee Gees'.

Toen ze jaren later bij het opnemen van een documentaire over hun leven de Keppel Road in Manchester afliepen, stond Robin stil op de plek waar die grammofoonplaat was gevallen en aan diggelen was gegaan. Hij wendde zich tot de camera en zei mijmerend: 'Als die grammmofoonplaat die dag niet aan barrels was gegaan, waren we nooit samen gaan zingen.' Die kapotte grammofoonplaat, of liever gezegd de manier waarop zij destijds met die tegenslag waren omgegaan, was het begin van een carrière die meer dan vijftig jaar zou standhouden.

Sinaasappelen en marmelade

Tegenslagen zijn als triggers, waardoor we in situaties belanden die niet te voorzien zijn en die ons dwingen beslissingen te nemen die we anders niet genomen zouden hebben. En ook al zien we dat vaak op het moment zelf niet, een tegenslag heeft altijd een keerzijde, een andere kant. Eronder gaat altijd een kans schuil die op ons ligt te wachten.

Zonder de grote tegenslag waarvoor James Keiller uit Dundee

zich in de late jaren van de 18e eeuw geplaatst zag, zou de wereld nooit kennis hebben gemaakt met de heerlijke sinaasappelschilletjes in de jam die wij nu kennen als marmelade. De wortel van het woord marmelade is het Portugese woord *marmelo*, dat 'kweepeer' betekent, de vrucht waarvan men in die tijd confituren en jams maakte. Sinaasappels werden alleen gebruikt om zo te eten of om uit te persen. Maar daar zou verandering in komen.

Een Spaans schip met een lading sinaasappels uit Sevilla ging in de haven van Dundee voor anker om te schuilen voor een storm. De kapitein van het schip bood die lading tegen een spotprijsje aan en Keiller dacht dat hij de slag van de eeuw had geslagen. Hij kwam er echter algauw achter dat de sinaasappels zacht waren. De meeste waren al aan het rotten en hadden een bittere smaak. Keiller wist dat hij ze onmogelijk kon verkopen en kon niet anders dan toegeven dat hij een onverwacht financieel verlies had geleden.

Mismoedig en geschokt nam Keiller de sinaasappels mee naar huis en vertelde zijn vrouw wat hem was overkomen. We weten niet precies wat er daarna gebeurde. Was het James zelf of was het zijn vrouw Janet die op het idee kwam dat hen redde en de tegenslag omzette in een direct profijt? Het was een idee dat een heel nieuwe industrie deed opbloeien, waardoor het leven van de Keillers voorgoed veranderde. Het enige wat we zeker weten – als je dit verhaal tenminste mag geloven – is dat Janet Keiller in plaats van de gangbare kweeperen de sinaasappels gebruikte om er een jam van te maken. De nieuwe jam met sinaasappel bleek heel goed in de smaak te vallen en de familie Keiller ging produceren wat wij nu marmelade noemen.

Of het Keiller-verhaal over de oorsprong van marmelade nu al dan niet waar is – volgens sommige historici is het uit de duim gezogen – het bevat wel degelijk een waardevolle boodschap. Zoals de oude Chinese wijzen al wisten, gaan tegenslagen altijd gepaard met kansen.

Rozen in het vizier

Sarah Benjamin is nog iemand die een succesvolle onderneming heeft opgebouwd als direct gevolg van een tegenslag. Zij keerde nadat ze aan de universiteit was afgestudeerd terug naar Swan Hill in Victoria, Australië, haar bakermat, en kwam er daar achter dat er vrijwel geen vraag was naar wetenschappers. 'Het was heel moeilijk om een baan te vinden', zegt ze. 'Ik kon op geen enkele manier van mijn wetenschappelijke studie gebruikmaken en kreeg te horen dat ik te hoog opgeleid was voor de banen die er wel waren.'

Sarah had in de streek waar ze vandaan kwam geen vooruitzichten en daarom legde ze haar moeder een idee voor: rozen kweken om de plaatselijke bloemisten van bloemen te voorzien. Sarahs moeder, Jan Slater, vond dat een geweldig idee en samen zetten de twee vrouwen in 2004 het bedrijf op. Maar ze kregen meteen het eerste jaar al te maken met een enorme tegenslag, waardoor de onderneming nog vóór die goed en wel van start was gegaan, de grond in werd geboord. Het had niet slechter gekund. De eerste rozen waren ziek, alle bloemen verwelkten aan de knop en waren totaal onverkoopbaar.

Dat was te wijten aan een virus in het water, maar toen ze daar eenmaal achter waren, was het al te laat om de rozen nog te redden. Het was een regelrechte ramp, maar die lag ten grondslag aan het toekomstige succes van hun bedrijf. De tegenslag dwong Sarah Benjamin haar aanpak te herzien. Zo ontdekte ze de kans die haar bedrijf tot een groot internationaal succes heeft gemaakt. Een succes dat het tot op de dag van vandaag is.

Sarah besefte dat ze, wilde haar bedrijf het op de lange duur overleven, op zoek moest gaan naar andere bronnen van inkomsten. Toen ze op internet aan het zoeken was, kwam ze iets tegen dat volgens haar een geweldige kans was. Ze ontdekte de industrie van de gedroogde rozenblaadjes. De voordelen van het verkopen van gedroogde rozenblaadjes boven gewone snijbloemen waren duidelijk. Rozenblaadjes zijn veel langer houdbaar. Ze zijn licht en je kunt ze dus goedkoop vervoeren. Het was ook een nieuw, opwindend gat in de markt, want in Australië bestond zoiets nog niet. Gedroogde rozenblaadjes, zo ontdekte Sarah, wonnen aan populariteit als decoratie bij huwelijksceremonies, feesten en partijen, en officiële gelegenheden. 'In de Verenigde Staten en het Verenigd Koninkrijk nam het echt een hoge vlucht', zegt ze, 'terwijl in Australië eigenlijk nog niemand in die markt gestapt was.'

Niet iedereen stond achter Sarah's idee. Volgens sommigen was het haar in de bol geslagen. Ze zeiden: 'Je bent binnen het jaar failliet. Wie koopt er nou rozenblaadjes?' Maar Sarah en haar moeder zetten door, ze onderzochten de markt en de fabricage en bewezen dat de mensen die aan hen twijfelden het bij het verkeerde eind hadden. Simply Rose Petals is een bloeiende onderneming die nog steeds groeit en die met de hand geplukte rozen en vakkundig gedroogde rozenblaadjes levert voor huwelijksdecoraties, speciale behandelingen in kuuroorden en huwelijksconfetti, en over de hele wereld exporteert. Het is een bloeiende onderneming die zich heeft ontwikkeld uit een idee dat het gevolg was van een tegenslag.

Een verschoven wervel en een chocolaverslaving

Simon en Helen Pattinson wonen met hun twee dochtertjes, Poppy en Daisy, in een rustig dorp in de buurt van Chichester aan de rand van het Pagham-natuurreservaat. Ze leiden een leven dat door veel mensen wordt gezien als een luxeleventje en runnen hun eigen bedrijf, dat in alle opzichten zeer succesvol is. Het bedrijf heeft zo'n honderd mensen in dienst en draaide in 2008 een omzet van meer dan 5 miljoen pond. Maar dat ging niet van een leien dakje. Vóór het zover was, kregen ze te maken met twee geweldige tegenslagen.

Acht jaar geleden waren Simon en Helen gedesillusioneerd in hun leven als advocaat in het zakencentrum van Londen. Wat ze dan wel wilden, wisten ze niet, maar het stond voor hen als een paal boven water dat ze niet het leven van een advocaat in de City wilden leiden. 'Het was een soort patstelling', zegt Simon. 'We wisten niet wat we met ons leven wilden, maar we wisten wel dat het eurekamoment nooit zou komen als we niet kapten met wat we deden.' Uiteindelijk besloten ze het enige te doen wat op dat moment voor de hand lag:

ze verkochten hun huis in de wijk Putney in Londen en gingen op reis. Met als enige bagage wat ze in hun rugzak konden bergen reisden ze de wereld rond op zoek naar inspiratie en een nieuwe levensrichting.

Ook al keerden ze een lucratieve carrière, waarvoor ze jaren hadden gestudeerd, de rug toe, hun familie en vrienden stonden als één man achter hen. 'Haar vader zag haar al als toekomstig lid van het Hogerhuis met een juridische achtergrond', grapt Simon, 'maar als mensen al dachten dat het ons in de bol geslagen was, lieten ze ons dat niet merken.' De lange werkdagen, de lange avonden en de voortdurende druk van het heen en weer reizen waren hun te veel geworden. 'We waren aan het eind van ons Latijn en wilden iets anders', vervolgt Simon. 'Het voornaamste doel van die reis was het opdoen van inspiratie, een idee voor een eigen nieuw bedrijf.' Ze wisten niet wat de toekomst voor hen in petto had, maar door met de rugzak op over de wereld te trekken hoopten ze een antwoord te vinden.

Hun eerste stop was Zuid-Amerika. Patagonië in Argentinië is wereldberoemd om zijn bergketen en ski-oorden, en in een klein bergdorp, Bariloche, kregen Helen en Simon hun eerste voorproefje van de Zuid-Amerikaanse chocola. 'Het was niet te geloven', zegt Simon. 'Letterlijk overal waar je keek waren chocoladewinkels.' En ook al wisten ze het op dat moment nog niet, dat stadje bracht hun op het allereerste idee voor hun toekomstige onderneming.

Simon en Helen reisden door Chili naar het noorden, naar Brazilië, en kwamen in Venezuela terecht op een cacaoplantage. Ze brachten daar, gefascineerd door de cacaobomen en het adembenemende uitzicht, veertien dagen door. En toen sloeg het noodlot toe. Terwijl Simon zijn rugzak op zijn rug hees, schoot het hem in de rug. De pijn was ondraaglijk; naar later bleek, was een van zijn wervels verschoven. De pijn was zo erg, dat hij met Helen aan zijn zijde naar Engeland vervoerd moest worden. Dat was het eind van hun plan om de hele wereld over te reizen. Het was een bittere teleurstelling en wat het allemaal nog erger maakte, was dat ze geen huis meer hadden om naar terug te keren en ook geen inkomen.

Ze trokken bij Simons ouders in terwijl hij een operatie onderging waarvan hij moest herstellen. Maar als ze op die tijd terugkijken, zien ze nu allebei dat die ramp eigenlijk een verhulde zegen was. 'Als ik erop terugkijk', zegt Simon, 'was het eigenlijk een geluk bij een ongeluk, want het gaf ons de tijd die we nodig hadden om te bedenken wat we nu werkelijk wilden. We lazen de dagboeken door die we onderweg hadden bijgehouden en er was één ding dat steeds weer terugkwam – chocola.'

'Tot dat moment wisten we niet echt wat we wilden', zegt hij. 'We dachten dat we ons gedwongen zouden zien terug te gaan naar ons oude werk of misschien iets nog ergers. Door mijn rugklachten kregen we de tijd die we nodig hadden om na te denken over onze toekomst en een plan de campagne te maken.'

'Als we waren blijven reizen', zo mijmert Simon, 'waren we misschien eeuwige wereldreizigers geworden en waren we nooit naar Engeland teruggekeerd.' In plaats daarvan vonden ze iets dat hen echt enthousiast maakte: een kans om iets anders uit te proberen en hun eigen zaak op te bouwen. Simons rugklachten vormden het begin van een nieuw, opwindend avontuur in de chocola.

Maar daarmee was de kous nog niet af. Terwijl Simon revalideerde en bezig was een bedrijfsplan op te stellen, nam Helen tijdelijke baantjes aan om ervaring op te doen in de detailhandel. Daarna schraapten ze het geld bij elkaar dat ze nodig hadden om in Brighton, Sussex, hun eerste chocoladewinkel te openen. Vijf weken voor de opening van de zaak kregen ze echter te maken met een nog veel grotere tegenslag, dit keer op het terrein van de handel: hun belangrijkste bevoorrader ging failliet. 'Het was een schok van jewelste', zegt Simon. 'We waren de winkel aan het inrichten met minder dan vijf weken te gaan vóór de officiële opening. Toen namen de fabrikanten opeens de telefoon niet meer op. Eerst zaten we daar niet zo mee, maar toen er een week verstreek en het ons wel dwars begon te zitten, reed Helen naar het kantoor, en toen ontdekten we pas dat de zaak over de kop was.'

'Het bedrijf maakte vijftig procent van de producten die we voor de verkoop nodig hadden', vervolgt Simon. 'Al onze ontwerpen, verpakkingen, etiketten, alles lag bij hen.' Helen en Simon hadden nu twee opties: ze konden hun droom opgeven of ze konden alles in de waagschaal stellen en de chocola zelf gaan bereiden. 'We hadden *to-*

taal geen ervaring met het bereiden van chocolade, we wisten er echt niks van', zegt Simon. Het was een tegenslag om u tegen te zeggen, maar het bleek tevens een geweldige kans te zijn.

In de paar weken daarop onderzochten ze hoe je precies chocola maakt op de manier die zij wilden. Ze bestelden de grondstoffen en met de hulp van familie en vrienden – en een ongelooflijk aardig staflid van een van hun leveranciers – begonnen ze hun eigen chocola te vervaardigen. 'Het was heel eng', zegt Helen. 'We brachten weken door in een verbouwd bijgebouwtje op een boerderij. De muren zaten onder de chocola, wij zaten onder de chocola, maar gaandeweg lukte het ons de chocola in de machine te houden en een paar recepten te vervolmaken.'

Omdat Simon en Helen gedwongen waren zich zelf met het bereiden van de chocola bezig te houden, hadden ze maar een beperkt assortiment, maar dat was wel hún assortiment én het betekende dat ze veel meer overzicht hadden over hun onderneming. Sinds ze in 2000 hun winkel 'Montezuma' – genoemd naar een heerser van de Azteken – in het chique Lanes-gebied van Brighton hebben geopend, is hun bedrijf uitgegroeid tot een keten van zeven vestigingen in het hele zuidoosten van Engeland.

Nog een zakelijk succes van twee zeer toegewijde mensen dat het gevolg was van een reeks rampzalige gebeurtenissen. Het feit dat zij slechts enkele weken voor de opening hun belangrijkste leverancier verloren, bleek het succes van hun onderneming te zijn. Tot dat moment had geen haar op hun hoofd eraan gedacht om hun eigen chocola te bereiden. Maar dat gaf hun nu juist geloofwaardigheid en gaf een geheel nieuwe draai aan hun initiatief: een groothandel die, naar zou blijken, de voornaamste spil van de zaak werd. 'Zonder de groothandel', zo benadrukt Simon, 'zouden we nu vermoedelijk niet eens een eigen bedrijf hebben.'

Helen en Simon beschouwen zichzelf als optimisten. 'We zien dingen allebei als een kans, niet als een probleem', zegt hij. Wat je steeds weer ziet is dat de dingen die je overkomen vaak een keerzijde, een andere kant, hebben. Een tegenslag is een boodschap die je vertelt dat er een kans op je ligt te wachten. En soms is die kans de kans van je leven.

4

Het leven verandert: Wanneer er nare dingen gebeuren

WAAROM IETS VERKEERDS NIET ALTIJD VERKEERD IS EN WAAROM VERANDERINGEN JE KUNNEN UITDAGEN OM EEN EN ANDER TE VERBETEREN

Veranderingen hebben in psychisch opzicht een stimulerend effect op de geest van de mens. Voor wie bang is, vormen ze een bedreiging, want het houdt in dat het nog erger zou kunnen worden. Voor wie hoopvol gestemd is, vormen ze een aanmoediging, want het houdt in dat het beter zou kunnen worden. Voor wie vol zelfvertrouwen is, vormen ze een bron van inspiratie, want het is een uitdaging om een en ander te verbeteren.

KING WHITNEY JR.

Op het moment dat er in ons leven iets voorvalt dat volgens ons 'slecht' is, zijn we geneigd de ogen ten hemel te heffen en hardop of binnensmonds te vloeken. Of het nu gaat om een financiële tegenvaller, tegenslag in je bedrijf of in je carrière, een ongeluk of zelfs het feit dat je te horen krijgt dat je een ernstig probleem hebt met je gezondheid, de gangbare reactie is: 'Waarom ik? Waar heb ik dit aan te danken?' Wat we ons op dat moment niet realiseren, maar wat soms pas veel later tot ons doordringt, is dat het nu juist die tegenslagen en uitdagingen zijn, of liever gezegd, de manier waarop we daarop reageren, die bepalend zijn voor ons toekomstig geluk of succes.

Hoe weet je of iets wat je in je leven meemaakt 'goed' of 'slecht' is? Voor sommige mensen is alles wat leuk is goed en alles wat narigheid veroorzaakt slecht. Maar wat te denken van, zeg, een suikerspin, die wie dol is op het eten van vrolijk gekleurde draden gesponnen suiker plezier geeft, maar die ook je tanden aantast, wat pijn veroorzaakt? Of beschouw je de pijn die wordt veroorzaakt doordat de tandarts in die rotte kies moet boren als 'slecht', terwijl het verwijderen van en het opnieuw vullen van de kies je uiteindelijk behoedt voor nog meer pijn in de toekomst?

Andere mensen zien iets als 'goed' wanneer het je stuwt in de richting van je hoopvolle verwachtingen en verlangens en noemen wat ons daarbij vandaan houdt 'slecht'. Maar wanneer je kijkt naar iemand als Julio Iglesias, zie je dat wat hij in eerste instantie als slecht zag omdat het een eind maakte aan zijn jongensdroom om beroepsvoetballer te worden, uiteindelijk het beste bleek te zijn wat hem kon overkomen omdat het hem in staat stelde een andere en in veel opzichten veel grotere droom te verwezenlijken.

Onderkennen wat goed en wat slecht is in je leven is niet zo eenvoudig als je misschien denkt. Volgens veel mensen is het zonneklaar. Zo zijn de meesten van ons het erover eens dat als de jackpot valt en je miljoenen wint in de staatsloterij, dat goed is, terwijl verlamd raken door een ongeluk bij het duiken of je benen verliezen als je vliegtuig neerstort door de meesten van ons gezien wordt als iets slechts. Maar hoe kun je daar nu eigenlijk zeker van zijn?

De winnaars van de loterij

Op de avond van 22 mei 1999 werd de politie naar een huis in de chique wijk Kingwood in Houston, Texas, geroepen. Toen de agenten daar aankwamen, troffen ze de bewoner, een man die Billy Bob Harrell heette, dood aan in een slaapkamer op de bovenverdieping. Volgens de rechercheurs had Harrell zich van het leven beroofd. Hij had zich opgesloten in de slaapkamer, zich naakt uitgekleed, de loop van een jachtgeweer tegen zijn borst gezet en de trekker overgehaald.

Vlak voor zijn dood had Harrell aan een financieel adviseur iets toevertrouwd dat een twintigtal maanden daarvoor was gebeurd en dat, naar zijn zeggen, zijn leven had verwoest. 'Het was het ergste wat me ooit is overkomen', had hij klagend gezegd. Het ging daarbij niet om een ongeneeslijke ziekte of het verlies van iemand van wie hij hield. Hij had geen ongeluk gehad en was niet zijn baan kwijtgeraakt. Hij en zijn gezin leefden en waren kerngezond. Wat was dan de verschrikkelijke gebeurtenis die zijn leven had verwoest?

De kans dat dit iemand overkomt is 1 op de 40 miljoen. Je hebt – tenminste als je een hondenbezitter bent – meer kans om dodelijk door de bliksem te worden getroffen terwijl je die hond aan het uitlaten bent. Het noodlot wilde dat hij op een avond thuis de krant zat te lezen. Hij las en herlas het aantal cijfers dat op de bladzijde stond. Opeens drong het tot hem door. Hij had het enige winnende lot in de Texas State Lotto in zijn bezit. Hij had de jackpot gewonnen! Hoe belachelijk het de meeste mensen ook in de oren mag klinken, datgene waaraan Harrell later zijn verwoeste leven zou toeschrijven en dat tot zijn zelfmoord leidde was het winnen van 32 miljoen dollar!

Als je een blik werpt op de biografie van veel loterijwinnaars, ontdek je dat het geval van Billy Bob bepaald niet op zichzelf staat. Naar schatting gaat in de Verenigde Staten meer dan een derde van de loterijwinnaars uiteindelijk failliet.

William 'Bud' Post won in 1988 in de Pennsylvania-loterij 16,2 miljoen dollar, maar uiteindelijk had hij geen rooie cent meer en was hij aangewezen op een uitkering. Toen Post werd geïnterviewd, zei hij: 'Was het maar nooit gebeurd.' Het winnen van de loterij was, wat hem betrof, een 'nachtmerrie' geweest.

De nachtmerrie van Post begon toen een vroegere vriendin hem met succes vervolgde voor een aandeel in de 'buit'. Later werd gemeld dat zijn broer was gearresteerd omdat die een huurmoordenaar had ingeschakeld om zijn broer een kopje kleiner te maken, in de hoop dat hij een deel zou erven van het geld dat William gewonnen had. Andere familieleden zeurden hem, naar verluidt – zij het niet met zulk zwaar geschut – net zo lang aan de kop tot hij erin toestemde een deel van het geld te investeren in een autobedrijf en een restaurant in Sarasota, Florida. Door die twee dingen kwam de toch al niet zo goede relatie met zijn broers en zusters nog meer onder druk te staan, waardoor hij nog meer geld kwijtraakte.

Niet lang daarna draaide Post de bak in omdat hij een kogel had afgevuurd die rakelings langs het hoofd van een deurwaarder was gegaan. Binnen een jaar had hij niet alleen geen rooie cent meer, hij stond 1 miljoen dollar rood. Post gaf toe dat het van de gekke was dat hij het iedereen in zijn familie naar de zin had willen maken. Uiteindelijk liet hij zich failliet verklaren. Volgens de verhalen leeft hij nu van 450 dollar in de maand en op voedselbonnen. 'Ik ben moe. Ik ben over de vijfenzestig en heb net een zware operatie aan de kransslagader ondergaan. Ze kunnen voor mij de pot op met hun loterijen', zegt hij.

Uit het Verenigd Koninkrijk kennen we soortgelijke verhalen. In 1996 zag iedereen die in Schotland ooit een lot had gekocht groen en geel van nijd toen John McGuinness meer dan tien miljoen pond opstreek, de grootste som geld die ooit door een Schot was gewonnen. McGuiness was toen net gescheiden van zijn eerste vrouw en sliep op de grond bij zijn ouders in Lanarkshire. Nadat hij de jackpot had gewonnen, begon hij met geld te smijten. Hij kocht onder andere een villa in Spanje, een Porsche en een Bentley, en ging op dure vakanties. Maar in juli 2007 werd hij failliet verklaard en had hij meer dan twee miljoen pond schuld.

Ik wil hiermee niet zeggen dat alle loterijwinnaars eindigen als een wrak of dit met de dood moeten bekopen. Velen van hen beantwoorden aan onze verwachtingen en leven verder nog lang en gelukkig. Volgens de Camelot Group PLC, die een onderzoek deed dat vijf jaar in beslag nam, is 55 procent van de winnaars van een loterij

– althans in de eerste vijf jaar nadat ze hebben gewonnen – gelukkiger dan voorheen.

Misschien kunnen we allemaal iets leren van loterijwinnaars in Noorwegen. Onderzoekers van de faculteit psychologie van de universiteit van Oslo stuurden een vragenlijst naar 261 mensen die in de jaren 1987-1991 in de loterij een prijs van een miljoen Noorse kronen of meer hadden gewonnen. Hieruit bleek dat de gemiddelde winnaar een man van middelbare leeftijd was met een bescheiden opleiding, die in een kleine gemeenschap woonde. De meeste winnaars in Noorwegen begaven zich niet op glad ijs en gooiden het geld niet over de balk. Ze hadden ook gevraagd om anonimiteit en deden hun best om het buitenkansje dat ze hadden gehad geheim te houden. Wat ook de reden was, het onderzoek wees uit dat de kwaliteit van leven voor de meeste winnaars van de loterij na hun nieuw verworven rijkdom stabiel was of was verbeterd.

Wat uit deze verhalen blijkt is dat het plotseling toenemen van rijkdom, zelfs een substantiële rijkdom van miljoenen ponden of dollars, geen garantie is voor geluk. Volgens Edward Diener, hoogleraar psychologie aan de universiteit van Illinois, heeft, wanneer aan onze basisbehoeften is voldaan, meer geld weinig invloed op ons geluksgevoel. Uit het onderzoek van professor Diener bleek dat geluk slechts marginaal wordt beïnvloed door geld, opleiding, IQ of leeftijd. Het meest opvallende kenmerk dat 10 procent van de studenten met de grootste gevoelens van geluk en de minste gevoelens van depressiviteit met elkaar gemeen had, was een sterk sociaal netwerk. Meer dan wat ook is het onze band met vrienden en familie en de wens om met hen tijd door te brengen die ons geluk verhoogt. Vandaar dat Diener zegt dat het 'voor ons geluk belangrijk is om te werken aan sociale vaardigheden en hechte interpersoonlijke banden en je daardoor gesteund te weten'. De loterij winnen heeft vaak precies het tegenovergestelde effect omdat de winnaars zich juist van hun vrienden en familie geïsoleerd voelen.

Waar het echter om gaat is dit: veel mensen dromen ervan de loterij te winnen en denken dat dat een garantie is voor geluk. Die droom kan echter maar al te gemakkelijk tot een nachtmerrie worden. Het kan net zo goed het beste als het ergste zijn wat je kan overkomen.

Een nieuwe zin aan het leven geven

Net zoals een loterij winnen niet altijd een garantie is voor een lang en gelukkig leven, hoeft een tragisch ongeval waarbij je verlamd raakt niet noodzakelijk tot levenslange ellende te leiden. Geen beter voorbeeld daarvan dan dat van Joni Eareckson Tada.

Joni werd in 1950 in Baltimore, Maryland, geboren als de jongste van vier zussen, na Linda, Jay en Kathy. Haar naam wordt uitgesproken als 'Johnny', want ze is vernoemd naar haar vader John. Joni erfde haar vaders atletische en creatieve vermogens, wat tussen vader en dochter een bijzondere band schiep. Joni had naar haar eigen zeggen een heel gelukkige jeugd. Ze groeide in haar ouderlijk huis op tot een jongvolwassene die was omgeven door liefde, geluk en geborgenheid. De hele familie had een grote liefde voor het buitenleven: kamperen, paardrijden, trektochten maken, tennissen en zwemmen.

Op een warme zomerdag in juli 1967, vlak nadat ze haar eindexamen middelbare school had gedaan, veranderde Joni's leven in één klap voorgoed. Ze zou samen met haar zus Kathy en een paar vrienden bij het strand van Chesapeake Bay gaan zwemmen. Ze dook bij aankomst dadelijk het water in en wist meteen dat er iets goed fout zat. Ze had niet echt pijn, maar ze werd, zoals ze later zei, omgolfd door een gevoel van strakheid. Haar eerste gedachte was dat ze in een vissersnet was terechtgekomen. Ze probeerde zich los te worstelen en naar de oppervlakte te komen. Ze raakte volkomen in paniek toen ze merkte dat ze zich niet kon bewegen. Ze lag met haar gezicht op de bodem van de baai. Toen ze besefte dat ze geen lucht meer had, gaf ze zich over aan het feit dat ze op het punt stond te verdrinken.

Haar zus Kathy riep haar. Toen Joni niet boven water kwam, rende Kathy het water in en trok haar omhoog. Tot grote schrik van haar zus kon Joni niet op haar eigen benen staan en viel ze zo terug in het water. Het lukte Kathy haar eruit te halen. Joni hapte naar adem. Ze begreep niet waarom haar armen nog vastzaten. Toen drong tot haar ontzetting tot haar door dat dat helemaal niet het geval was, maar dat haar armen slap over haar zusters rug hingen. Kathy schreeuwde dat iemand een ambulance moest bellen, en Joni werd in allerijl naar het ziekenhuis vervoerd.

Het kostte de artsen weinig tijd om te constateren dat Joni haar nek had gebroken. Er was sprake van een breuk tussen de vierde en de vijfde nekwervel, waardoor ze vanaf haar nek verlamd was.

'Terwijl ik in het ziekenhuis lag, probeerde ik wanhopig te zien wat de zin was van de vreselijke wending die mijn leven had genomen', schreef Joni. 'Ik smeekte mijn vrienden me te helpen een eind aan mijn leven te maken: mijn polsen door te snijden, me vol te stoppen met pillen, wat dan ook, om mij uit mijn lijden te verlossen!'

Maar Joni overleefde het en vond de keerzijde en daarmee een vol en gelukkig leven. 'Ik heb heel veel goede dingen ontdekt die het gevolg zijn van mijn invaliditeit', zegt ze. En wat nog veel belangrijker is, ze heeft in de loop van de tijd duizenden mensen over de hele wereld geholpen en velen van hen diep geraakt.

Aanvankelijk leerde Joni haar handicaps te compenseren. Omdat ze van nature creatief is, leerde ze tekenen en schilderen door potloden en penselen met haar mond vast te houden. Ze bleek talent te hebben en maakte werk dat beslist een groot succes was. Ze begon haar kunst te verkopen en verwierf zo een zekere mate van zelfstandigheid.

Joni werd ook een zeer gezocht spreker op conferenties, ze werd schrijfster en actrice en speelde in 1978 zichzelf in de World Wide Pictures-productie *Joni*, haar levensverhaal. Ze schreef een aantal boeken, waaronder *Holiness in Hidden Places*, *Joni*, haar autobiografie, en een aantal kinderboeken. Maar wat haar de meeste voldoening gaf en de meeste invloed had, was het opkomen voor de belangen van de invalide medemens.

In 1979 verhuisde Joni naar Californië en begon een kerkelijke gemeente voor invaliden over de hele wereld. Ze noemde dit de JAF, de Joni and Friends Ministries. Het was, naar ze zelf zei, haar manier om gestalte te geven aan de woorden van Jezus in Lucas 14:13-14: 'Wanneer u mensen ontvangt, nodig dan armen, kreupelen, verlamden en blinden uit. Dan zult u gelukkig zijn. Zij kunnen voor u dan wel niets terugdoen, maar u zult ervoor beloond worden bij de opstanding van de rechtvaardigen.'

Joni begreep als geen ander hoe eenzaam en vervreemd veel invaliden zich voelen, en het duurde dan ook niet lang of haar kerkelijke organisatie werd bedolven onder verzoeken om fysieke en spirituele hulp voor invaliden. Via JAF Ministries zendt Joni een radioprogramma van vijf minuten uit onder de naam *Joni and Friends*, dat dagelijks over de hele wereld te horen is. Het feit dat zij opkwam voor de invaliden leidde ertoe dat ze gekozen werd tot voorzitter van de National Council on Disability. Joni heeft ook een begin gemaakt met Wheels for the World, een organisatie die rolstoelen herstelt en naar ontwikkelingslanden stuurt.

Joni Eareckson Tada is een voorbeeld bij uitstek van de manier waarop je een van de ergste dingen die je in je leven kan overkomen kunt omzetten in iets waardoor je leven ten goede keert. Net als de twee verlamde mannen die deelnamen aan de discussie na het toneelstuk *Whose Life Is It Anayway?* kijkt Joni op de gebeurtenissen van die middag in juli 1967 terug zonder enige bitterheid of spijt. Het heeft haar, naar ze zelf zegt, naar plekken gebracht die ze anders nooit zou hebben gezien, naar mensen die ze anders nooit zou hebben ontmoet en naar resultaten die ze anders nooit zou hebben geboekt. Het ongeluk stelde haar voor nieuwe uitdagingen die haar leven veel zinvoller maakten.

Als we kijken naar het lot van Billy Bob Harrell en andere mensen die een loterij wonnen en dat vergelijken met dat van mensen als Joni Eareckson Tada of Julio Iglesias, roept dat een aantal vragen op ten aanzien van ons eigen leven. Ons toekomstige geluk of succes wordt op zich niet bepaald door wat ons overkomt. Hun verhalen wijzen erop dat er iets is dat veel meer betekent en dat veel sterker is dan de situatie waarin we ons op dat moment bevinden en dat dat de kwaliteit van ons leven van de dag van morgen bepaalt. Maar wat is dat 'iets'?

De les van de taoïstische boer

'T Is goed noch kwaad, ons denken maakt het dat.
William Shakespeare

De oude Chinese filosofie van het taoïsme biedt ons inzichten waardoor we het verschil begrijpen tussen het verhaal van Billy Bob Harrell en dat van Joni Eareckson Tada.

Het taoïsme ontstond in de vierde eeuw v.Chr. door de leer van één man, Lao-tse, de schrijver van de Tau-te tjing, een klassieke tekst in het Chinese denken. Een van de meest gebruikte symbolen van het taoïsme is dat van water. Water is in veel opzichten een taoïstisch ideaalbeeld omdat de kern van de taoïstische opvatting is dat het leven is als het water in een continu stromende rivier.

De taoïst aanvaardt dat de rivier ons bij tijd en wijle naar plekken brengt waar we liever niet heen zouden gaan en ons dingen laat meemaken die we liever hadden vermeden. Maar het taoïsme biedt een boodschap van hoop, hoop in de wetenschap dat, ook al kunnen we níet altijd invloed uitoefenen op de loop der gebeurtenissen, we wél onze gedachten en opvattingen kunnen beheersen. En controle over onze geesteshouding is oneindig veel sterker dan alles wat ons kan overkomen.

Het taoïsme leert ons ook naar gebeurtenissen in ons leven te kijken zonder er een oordeel over te vellen of ze te duiden. Volgens het taoïsme is niets op zich goed of slecht. Het lijkt net of dit tegen de intuïtie indruist, maar dat is minder het geval wanneer je kijkt naar het leven van Billy Bob Harrell en dat van Joni Aereckson Tada. We kunnen dit het best laten zien aan de hand van de gelijkenis van de taoïstische boer.

De taoïstische boer woonde in een verafgelegen dorp in een uithoek van China. Hij was niet rijk, maar hij was tevreden met zijn leven. Hij bebouwde samen met zijn vrouw en zijn zoon een klein lapje grond. Op een dag kwam er een wild paard zijn land op galopperen, sprong over het hek en begon op de akker van de boer te grazen. Daarmee behoorde volgens de wet van de provincie het paard de boer en zijn gezin rechtens toe. De zoon van de boer kon zijn opwinding nauwelijks bedwingen, maar de boer legde zijn hand op diens schouder en zei: 'Sta niet te snel klaar met je oordeel. Wie zal zeggen wat goed is, wat slecht?'

De volgende dag brak het paard los en galoppeerde weg. De zoon van de boer was er kapot van. 'Sta niet te snel klaar me je oordeel', zei zijn vader. 'Wie zal zeggen wat goed is, wat slecht?'

Op de derde dag kwam de hengst terug met vier merries. De zoon van de boer was opgetogen. 'We zijn rijk!' riep hij, maar weer zei zijn vader: 'Sta niet te snel klaar met je oordeel. Wie zal zeggen wat goed is, wat slecht?'

Toen de jongen de week daarop een ritje op een van de paarden maakte, werd hij afgeworpen en brak zijn been. De boer ging op een draf naar de dokter. Algauw werd de jongen, die zich kreunend en steunend lag te beklagen over zijn ellendig lot, door de boer en de dokter verzorgd. De vader veegde met een koele, vochtige lap het zweet van het voorhoofd van zijn zoon, keek hem diep in de ogen en verzekerde hem nogmaals: 'Mijn zoon, sta niet te snel klaar met je oordeel. Wie zal zeggen wat goed is, wat slecht?'

De week daarop brak er oorlog uit in de provincie en de ronselaars kwamen naar het dorp om alle geschikte jongemannen mee te nemen. Ze moesten allemaal mee, op die ene jongeman na die niet kon vechten omdat hij zijn been had gebroken.

Het verhaal van de taoïstische boer is meer dan een mooi oud verhaal. Het bevat een eenvoudige maar heel belangrijke les voor onze zoektocht naar de keerzijde: op de dag dat er iets gebeurt – of weken, maanden en soms zelfs jaren daarna – kun je met geen mogelijkheid weten wat dat voor de rest van je leven betekent.

Een goed voorbeeld van de les van de taoïstische boer vond plaats tijdens het British Open Golf Championship in juli 2008. Toen Padraig Harringon in de aanloop naar de Open zijn pols blesseerde, had hij er geen flauw idee van dat dit letsel een verhulde zegen was. De dag voor het begin van het toernooi deed zijn pols zoveel pijn, dat hij echt het gevoel had dat hij naar alle waarschijnlijkheid niet kon spelen. De British Open is het oudste van de vier belangrijkste golfkampioenschappen voor mannen en dateert uit 1860. Het kampioenschap van 2008 betekende met name voor Harrington heel veel omdat hij de titelverdediger was. Het idee dat hij niet zou kunnen spelen was voor hem een grote klap.

Maar naar bleek, was het volgens Harrington grotendeels dankzij het polsletsel – dat hem er bijna van weerhield om te spelen – dat hij, sinds James Braid in 1906, de eerste Europeaan was die zijn titel met succes wist te verdedigen. 'Die polsblessure nam een groot deel van de spanning om te winnen weg. Het lijdt geen twijfel dat ik door het letsel aan mijn pols helemaal niet meer zo bezig was met terugkomen. Wanneer je een titelverdediger of een belangrijke favoriet bent in de Open, is er altijd een element waardoor je je gedwongen voelt jezelf aldoor te bewijzen en dat legt vaak een ontzettende druk op je. Maar de polsblessure nam veel van die druk weg en daardoor viel er een heleboel van me af. Het was een goede afleiding.'

En Harrington vond nóg een keerzijde van zijn letsel. Omdat hij zijn pols wilde beschermen, had hij in de praktijk maar negen holes kunnen spelen vóór de Open begon. Dat betekende dat hij het meest veeleisende, een week durende tournooi van het jaar fris als een hoentje inging. 'Die pols was echt mijn redding.'

Soms zie je de keerzijde snel en is die, zoals Padraig Harrington ontdekte, overduidelijk. Maar soms kan het wel maanden, jaren of zelfs een heel leven duren vóór je de keerzijde van een belangrijke tegenslag vindt.

Het allerhoogste nastreven

Op 14 december 1931 had zich op de Reading Aero Club een grote menigte verzameld, die met open mond toekeek hoe een zeer talentvolle jonge RAF-piloot – hij was nog maar net drieëntwintig – een demonstratie stuntvliegen gaf vlak boven het vliegveld. Die bewondering sloeg om in ontzetting toen het vliegtuig na een duikvlucht met de tip van de linkervleugel de grond raakte. Het vliegtuig kantelde en stortte neer. Een ter plekke aanwezige ambulance schoot de piloot meteen te hulp. Die was echter zo zwaar gewond, dat ze niets voor hem konden doen. Zijn beide benen waren verbrijzeld.

Hij werd naar het ziekenhuis vervoerd, waar hij werd behandeld door een van de beste chirurgen van die tijd, dokter Leonard Joyce. Maar ook hij kon niets beginnen. Het enige wat erop zat was de beide benen van de piloot te amputeren, het ene been net onder, het andere net boven de knie. In de dagen daarna schreef de piloot in kwestie in zijn dagboek: 'Neergestort in een langzame duikvlucht vlak boven de grond. Waardeloze vertoning.' Wat hij toen niet kon vermoeden was dat hij door het verlies van zijn benen in de jaren die in het verschiet lagen als RAF-piloot in de Tweede Wereldoorlog een legende zou worden en dat dit er uiteindelijk toe zou leiden dat hij geridderd werd. Maar – en dat is nog veel belangrijker – het ongeluk dat hem zijn beide benen kostte zou hem op een dag het leven redden.

Douglas Bader was een uitmuntend sportman. Hij had amateur-rugby gespeeld voor de Harlequins en was, volgens sommigen, zo goed dat hij wel beroeps had kunnen worden. Hij was ook een heel slagvaardig cricketer. Je zou denken dat het feit dat hij zijn benen had verloren voor hem ondraaglijk was, maar Bader stonden met name twee dingen voor ogen: weer kunnen lopen en weer kunnen vliegen. En ook al had hij vaak zoveel pijn dat hij soms zijn toevlucht moest nemen tot morfine, toch zette hij vastberaden en onvermoeibaar door. Binnen een halfjaar was hij zover. Hij kon niet alleen zonder hulp lopen, hij kon zelfs dansen en golf spelen. En in juni 1932 vloog hij weer. Maar uiteindelijk werd hij ondanks zijn dappere pogingen in 1932 door de mensen die het voor het zeggen hadden uit de RAF ontslagen.

Eén belangrijke keerzijde van zijn beproeving kwam snel. Tijdens zijn herstel leerde hij de knappe jonge verpleegster Thelma Edwards kennen, met wie hij in oktober 1933 trouwde en die hij trouw bleef tot ze jaren later overleed.

Zes jaar nadat Bader uit de RAF was ontslagen, werd Europa in een oorlog gedompeld die zijns gelijke niet kende. Bader was vast van plan om in die strijd een rol te spelen en zette door middel van zijn oude contacten alles op alles om weer ingezet te worden. De behoefte aan piloten die bij de strijd konden helpen was zo groot, dat de RAF Baders aanvraag inwilligde. Na een korte bijscholingscursus voor de nieuwste gevechtsvliegtuigen, zoals de Spitfire en de Hurricane, werd hij daadwerkelijk als vliegenier ingezet. Hij was toen negenentwintig. Daarmee was hij niet alleen een stuk ouder dan de meeste andere piloten, hij had ook nog eens twee kunstbenen. Maar Bader bleek in de Slag om Engeland een van de beste RAF-gevechtsvliegers te zijn.

Tegen augustus 1941 had Bader tweeëntwintig Duitse vliegtuigen neergeschoten. Slechts vier andere piloten in de RAF hadden meer vijandige toestellen neergehaald. Het opmerkelijke, voor wat betreft het zoeken naar de keerzijde, was dat Bader geen succes had *ondanks* het feit dat hij geen benen had, het was grotendeels *te danken* aan het feit dat hij geen benen had! Een van de dingen die men bij de strijd in de lucht waarnam was dat wanneer een piloot bliksemsnel afzwenkte, het bloed uit zijn hoofd naar zijn extremiteiten werd getrokken, wat een tijdelijke blackout kon veroorzaken. Maar omdat Bader geen benen meer had, verloren zijn hersenen lang niet zoveel bloed, waardoor hij veel langer bij zijn positieven bleef, en dat gaf hem een aanzienlijke pre boven de piloten met een gaaf lichaam tegen wie hij vocht.

De echte keerzijde kwam echter op 9 augustus 1941, toen zijn vliegtuig boven Le Touquet in Frankrijk in botsing kwam met een Messerschmitt. Toen Bader uit het vliegtuig wilde springen, merkte hij dat zijn rechterkunstbeen klem zat. Het vliegtuig dook naar de grond. Een andere piloot zou te pletter zijn gevallen, maar omdat Bader zijn eigen benen niet meer had, overleefde hij het. De riem die zijn kunstbeen op zijn plaats hield knapte en zo kon Group Captain Sir Douglas Bader nog net uit zijn vliegtuig springen voordat het neerstortte.

Je zou kunnen zeggen dat de positieve uitkomst van een negatief voorval enkel en alleen het gevolg is van de willekeur van het leven. Volgens de kansberekening zijn er altijd mensen die op de een of andere manier het beste halen uit een persoonlijke tragedie of een tegenslag, terwijl anderen door succes of iets dat ze bereikt hebben benadeeld worden en ellendig eindigen. Maar na tientallen jaren van onderzoek zijn wetenschappers en psychologen er gaandeweg achter gekomen dat het geheim voor het vinden van de keerzijde in feite niet is gelegen in de gebeurtenis zelf, maar in de manier waarop je erop reageert. Elke tegenslag, elk trauma heeft twee kanten, maar er is een bijzonder soort persoonlijkheid voor nodig om de keerzijde te ontdekken.

5

De twee kanten van een trauma

WAAROM EEN TRAUMA NIET ALTIJD DESTRUCTIEF HOEFT TE ZIJN EN VAAK TOT DIEPGAANDE, POSITIEVE VERANDERINGEN LEIDT

Denk eens aan alle helden en heldinnen van culturen over de hele wereld; allemaal hebben ze op de een of andere manier een soort draak onder ogen moeten zien. De transformatie die daarvan het gevolg was wordt al vanaf de oudheid geroemd.

MATTHEW J. FRIEDMAN

De term 'trauma' komt van het Griekse woord voor 'wond', 'letsel'. Maar wanneer wij het hebben over een traumatische ervaring, denken we daarbij meestal aan een diepe psychische wond, iets dat een diepe indruk nalaat op ons lichaam én onze geest. Het kan letterlijk onze diepste overtuigingen over het leven en de zin van het leven verbrijzelen en ons daardoor zo overweldigen dat we vervallen tot wanhoop en depressiviteit. Het kan ons spiritueel en mentaal vernietigen terwijl we in het reine proberen te komen met het verlies en het lijden dat dit maar al te vaak met zich meebrengt.

Er zijn, naar men zegt, in het leven maar twee dingen zeker – de dood en de belastingaanslag – maar we worden ook op allerlei momenten en plaatsen door trauma's getroffen. De meesten van ons maken op een bepaald moment in ons leven in de een of andere vorm een trauma mee, iets dat zich meestal opeens en zonder voorafgaande waarschuwing aandient. Maar een trauma hoeft niet destructief te zijn. Het heeft ook een andere kant, een kant waardoor ons leven diepgaand en ten goede kan veranderen.

De tweesprong

Je komt bij een tweesprong, waar je een besluit moet nemen. Of je wordt slachtoffer en leeft je leven niet ten volle of je kiest voor de geweldige kans die zich hier voordoet om te groeien.
Ute Lawrence

De King's Higway 401 in Canada is 815 kilometer lang, loopt dwars door Zuid-Ontario en verbindt Windsor met Montreal in Quebec. Het is een van de breedste en drukste verkeersaders ter wereld. Op geen enkele andere weg in heel Noord-Amerika tref je zoveel verkeer aan als daar. Het meest westelijke deel van de weg, tussen Windsor en Londen, staat bekend als de drukste weg voor het vrachtverkeer in heel Noord-Amerika. Het heeft ook de reputatie dat het een van de wegen is waarop de meeste dodelijke ongevallen plaatsvinden. Er zijn op dat deel van de snelweg zoveel ongelukken gebeurd, dat het de naam 'Carnage Alley' – Bloedbadweg – heeft gekregen.

Dat er op Carnage Alley zoveel ongelukken gebeuren, komt doordat dit deel van de snelweg zo slecht is aangelegd. Het heeft smalle rijstroken en 'zachte' in plaats van 'harde' bermen, waardoor de binnenbaan zelfs smaller is dan de normale rijbanen. Daardoor hebben bestuurders op de binnenbaan geen enkele mogelijkheid om uit te wijken en botsingen te voorkomen. Het derde probleem levert zelfs nog meer gevaren op. De middenberm van de snelweg bestaat uit een heel smalle strook gras. Wanneer er op de ene weghelft een ongeluk gebeurt, komen die auto's die daarbij betrokken zijn dus maar al te gemakkelijk op de andere weghelft terecht, waardoor automobilisten die in de andere richting rijden ook bij het ongeluk betrokken raken. Er was op de weg een bepaalde plek waar je er gewoon op kon wachten dat het een keer misging!

Het ergste van alle ongelukken op dat stuk van de 401 vond plaats op 3 september 1999, Labor Day Weekend. De 401 zat vol dagjesmensen, toen er ineens een zwaar mistgordijn over de streek viel. Door het slechte zicht en het gevaar dat dat weggedeelte sowieso opleverde, was wat er toen gebeurde vrijwel niet te vermijden. Het werd de meest afgrijselijke kettingbotsing die zich ooit in Canada heeft voorgedaan. Er waren achtenzeventig voertuigen bij betrokken, vijfenveertig mensen raakten gewond en acht mensen vonden de dood.

Ute Lawrence en haar man, Stan Fisher, zaten in een van de auto's die bij de kettingbotsing betrokken waren. Ze hadden in zekere zin geluk, ze liepen slechts een paar snij- en schaafwonden op. Maar ook al raakten ze zelf lichamelijk niet gewond, ze hielden aan wat er die dag gebeurde een levensgroot trauma over. Tijdens de kettingbotsing raakte een veertienjarig meisje bekneld tussen hun auto en een vrachtwagen. Het meisje werd platgedrukt tegen de deur aan de kant van de passagier en meneer en mevrouw Lawrence moesten hulpeloos toezien hoe het meisje omkwam in het vuur.

Ute Lawrence was journaliste en uitgeefster, maar haar leven nam op de dag van het ongeluk voorgoed een wending. Toen ze de dinsdag daarop weer gewoon aan het werk wilde gaan, merkte ze dat er iets met haar aan de hand was. 'Ik stond altijd vol opwinding over de dag op', zegt ze. 'En dan gebeurt er opeens iets als dit, wat alles vernietigt – alles waar je in gelooft, je gevoel van eigenwaarde ... Ik was een besluitvaardige zakenvrouw en die was er twee dagen later gewoon niet meer.' Het duurde niet lang of ze kon helemaal niet meer werken, ze schommelde heen en weer tussen doffe gevoelloosheid en aanvallen van hysterie. Twee maanden later zocht ze hulp en raadpleegde een arts, die haar doorstuurde naar het traumacentrum van het plaatselijke ziekenhuis.

Volgens het US National Center for Post-traumatic Stress Disorder maakt meer dan zestig procent van de bevolking in zijn leven wel een zeker trauma mee. De cijfers die ons thans ter beschikking staan wijzen uit dat ongeveer acht procent van de bevolking van de Verenigde Staten te kampen heeft met een posttraumatische stressstoornis (PTSS) en dat hiervoor in de VS jaarlijks meer dan vijf miljoen mensen behandeld worden. Het Verenigd Koninkrijk en Canada maken melding van soortgelijke cijfers. Volgens de Canadian Mental Health Association en de online vraagbaak Patient UK heeft tien procent van de Canadese en de Britse bevolking op een bepaald moment in zijn leven last van een posttraumatische stressstoornis. Maar het meest interessante is dat uit deze cijfers blijkt dat van de mensen die met een ernstig trauma te maken krijgen slechts een betrekkelijk kleine minderheid uiteindelijk last krijgt van PTSS. De meerderheid heeft geen last van ernstige of blijvende nadelige gevolgen van een trauma.

Ute Lawrence begon binnen een paar dagen symptomen van een posttraumatische stressstoornis te vertonen. Ze was vreselijk aangeslagen door wat ze had meegemaakt. 'Ik was altijd heel voortvarend en besluitvaardig', zei ze, 'en die persoon bestond twee dagen na dat ongeluk niet meer.' Ze was niet in staat ook maar iets van haar dagelijkse taken uit te voeren – van het opruimen van de keuken tot het leiding geven aan haar bedrijf. Ute raadpleegde haar arts. Ze probeerde vrijwel alle beschikbare behandelingen uit én volgde allerlei zelfhulpcursussen en seminars. Het kostte haar jaren om te herstellen, maar dit bracht haar tot een nieuwe carrière: hulp verlenen aan mensen die leden aan PTSS en aandacht vragen voor een verbijsterend, heel veel voorkomend mentaal gezondheidsprobleem. Ze werd op een dag wakker en kreeg iets als een openbaring. Zij en haar echtgenoot zouden in Canada de oprichters zijn van de eerste zelfhulporganisatie voor een posttraumatische stressstoornis.

In 2006 werd de Post-traumatic Stress Disorder Association opgericht, die in heel Canada adviezen geeft en hulp en steun biedt aan mensen die lijden aan een posttraumatische stressstoornis. Door de organisatie en het werk dat deze doet hadden Ute Lawrence en haar echtgenoot na zeven jaar een keerzijde van hun trauma gevonden.

Wat ze hadden meegemaakt inspireerde hen tot een missie om mensen niet alleen te helpen in het reine te komen met een traumatische ervaring, maar hen ook te helpen daarin iets positiefs te ontdekken, iets dat een katalysator zou kunnen zijn voor hun eigen groei.

Toen Ute Lawrence in augustus 2008 in de *Globe & Mail* werd geïnterviewd, zei ze dat je, wanneer je op een tweesprong belandt, maar twee mogelijke keuzes hebt: je beslist dat je slachtoffer wilt zijn en je leven niet ten volle wilt leven, of je kiest voor de geweldige kans om te groeien die zich hier voordoet. Dat is de keerzijde. In de laatste woorden van het interview wijst ze mensen erop dat, als je wordt geconfronteerd met een traumatische gebeurtenis – zelfs een voorval zo afgrijselijk als dat waarvan zij getuige was – er altijd een keerzijde is. 'Je hebt iets vreselijks meegemaakt en hoe meer moeite het je kost om daarmee in het reine te komen, des te groter is de kans dat je uitgroeit tot een meedogender, vrijgeviger mens.'

Posttraumatische groei

De positieve psychologie van groeien door een trauma is een veel boeiender onderwerp om te bestuderen dan de posttraumatische stressstoornis zelf, want daarmee help je mensen hun eigen veerkracht terug te vinden en te herstellen van de klap die ze hebben opgelopen.
PAUL T.P. WONG

Dat een ernstig trauma een voorbode kan zijn van een positieve verandering en een beter leven is niet zo vreemd als het op het eerste gezicht misschien lijkt. Er valt veel te zeggen voor de opvatting dat we door alles wat we meemaken en wat geen eind aan ons leven maakt, sterker worden. Wanneer we bijvoorbeeld een infectie, met name een virusinfectie, overleven, worden we tot op zekere hoogte immuun. Wat ook helpt is dat we weten dat de infectie kan worden overwonnen. En wanneer we het ongeluk hebben om een bot te breken, maar het geluk dat dat weer netjes wordt gezet, blijkt de plek waar het bot weer aan elkaar groeit veel sterker te zijn dan voorheen.

Zo hebben psychologen ook ontdekt dat een psychisch trauma – als je daar tenminste op de juiste manier mee omgaat – vaak leidt tot een sterker karakter en tot wat door hen wordt aangeduid als 'persoonlijke groei'.

In april 2004 publiceerde de *Psychiatric Times* een artikel dat menigeen in de wereld van de klinische psychologie de wenkbrauwen deed optrekken. De schrijvers, Tedeschi en Calhoun, beiden hoogleraar psychologie aan de universiteit van Noord-Carolina, hadden er meer dan twintig jaar van hun carrière aan gewijd om na te gaan welke invloed ernstige lichamelijke en emotionele trauma's op het leven van een mens hebben. Hun bevindingen leidden tot verbazingwekkende conclusies, die vraagtekens zetten bij de manier waarop men tot dat moment dacht over traumata, fysiek of psychisch, en hoeveel invloed die op ons leven hebben. Volgens de schrijvers hoeft een trauma niet altijd negatief zijn. In feite bewees hun onderzoek juist het tegendeel. Heel vaak vielen de meest verschrikkelijke lichamelijke en psychische trauma's voor de mensen in kwestie positief uit. De wetenschappers hadden ontdekt dat trauma's een keerzijde hebben.

Sinds de Eerste Wereldoorlog gingen veel psychologen ervan uit dat ernstige trauma's onvermijdelijk leidden tot lichamelijke en emotionele klachten. En binnen de verschillende richtingen in de psychologie was alles erop gericht om een posttraumatische stressstoornis vast te stellen en vervolgens te behandelen. Maar volgens Tedeschi en Calhoun hebben veel mensen die iets traumatisch hebben meegemaakt helemaal niet te kampen met blijvend psychisch letsel. In feite blijkt uit hun bevindingen dat veel mensen die een ernstig trauma hebben meegemaakt, daarop terugkijken als op een levensverruimende ervaring en dus een zekere mate van persoonlijke of spirituele groei. De bevindingen van deze professoren bevestigden iets waar filosofen en theologen al eeuwenlang melding van maken, namelijk dat het lijden van de mens de mogelijkheid van iets groters met zich meebrengt.

Tedeschi en Calhoun waren bij hun onderzoek in eerste instantie vooral geïnteresseerd in trauma's van een wereldschokkende aard en niet in gewone, dagelijkse voorvallen die stress veroorzaken. Ze richtten zich op ervaringen die te vergelijken waren met een persoonlijke 'aardverschuiving', ervaringen die de standpunten en opvattingen van de mensen in kwestie over de wereld, hun plaats daarin en de zin van hun dagelijks leven aan het wankelen brachten. Die dingen deden zich onverwacht voor, waren niet te voorzien, waren niet terug te draaien en je kon ook niet weten wat het uiteindelijk met je zou doen, zoals wanneer iemand die je dierbaar is je ontvalt, je te horen krijgt dat je een chronische of levensbedreigende ziekte hebt, je gewond raakt bij een auto-ongeluk, je je armen of je benen verliest, of wanneer je zelfs verkracht of seksueel misbruikt bent.

De specialisten ontdekten dat sommige mensen die zo'n trauma met de omvang van een 'aardverschuiving' meemaakten, daar op de lange duur geen nadelige gevolgen (PTSS) van ondervonden, maar erop terugkeken als op een positief, bepalend moment in hun leven, dat tot iets groters leidde. Tedeschi en Calhoun hadden door hun werk een volkomen nieuw psychisch verschijnsel ontdekt, dat ze 'posttraumatische groei' noemden.

Om precies te begrijpen hoe een trauma wel degelijk heilzaam kan zijn en kan leiden tot het gevoel dat je persoonlijk bent gegroeid, moeten we kijken naar mensen die een trauma hebben overleefd, mensen die een ernstig trauma hebben meegemaakt en erdoorheen zijn gekomen met het gevoel dat hun leven erdoor is verrijkt. Een trauma kan zich overal en op elk moment voordoen, maar er is één plek waar vrijwel niemand er zonder kleerscheuren afkomt, en dat is het slagveld.

Oorlogstrauma's

Uiteindelijk namen mijn gebeden een nieuwe wending. Zoiets als: 'Oké, God, als dit het is, help mij dan om er, hoelang het ook mag duren, in elk geval als een beter mens uit tevoorschijn te komen. Help me het als iets positiefs te zien.'
CAPTAIN GERALD COFFEE, US NAVY

In februari 1966 vloog Captain Gerald L. Coffee van de marine van de Verenigde Staten met zijn vliegtuig tijdens een verkenningsvlucht boven Noord-Vietnam. Het was het laatste toestel dat was opgestegen en het was zijn laatste missie van die dag. Hij noch zijn medebemanningslid keerde die dag terug. Het vliegtuig werd geraakt door vijandelijk vuur dat de hydraulische kabels doorsneed. Daardoor kon kapitein Coffee het toestel niet meer besturen. De stuurknuppel zat muurvast en het vliegtuig dook met een snelheid van meer dan 1000 kilometer per uur naar het zeeoppervlak.

'Ik verloor meteen het bewustzijn en wanneer ik niet toevallig weer bij was gekomen, had ik toen de dood gevonden', zegt kapitein Coffee. Hij kwam echter wel weer bij bewustzijn, en kwam tot de ontdekking dat hij zo'n vierhonderd meter uit de kust ronddobberde. Hij zou later merken dat hij zijn arm had gebroken en dat zijn elleboog en schouder ontzet waren. Tijdens het gevecht dat toen ontstond werd zijn medebemanningslid doodgeschoten, maar kapitein Coffee werd krijgsgevangen gemaakt en afgevoerd naar de Wallo-gevangenis in de hoofdstad Hanoi.

'Ik keek om me heen en kon mijn ogen niet geloven. Waar was ik in vredesnaam terechtgekomen?', zegt hij. 'Ik bevond me in een kleine cel, niet groter dan een eenpersoonsbed. Mijn bed zelf was niet meer dan een plaat beton van zo'n 45 centimeter breed die uit de muur naar voren stak. Aan het voeteneind bevond zich een voetensteun van hout met over de bovenkant een zware ijzeren staaf met een groot hangslot, waar mijn voeten in staken.

Er was maar één raam, heel hoog in de cel, met een dubbele rij tralies ervoor', vertelt hij, maar het enige wat hij daar doorheen kon zien was de vijfenhalve meter hoge muur van de gevangenis. Er bevond zich letterlijk niets in het vertrek, op een metalen emmertje in de hoek na. Hier bracht kapitein Coffee zijn dagen door. Hij moest dag in, dag uit de grootste ontbering, ondervraging en marteling zien te overleven, tot hij op een dag zeven jaar later eindelijk vrijkwam. Maar ondanks alles wat hij als krijgsgevangene te verduren had gekregen, zei kapitein Coffee desgevraagd dat hij die ervaring voor geen goud had willen missen. Na de oorlog schreef hij een boek, *Beyond Survival*, dat door velen wordt beschouwd als een van de beste boeken die over krijgsgevangenen in de Vietnamoorlog zijn geschreven. Toen het nieuws van zijn verhaal zich verspreidde, werd kapitein Coffee een veelgevraagd, inspirerend spreker, en vandaag de dag staat hij wijd en zijd bekend als een van de tien beste sprekers in de Verenigde Staten. Hij heeft het in zijn voordrachten niet uitgebreid over zijn ervaringen in een Vietnamees krijgsgevangenkamp, maar hij haalt die ervaringen wel vaak aan om zijn toehoorders een boodschap van hoop, geloof en de onoverwinnelijkheid van de menselijke geest te brengen. 'Op een bepaald moment wordt ieder van ons neergeschoten. We zijn allemaal krijgsgevangenen die de grootste ellende te verduren krijgen', zegt hij. Hij daagt zijn publiek uit om 'weerbaar te blijven', 'niet bij de pakken te gaan neerzitten' en 'niet alleen maar bezig te zijn met overleven, maar daar bovenuit te stijgen en op zoek te gaan naar de zin van wat je overkomt.'

Kapitein Coffee heeft het over het belang van leiderschap wanneer je zwaar onder druk staat, hoe je met verandering omgaat in onzekere situaties, hoe belangrijk het is om samen te werken, hoe groot de waarde is van loyaliteit en hoe belangrijk het is om te blijven communiceren. 'De belangrijkste lessen die ik in die jaren heb geleerd en die ertoe hebben bijgedragen dat ikzelf en mijn lotgenoten het hebben overleefd', zo zegt hij, 'komen me, nu ik weer veilig en wel terug ben, nog dagelijks goed van pas en zullen dat ook in de toekomst blijven doen.'

Matthew J. Friedman, hoogleraar psychiatrie aan de Dartmouth Medical School en directeur van het National Center for Post-traumatic Stress Disorder, verwijst naar een doorgaand onderzoek dat sinds de Tweede Wereldoorlog is gedaan, waarin soldaten die uit de oorlog terugkeren aangeven dat ze daardoor op een diepgaande, zelfs spirituele manier zijn veranderd. 'Ja, ik heb geleden', melden ze, 'maar ik had dat voor niets ter wereld willen missen ... Wat ik heb meegemaakt, heeft me tot een beter mens gemaakt.' Veel soldaten geloven dat ze, zelfs al zijn ze zwaar gewond of blijvend invalide geraakt of hebben ze jaren in een krijgsgevangenkamp gezeten, door wat ze hebben meegemaakt zijn veranderd. Ze zijn door hun beproevingen heen gekomen met het gevoel dat ze sterker en veerkrachtiger zijn dan ooit.

Hiermee wil ik oorlog niet goedpraten. Calhoun en Tedeschi benadrukken dat alle crises, verliezen en trauma's ongewenst zijn. Elke vorm van groei als gevolg van een trauma komt niet voort uit het trauma zelf maar uit de manier waarop je ermee omgaat, ermee worstelt en er uiteindelijk bovenop komt. Wat zij echter hebben aangetoond is dat het zelfs na het ondergaan van een oorlogstrauma nog steeds mogelijk is de keerzijde te vinden.

De jogger in Central Park

Het leven is onder alle omstandigheden, zelfs de meest ellendige, in wezen zinvol.
VIKTOR FRANKL

De zon was ondergegaan over Central Park. Het was rond negen uur op de avond van 19 april 1989. Een losjes georganiseerde bende van zo'n tweeëndertig jongens was stampei aan het maken in het park. Vijf van hen bekenden later dat ze zonder enige reden en volkomen willekeurig mensen hadden aangevallen. Ze hadden een soort fuik van zo'n 400 meter gevormd en waren een halfuur lang als beesten tekeergegaan tegen fietsers en wandelaars. Er was sprake van twee gevallen waarbij ze 'twee mannen met een metalen pijp bewusteloos hadden geslagen, waarbij ze hen met stenen hadden bekogeld en hen hadden gestompt en tegen het hoofd getrapt'.

Een paar uur later werd het lichaam van een achtentwintigjarige vrouw gevonden door twee mannen die door het park liepen. De vrouw was aan het joggen geweest. Ze was verschrikkelijk toegetakeld en verkracht en lag in coma. Ze had een schedelbasisfractuur opgelopen door een zware klap op haar hoofd, had meer dan vijfenzeventig procent van haar bloed verloren en was, toen ze werd gevonden, zwaar onderkoeld. De artsen in het Metropolitan Hospital konden geen optimistische prognose geven. Ze dachten in eerste instantie dat ze het niet zou overleven of in coma zou blijven. Maar de vrouw, die bekend zou worden als de Central Park Jogger, overleefde het, tegen alle verwachtingen in.

Op grond van het maatschappelijke stigma dat je opgedrukt krijgt als je het slachtoffer bent van verkrachting en vanwege het trauma dat slachtoffers van dergelijke geweldsdelicten oplopen, werd de identiteit van de Central Park Jogger door het merendeel van de Amerikaanse media niet openbaar gemaakt. Maar in 2003 onthulde Trisha Meili zelf haar identiteit in een poging andere slachtoffers van soortgelijke geweldsdelicten te helpen: ze vertelde haar verhaal in het boek *I Am the Central Park Jogger*.

Trisha, die was opgegroeid in Paramus, New Jersey, en in Pittsburgh, was een Phi Beta Kappa doctoranda in de economie aan het Wellesby College en had een dubbele graad, Master of Business Administration en Master of Arts, behaald aan de Yale University. Nadat ze was afgestudeerd, werkte ze als partner bij de beleggingsbank Salomon Brothers in Wall Street, tot er op die afgrijselijke avond in Central Park abrupt een eind kwam aan het leven zoals ze dat gekend had.

Er gaat van Trisha's boek iets geweldig hoopgevends uit. Het gaat niet zozeer over de brute aanval op haar persoon, maar over haar weg naar genezing en het nieuwe leven dat ze voor zichzelf opbouwde. Ze moest haar hele leven opnieuw opbouwen, ze moest opnieuw leren hoe ze zelfs de meest simpele handelingen moest verrichten. Op je andere zij rollen, klokkijken, je blouse dichtknopen, je schoenveters strikken of eenvoudige dingen onderscheiden – dingen die we allemaal al als kleuter leren – moest Trisha zich opnieuw eigen maken. Ze deed dat allemaal en werd daardoor een volkomen ander mens. Ze was nog steeds dezelfde, maar ze was volledig veranderd en in zekere zin sterker dan ooit.

Trisha is geen beleggingsbankier meer. Ze wijdt haar tijd aan het helpen van de organisaties die haar hebben geholpen bij haar herstel, waaronder het Sexual Assault and Violence Intervention Program (SAVI) van het Mount Sinai ziekenhuis; het Gaylord ziekenhuis, waar ze het grootste deel van haar revalidatie deed; en de Achilles Track Club die haar hielp in 1995 de New York City Marathon te lopen.

Onlangs ontving Trisha de Leadership Award van het National Center for Victims of Crime, de National Courage Award van het

Courage Center, de Pacesetter Award van het New York Hospital Queens, de Spirit Achievement Award van het Albert Einstein College of Medicine, de Courage Award van Boston's Magic 106.7 Exceptional Women Program, en was ze in New York City een van degenen die de Olympische fakkel mochten dragen.

Thans is Trisha een veelgevraagd spreker. Ze reist door heel Noord-Amerika om voor bedrijven, universiteiten, organisaties voor hersenletsel, centra tegen seksueel geweld en ziekenhuizen lezingen te houden over haar herstel en genezing. Met haar boek en haar voordrachten laat ze zien hoe je kunt omgaan met een onvoorspelbare en onvoorstelbare verandering in je leven, of die nu ligt op het persoonlijke, het beroepsmatige, het economische of zelfs het spirituele vlak. Haar verhaal heeft mensen over de hele wereld moed gegeven en geïnspireerd om de obstakels waarvoor het leven ons stelt, wat die ook mogen zijn, te overwinnen en de draad weer op te pakken. Zij is een voorbeeld bij uitstek van wat er aan de keerzijde van een trauma mogelijk is. Ze overleefde het niet alleen – wat op zich al een wonder was – ze slaagde erin de keerzijde van een afgrijselijke ervaring te vinden. Ze wist er een positieve draai aan te geven, waardoor haar leven ten goede veranderde en ze anderen ertoe kon aanzetten dat ook te doen.

Groeien door een trauma

Niemand zal beweren dat het voor onze persoonlijke groei goed of noodzakelijk is om een trauma mee te maken. Een trauma houdt uit de aard der zaak lijden in. In een ideale wereld zouden we allemaal zorg dragen voor onze persoonlijke groei zonder dat we daarbij hoefden te lijden. Maar zelfs wanneer we zoiets meemaken, is er nog altijd hoop voor de toekomst. Toonaangevende psychologen hebben aangetoond dat elke vorm van trauma unieke kansen biedt die tot diepgaande veranderingen kunnen leiden.

Posttraumatische groei is een boeiend en betrekkelijk nieuw terrein van onderzoek. Door de eeuwen heen hebben filosofen en theologen erop gewezen dat het lijden van de mens nieuwe kansen met zich meebrengt, die naar iets beters leiden. Door mensen te onderzoeken die iets ernstigs hadden meegemaakt en daar, naar eigen zeggen, door waren gegroeid of die op een andere manier direct baat hadden gehad bij het feit dat ze een fysiek of een psychisch trauma hadden overleefd, konden professor Calhoun en professor Tedeschi vaststellen dat een trauma twee kanten heeft: de kant van verlies en lijden, die we zien, en de kant van groei en nieuwe mogelijkheden, die soms pas veel later zichtbaar worden.

Door hun onderzoek ontdekten deze specialisten dat mensen die te maken krijgen met een groot trauma, zoals een levensbedreigende ziekte, een ernstig ongeluk, een geweldsmisdrijf en zelfs een natuurramp, vaak een of meer van de vijf onderstaande positieve veranderingen in hun leven ervaren.

1. Een gevoel van persoonlijke kracht

Mensen die een trauma hebben overleefd krijgen vaak veel meer vertrouwen in het leven en gaan meer op zichzelf vertrouwen. De wetenschap dat ze het trauma hebben overleefd geeft mensen een gevoel van optimisme en het vertrouwen dat ze alles wat hun in de toekomst nog zou kunnen overkomen aankunnen. Het is duidelijk dat onze opvattingen over het leven en over onszelf en over wat we kunnen bereiken door een groot trauma volledig kunnen veranderen.

2. Hechtere vriendschapsbanden

Er ontstaat vaak een veel hechtere band tussen mensen die een trauma overleven en hun familie, vrienden en collega's. Ze beseffen dat de kwaliteit van leven meer dan wat ook te maken heeft met de kwaliteit van hun vriendschappen en ze stoppen er meer energie en meer tijd in om zinvolle relaties op te bouwen. Ze hebben een groter gevoel van mededogen en empathie voor anderen die met tegenslagen te kampen hebben en met trauma's te maken krijgen, hoewel ze, interessant genoeg, vaak weinig op hebben met mensen die voortdurend over onbenullige zaken lopen te klagen.

3. Een grotere waardering voor het leven

Het gebeurt maar al te vaak dat we iets pas echt op waarde weten te schatten wanneer we het kwijtraken. Maar wanneer mensen door een trauma heen gaan, kan elk verlies dat ze lijden ertoe bijdragen dat ze dankbaarder worden voor wat ze nog wel hebben. Er is vaak sprake van een gevoel van dankbaarheid dat ze het hebben overleefd, waardoor ze meer waardering voor het leven hebben dan ze ooit hebben gehad. De wereld is opeens vol wonderen en alles wat door veel mensen als vanzelfsprekend wordt beschouwd of wat door hen over het hoofd wordt gezien, wordt door wie een trauma heeft overleefd gekoesterd.

4 Een nieuwe eigen levensfilosofie en een sterker spiritueel besef

Mensen die een trauma hebben overleefd geven vaak aan dat ze door die traumatische ervaring in spiritueel opzicht zijn gegroeid. Het komt heel veel voor dat mensen die een trauma hebben overleefd nieuwe en heel andere prioriteiten gaan stellen. Ze vinden een doel of zin voor het lijden dat ze hebben doorstaan, en dat geeft op zijn beurt een nieuwe zin aan hun leven. Daardoor komen ze er met een sterker spiritueel of religieus besef uit tevoorschijn.

5. Nieuwe kansen en nieuwe wegen

Ook al kan het leven van mensen door een trauma volledig instorten, waardoor ze volkomen ontredderd achterblijven, wanneer het hun lukt de brokstukken weer een plaats te geven, komen ze vaak tot de ontdekking dat er sprake is van nieuwe keuzes, nieuwe kansen, nieuwe dromen.

De ontdekking van het verschijnsel posttraumatische groei toont aan dat het idee dat er zoiets als een keerzijde bestaat geen uit de duim gezogen verzinsel is. Die keerzijde bestaat echt en biedt de zekerheid van nieuwe kansen en de hoop op een betere toekomst. Dat een trauma je leven verrijkt of dat je erdoor groeit, staat absoluut niet vast. Of je de sleutel tot de keerzijde vindt, hangt niet af van de gebeurtenis zelf of van het soort trauma. Het hangt af van de mens die het trauma meemaakt en de manier waarop hij daarop reageert. Mensen die de keerzijde vinden verschillen niet heel veel van andere mensen, maar psychologen hebben wel een paar belangrijke verschillen vastgesteld. Over die mensen gaan we het nu hebben.

6

Reden tot optimisme

WAAROM ER REDEN TOT OPTIMISME IS WANNEER JE TE MAKEN KRIJGT MET PROBLEMEN, TEGENSLAGEN OF RAMPSPOED

Een optimist is iemand die in een roeiboot achter Moby Dick aangaat met de tartaarsaus bij zich.

ZIG ZIGLAR

Er zijn mensen die niet veel intelligenter zijn of harder werken dan de rest, maar die op school toch hogere cijfers halen. Ze verschillen lichamelijk niet van de rest van ons, maar hebben veel minder problemen met hun gezondheid. Ze hebben geen betere genen, maar leven gemiddeld anderhalf jaar langer. Als deze mensen ziek worden, herstellen ze sneller en meer volledig dan andere patiënten, ook al krijgen ze dezelfde medicijnen. Deze mensen zijn niet beter opgeleid en geschoold, maar doen het in de zakenwereld tot wel 88 procent beter dan hun collega's en concurrenten. Ze verdienen ook meer en maken meer promotie. Deze mensen slagen op vrijwel elk terrein van hun leven en bereiken meer dan alle anderen. En wat nog belangrijker is, ze verstaan de kunst een negatieve ervaring om te zetten in iets positiefs. Deze mensen behoren niet tot een apart ras, ze hebben geen andere huidskleur en geen andere geloofsovertuiging. Het enige wat hen anders maakt dan het gros van de mensen is hun instelling en hun kijk op het leven. Het zijn de optimisten.

Psychologen definiëren optimisten als mensen die over het algemeen veel goeds van het leven verwachten. Pessimisten daarentegen verwachten over het algemeen dat vrijwel niets goed zal gaan. Het verschil zit hem voornamelijk in wat je verwacht en of je vertrouwen hebt in de toekomst. Dit is echter een heel groot verschil, dat in belangrijke mate bepaalt hoe ons leven zich ontvouwt.

De gelukkigste man ter wereld

'Kent u iemand die er beroerder aan toe is dan ik?' Dit is de eerste vraag die Hsieh Kun-Shan aan zijn gehoor stelt wanneer hem wordt gevraagd op seminars en conferenties te spreken. Daar staat hij, een man zonder armen, met een verminkte linkervoet, een rechterbeen dat onder de knie geamputeerd is en die ook nog eens blind is aan één oog. De meeste mensen denken koortsachtig aan iemand die ze kennen of iemand over wie ze hebben gehoord van wie je zou kunnen zeggen dat hij er even ellendig aan toe is als Hsieh. Pas dan verrast hij zijn gehoor met zijn tweede vraag: 'Maar ken je ook iemand die zo gelukkig is als ik?'

Wat kan iemand als Hsieh in vredesnaam het gevoel geven dat hij de gelukkigste man ter wereld is? Hoe kan het dat iemand op wiens leven een vloek lijkt te rusten zich zo gezegend voelt? Daar kunnen de meeste mensen met hun verstand niet bij. Vandaar dat wat Hsieh te zeggen heeft zo belangrijk is.

Het verhaal van Hsieh gaat dertig jaar terug, naar de dag dat hij als tiener in een fabriek in Taiwan werkte. Het laatste wat hij zich herinnert is dat hij op blote voeten door de fabriek liep met in zijn handen een stel stalen staven. 'Ik hielp in de kledingfabriek', vertelt hij. 'Opeens kwamen die staven terecht in het elektromagnetische veld van draden met een hoge elektrische spanning. Wat het nog erger maakte was dat ik om de een of andere reden die dag mijn schoenen niet aanhad, waardoor mijn hele lichaam fungeerde als een elektrische geleider.'

Hsieh was meteen buiten bewustzijn. Hij kwam twee dagen later bij met een ondraaglijke pijn in zijn lelijk verbrande benen en armen. Het enige wat de artsen konden doen om zijn leven te redden was een paar van zijn ledematen amputeren. Hij verloor het grootste deel van zijn rechterarm, zijn hele linkerarm en zijn rechterbeen vlak onder de knie. Zijn rechteroog was ernstig beschadigd en zijn linkervoet was door het ongeluk misvormd geraakt.

Het is opmerkelijk dat Hsieh zich ondanks zijn verwondingen ziet als een van de gelukkigste mensen ter wereld. En dat is nog opmerkelijker wanneer je bedenkt dat Hsieh een paar jaar later ook nog eens het gezichtsvermogen in zijn rechteroog volledig verloor toen er een nietje in zijn oog schoot toen zijn zusje bezig was zijn boeken te repareren! Maar ondanks zijn ernstige lichamelijke beperkingen ziet Hsieh zichzelf als iemand die geluk heeft gehad. Niet alleen omdat hij een ongeluk overleefde dat op slag een eind aan zijn leven had kunnen maken, maar vanwege het leven dat hij heeft opgebouwd en de persoon die hij geworden is door de uitdagingen waarvoor hij zich door zijn ongeval en de verwondingen die daarvan het gevolg waren geplaatst zag.

In de zeven jaar die daarop volgden verbleef Hsieh in de kleine huurflat van zijn familie. Hij verliet het huis alleen maar om naar de kapper te gaan. 'Maar ik was niet in ballingschap', zegt hij. 'Ik zat erover te denken hoe ik voor mezelf zou kunnen zorgen en aan een tweede leven kon beginnen. Ik kon mijn lichaam dan wel niet goed gebruiken, maar mijn geest was vrij.'

Hsieh begon in alle rust uit te proberen hoe hij met zijn invaliditeit zou kunnen leven. Hij ontwierp een speciaal apparaat dat bevestigd kon worden aan wat er nog van zijn rechterarm over was en waaraan een lepel bevestigd kon worden zodat hij zelf kon eten. Hij ontwierp ook een lange haak die aan een ketting bevestigd kon worden, zodat hij zelf de ritssluiting van zijn broek naar beneden en naar boven kon doen. Hij leerde zelfs zichzelf te baden.

Het was in dit kamertje dat Hsieh besloot te gaan schilderen om in zijn levensonderhoud te voorzien. In zijn schooltijd zat hij tijdens de les altijd met veel plezier in zijn leerboeken te krabbelen en dus leerde hij zichzelf tekenen met een potlood in zijn mond. Hij vond het therapeutisch om zijn geest te richten op het creatieve proces. 'Tekenen stemde me vredig en tevreden', zegt Hsieh, die zelfs leerde zelf zijn potloden te slijpen met een mes dat hij in zijn mond hield.

Toen Hsieh voor in de twintig was, maakte hij een einde aan het isolement dat hij zichzelf had opgelegd en opende hij samen met twee lotgenoten, leeftijdgenoten die ook gehandicapt en autodidact waren, een studio – One Step Behind – waar ze olieverfschilderijen verkochten. Hij stond erop het huis van zijn moeder te verlaten en liet zich een kunstbeen aanmeten zodat hij weer kon lopen.

De meest spectaculaire verandering in het leven van Hsieh vond echter plaats op de dag dat hij de bekende olieverfschilder Wu Ah-Sun ontmoette op diens tentoonstelling in Taipei. Wu was zo onder de indruk van Hsiehs gretigheid om te leren, dat hij erin toestemde dat Hsieh de lessen zou bijwonen die hij aan de universiteit gaf, zonder dat hij daarvoor hoefde te betalen. Wu hielp ook Hsiehs werk te promoten. In de klas van Wu ontmoette Hsieh zijn toekomstige vrouw, een leuk meisje dat Lin heette en dat in een plaatselijk elektronicabedrijf werkte.

Om het onderwijs dat hij door zijn ongeluk had moeten missen in te halen, maakte Hsieh op dertigjarige leeftijd zijn middelbare school af. Hij won vele kunstprijzen en werd in 1987 lid van de vereniging van mond- en voetschilders in Liechtenstein, die aan honderd kunstenaars van meer dan zestig landen subsidie verleent. Vandaag de dag gaan de middelgrote olieverfschilderijen van Hsieh voor meer dan vijfduizend dollar van de hand.

In 2002 schreef Hsieh zijn autobiografie, die een jaar later werd omgewerkt tot een kinderboek. Het boek werd ook bewerkt tot een tv-serie van dertig afleveringen, waarin hij zelf als volwassene speelde. Het levensverhaal van Hsieh maakt nu deel uit van de volksverhalen van Taiwan en is opgenomen in leerboeken voor het basisonderwijs en de middelbare school. Hij heeft iets bereikt waarvan maar heel weinig mensen hebben gehoopt dat ze het ooit zouden kunnen bereiken, niet alleen in Taiwan maar waar ook ter wereld: hij is nog tijdens zijn eigen leven zoiets als een legende geworden.

Thans is Hsieh niet meer alleen kunstschilder, hij is ook een veelgevraagd en inspirerend spreker, die overal lezingen geeft. Hij woont, naar verluidt, met zijn vrouw Lin Yeh-chen en hun twee tienerdochters in een appartement op de tweede verdieping in Banqiao in Taiwan. Toen Lin hem in een interview beschreef als een 'man die liefde, warmte en licht uitstraalt en die een ongelooflijk optimistische kijk op het leven heeft', onthulde ze daarmee ook een van de sleutels tot zijn succes.

De grootste wielrenner van de Tour de France

Er is in de wereld van de wielersport één man die met kop en schouders boven alle anderen uitsteekt. Het is een man die, toen ik dit schreef, net de Tour de France had gewonnen, een gebeuren dat wijd en zijd wordt aangemerkt als het meest prestigieuze en slopende wielerevenement ter wereld, waarin hij door van 1999 tot 2005 zeven keer op rij te winnen een record brak. Onder de vele prijzen die hem zijn toegekend zijn vier achtereenvolgende Associated Press Awards voor de mannelijke atleet van het jaar en vier jaar op een rij de ESPY Award van de ESPN voor de beste mannelijke atleet. Hij werd in 2003 door de BBC uitgeroepen tot de beste buitenlandse sportpersoonlijkheid van het jaar. Zijn naam is Lance Armstrong.

Je kunt je zonder meer voorstellen dat Lance Armstrong in de wereld van de professionele wielersport iets als een icoon is geworden. Zijn successen kennen huns gelijke niet. Maar er is iets dat nog veel opmerkelijker is. Een paar jaar vóór Armstrong zijn eerste Tour de France won, was bij hem kanker geconstateerd.

Op 2 oktober 1996 werd bij Armstrong voor de eerste keer teelbalkanker vastgesteld, de meest voorkomende vorm van kanker bij mannen tussen de vijftien en vijfendertig jaar. Volgens de statistieken van het Britse ministerie voor volksgezondheid krijgt 46,2 procent van de bevolking op een bepaald moment te maken met kanker. Als je als man kanker krijgt, kun je nog het beste teelbalkanker krijgen. Vooropgesteld dat de tumor niet is uitgezaaid naar andere organen of omringend weefsel, zijn de vooruitzichten meestal goed. Meer dan negentig procent van de patiënten herstelt. Maar de tests van Armstrong wezen uit dat de kanker al was uitgezaaid en zijn longen en hersenen had aangetast. De vooruitzichten waren dus bepaald niet goed.

Armstrong had een aantal dingen mee in zijn strijd tegen kanker. Hij was betrekkelijk jong en hij was een buitengewoon fitte, sterke atleet in topvorm. Hierdoor kon hij de aanslag van de agressieve chemotherapie en de chirurgische ingreep weerstaan. Hij kreeg ook enorm veel steun van zijn familie en vrienden. Maar er was één belangrijke factor die hem hielp te zegevieren, zelfs toen hem de ene ramp na de andere overkwam. Het was dezelfde factor die hem hielp de Tour de France, de meest veeleisende wielerwedstrijd ter wereld, te winnen, niet één keer maar zeven keer op rij: Lance Armstrong heeft de mentaliteit van een winnaar. Hij is doelgericht, vastberaden en is ervan overtuigd dat hij zal slagen in alles wat hij voor ogen heeft – allemaal kenmerken die essentieel zijn voor een optimist.

Gezondheid en optimisme

Als er bij iemand kanker wordt vastgesteld, in welke vorm ook, heeft hij meer dan wat ook optimisme nodig. Klinisch onderzoek toont keer op keer aan dat het voor patiënten die een positieve uitkomst verwachten naar alle waarschijnlijkheid positief uitpakt. Wetenschappers hebben patiënten onderzocht die voor allerlei vormen van kanker werden behandeld, en zelfs patiënten die een beenmergtransplantatie moesten ondergaan. De resultaten waren in vrijwel alle gevallen hetzelfde: bij de optimisten onder hen deden zich minder complicaties voor en zij hadden veel meer kans om het te overleven.

Eén onderzoek bij jonge kankerpatiënten toonde aan dat diegenen van hen die optimistisch ingesteld waren, na acht maanden meer kans hadden het te overleven dan zij die pessimistisch ingesteld waren. Een onderzoek onder patiënten met hoofd- en halskanker kwam tot dezelfde conclusie. De resultaten lieten zien dat het niet waarschijnlijk was dat de pessimisten onder hen een jaar later nog in leven zouden zijn. De optimisten onder vrouwen bij wie borstkanker werd geconstateerd, vertoonden vóór de operatie minder stress en zeiden dat, vergeleken bij de pessimisten, een jaar na de behandeling de kwaliteit van hun leven was verbeterd.

Bij onderzoek naar andere gezondheidsklachten kwam men tot eenzelfde conclusie. Patiënten die een operatie aan de kransslagader ondergaan, hebben veel minder kans op complicaties en hoeven in de zes maanden na hun operatie veel minder vaak terug naar het ziekenhuis wanneer ze een optimistische instelling hebben, en optimisten genieten tot zelfs vijf jaar na hun operatie een hogere kwaliteit van leven.

Optimisten hebben iets bijzonders waardoor ze in staat zijn allerlei gezondheidsklachten sneller en beter te overwinnen dan andere mensen. In 1985 begonnen onderzoekers in Nederland een onderzoek dat vijftien jaar in beslag zou nemen naar of en hoe optimisme verband hield met hart- en vaatziekten bij mannen van middelbare leeftijd. Een aantal willekeurig geselecteerde mannen werd zorgvuldig gescreend om typische risicofactoren bij hart- en vaatziekten, zoals een beroerte, suikerziekte, angina pectoris, hartfalen en enkele andere ziekten die in de familie voorkwamen, uit te sluiten. De onderzoekers hielden in totaal 545 mannen over, die ze testten op optimisme en pessimisme door middel van een korte vragenlijst die bestond uit slechts vier vragen. In de loop van de volgende vijftien jaar volgden de onderzoekers het ziekteverloop van de mannen en testten hen met tussenpozen van vijf jaar op veranderingen die in hun optimistische kijk op de wereld optraden.

In februari 2006 publiceerden de onderzoekers hun bevindingen. De resultaten toonden aan dat er 'een significant, consistent verband was tussen een optimistische levenshouding en ongeveer vijftig procent minder kans op sterfte door hart- en vaatziekten'. Tegelijkertijd werd hopeloosheid – gedefinieerd als 'een gevoel van zinloosheid en negatieve verwachtingen aangaande de toekomst en de eigen doelstellingen' – iets dat dus qua aard erg lijkt op pessimisme, in verband gebracht met een toegenomen kans op hart- en vaatziekten, waaronder hoge bloeddruk en aderverkalking. Men toonde aan dat de kans op sterven aan hart- en vaatziekten door een optimistische houding met wel vijftig procent afnam! In feite achtten de onderzoekers het verband tussen optimisme en de kans op hart- en vaatziekten zo groot, dat volgens hen de mate waarin iemand optimistisch of pessimistisch ingesteld is moest worden toegevoegd aan de lijst van onafhankelijke risicofactoren voor hart- en vaatziekten bij mannen van middelbare leeftijd.

Andere onderzoeken hebben aangetoond dat mensen met een optimistische instelling tussen de zevenenhalf en dertien jaar langer leven dan mensen met een pessimistische kijk op het leven en dat de eersten ook meer kans hebben om beter van een heleboel ernstige ziekten te herstellen dan de laatsten. Dit komt waarschijnlijk doordat pessimisten vaak een hogere bloeddruk blijken te hebben dan optimisten, en optimisten een sterker immuunsysteem hebben dan pessimisten. Volgens Becca R. Levy, universitair hoofddocent epidemiologie en psychologie aan de Yale School of Public Health, leven optimisten langer en genieten zij tot op hoge leeftijd een betere gezondheid.

Michael F. Scheier, hoogleraar en hoofd van de faculteit psychologie aan de Carnegie Mellon-universiteit, was betrokken bij een onderzoek dat de uitwerking van optimisme naging bij patiënten die een bypassoperatie hadden ondergaan en bij mensen die kanker hadden. Hij concludeerde dat 'optimisten over het algemeen beter kunnen omgaan met omstandigheden die een bedreiging voor hun gezondheid vormen dan pessimisten'.

Veel wetenschappers vermoeden dat de reden dat optimisten het bij het overleven van levensbedreigende ziekten zoveel beter doen dan pessimisten, is dat onze verwachtingen fysiologische en biochemische gevolgen hebben. Nieuw onderzoek toont aan dat onze verwachtingen een buitengewoon sterke invloed hebben op ons lichaam, zowel fysiek als psychisch. Wetenschappers hebben de veranderingen in het brein gemeten die volgen op onze gedachten en met name op onze verwachtingen. Hun conclusies zijn opzienbarend – van het vrijkomen van natuurlijke stoffen met een pijnstillende werking die door het lichaam zelf worden aangemaakt, de zogenaamde endorfinen, tot de manier waarop neuronen in onze hersenen signalen afgeven.

De idee dat gedachten of verwachtingen verbeteringen teweeg

kunnen brengen in onze gezondheid en ons welzijn is niet nieuw. Al in 1811 verwees *Hooper's Medical Dictionary* naar wat wij nu kennen als het 'placebo-effect': 'een bijnaam gegeven aan een medicijn dat meer bedoeld is om de patiënt gerust te stellen dan dat deze er echt baat bij heeft'. Maar wat Hooper wellicht niet zag is hoe belangrijk de geestesinstelling van een patiënt is, volgens sommigen belangrijker dan welke behandeling ook die je aan iemand kunt geven.

Nu is het placebo-effect een erkend medisch verschijnsel waaraan de werkzaamheid van een medicijn wordt afgemeten. Men erkent algemeen dat, wanneer je patiënten een flesje suikertabletjes meegeeft maar hun vertelt dat dit het nieuwste geneesmiddel is dat zijn werkzaamheid heeft bewezen en hun klachten zal genezen, meer dan een derde van hen – meestal tussen de 30 en 60 procent – een verbetering van de symptomen ervaart.

Tot voor kort dacht men dat de werking van een placebo louter psychosomatisch was of alleen in de verbeelding van de patiënt bestond. Wetenschappers zijn echter direct bewijsmateriaal gaan verzamelen en vergelijken en daaruit blijkt zonder meer dat wat wij denken *dezelfde* neurologische genezingsreacties in gang kan zetten als een chemisch geneesmiddel. Bij een van die onderzoeken aan de universiteit van Michigan spoten wetenschappers zout water in de kaken van gezonde, jonge mannen om zo een pijnlijke druk te veroorzaken, terwijl PET-scans de invloed daarvan op hun hersenen maten. Er werd de mannen verteld dat ze een pijnstiller kregen, die in feite niets meer was dan een placebo. Tijdens het proces werden de hersenen van de patiënten gescreend en de resultaten toonden aan dat zodra de mannen te horen hadden gekregen dat ze het 'geneesmiddel' kregen toegediend, er in hun hersenen meteen endorfinen vrijkwamen, stoffen die door het lichaam zelf worden aangemaakt en die fungeren als natuurlijke pijnstillers doordat ze de overdracht van pijnsignalen tussen zenuwcellen blokkeren, met als gevolg dat de mannen zich een stuk beter voelden.

In een ander onderzoek, uitgevoerd door dokter Fabrizio Benedetti van de medische faculteit van de universiteit van Turijn, nam men patiënten onder de loep die leden aan de ziekte van Parkinson, een degeneratieziekte van het centrale zenuwstelsel die vaak de motorische vaardigheden, de spraak en andere functies beschadigt. De patiënten kregen een pace-makerachtig apparaatje in hun hersenen ingeplant dat de tremoren blokkeerde. Maar niet al die implantaten werden geactiveerd en de patiënten wisten niet of dat bij hen al dan niet het geval was. Het onderzoek toonde aan dat je wanneer je bij de patiënten de verwachting wekte dat er een verbetering zou optreden, zonder daadwerkelijk medisch in te grijpen, dit leidde tot een werkelijke, significante verbetering in hun gezondheidstoestand.

Toen de artsen de pluspunten van de behandeling analyseerden, bleken hun bevindingen ronduit verbijsterend. De patiënten waren vooruitgegaan en meldden allemaal dat ze sinds de behandeling veel beter konden bewegen. Dit werd bevestigd door de hersenscans: de elektrische activiteit van de individuele zenuwcellen in het deel van de hersenen dat de motoriek aanstuurt, kwam tot rust en gaf een opzienbarende 40 procent afname in activiteit te zien, wat gepaard ging met een teruggang in de spierstijfheid van de patiënten. Toen de artsen de gegevens analyseerden, kwamen ze echter tot de ontdekking dat de patiënten die de grootste verbetering vertoonden diegenen waren bij wie de implantaten niet waren geactiveerd. De conclusie was overduidelijk: de verwachting van verbetering was op zich zo sterk, dat dit leidde tot biochemische veranderingen in de hersenen, die beter werkte dan de allernieuwste, modernste medische technologie, een chirurgische ingreep die duizenden dollars kost.

Een van de meest intrigerende bewijzen voor de werking van placebo's werd in 1983 in een radio-interview gemeld door Norman Cousins, schrijver van de bestseller *Anatomy of an Illness*. Cousins werkte destijds aan het Brain Research Institute van de UCLA. Meer dan honderd medische studenten deden mee aan een experiment waaraan twee medicijnen te pas kwamen. Het ene was een heel sterk stimulerend middel, het andere een heel sterk rustgevend middel. De studenten kregen te horen welke invloed de pillen op hen zouden hebben. Er werd hun gezegd dat ze zich door de rode pil, het zeer sterk stimulerende middel, alerter zouden voelen, maar dat dit ook misselijkheid en duizeligheid kon veroorzaken. Door de blauwe pil, het zeer sterk rustgevende middel, zouden ze zich meer ontspannen voelen, maar het kon ook slaperigheid veroorzaken en hun vermogen om zich te concentreren verminderen.

Wat dit experiment zo interessant maakte, was dat er geen placebo aan te pas kwam. De beide medicamenten waren echt, alleen wisselden de onderzoekers de pillen om, waardoor de rode pillen eigenlijk een rustgevende en de blauwe juist een stimulerende werking hadden.

De onderzoekers gingen vervolgens de reacties van de studenten na en constateerden dat bijna 60 procent van hen, ondanks het feit dat ze een medicament hadden gekregen dat precies de tegenovergestelde symptomen had moeten veroorzaken, reageerde overeenkomstig hun verwachtingen. Het was niet alleen een psychische reactie, bij de studenten werden meetbare biochemische en fysiologische veranderingen aangetoond. De conclusie, zo zei Cousins, was 'onontkoombaar': onze verwachtingen zijn, althans in dit geval, sterker dan de medicamenten.

Thans wordt erkend dat onze gedachten en verwachtingen sterke fysiologische en biochemische veranderingen in ons lichaam teweeg kunnen brengen. Het is niet zo dat de geest het lichaam ertoe verleidt te *denken* dat het gezond is of geen pijn heeft. De gedachte of verwachting zet genezingsmechanismen in het lichaam in werking en er is sprake van een echte genezing. Het werkelijk opzienbarende is dat volgens de onderzoekers aan de universiteit van Harvard het placebo-effect voor 60 tot 90 procent werkt bij de meest uiteenlopende ziekten, waaronder angina pectoris, astmatische bronchitis, een koortslip en zweren aan de twaalfvingerige darm.

Dit is, mijns inziens, iets waar artsen zich bewust van zouden moeten zijn wanneer ze met patiënten te maken hebben. Er zijn te veel verhalen in omloop over artsen die zich aan het bed van een patiënt heel bot gedragen. Wanneer ze te maken hebben met patiënten die worden behandeld voor levensbedreigende ziekten, staan sommige artsen er niet bij stil welke invloed hun woorden op een patiënt hebben. Een negatieve prognose die leidt tot een gevoel van wanhoop kan letterlijk even giftig zijn en de gezondheid vernietigen als een echt vergif. Een negatieve prognose kan worden tot een self-fulfilling prophecy. Levens kunnen voortijdig en terwijl dat niet nodig is verloren gaan en het kan op zijn minst de kwaliteit van het leven van de patiënt schaden. Men gaat uit van de sombere voorspellingen van statistieken; daar zit een toekomstige patiënt niet op te wachten en het doet hem ook bepaald geen goed. Ook al zijn placebo's beslist geen vervangingsmiddel voor een medische behandeling, we weten dat optimisme – dat moed geeft en gepaard gaat met positieve gedachten en redenen om hoopvol te zijn – in elk geval leidt tot de best mogelijke uitkomst voor alle patiënten.

Het bewijs is onomstotelijk geleverd. De manier waarop wij tegen de wereld aankijken en met name het vertrouwen dat we hebben in onszelf en in de toekomst, beïnvloedt heel duidelijk onze gezondheid en bepaalt de mate van succes die we zullen hebben bij het overwinnen van de uitdagingen waarvoor onze gezondheid ons stelt. Optimisten genieten niet alleen een betere gezondheid en leven niet alleen langer dan pessimisten, ze zijn ook beter opgewassen tegen een medische behandeling en herstellen daarvan sneller. Dus als jijzelf of iemand die je dierbaar is ziek wordt, is, hoe ernstig de situatie ook mag zijn, het in stand houden van een positieve, optimistische kijk op de dingen net zo belangrijk als de medische ingreep zelf. Om het met Norman Cousins te zeggen: 'Medicamenten zijn niet altijd nodig, maar geloven in herstel is dat altijd wel.'

De derde factor in het menselijk potentieel

Psychologen waren traditioneel van mening dat het menselijk potentieel werd bepaald door twee persoonlijkheidskenmerken: kunnen en gemotiveerd zijn, willen. Maar de afgelopen dertig jaar hebben onderzoekers een niet eerder genoemde, derde factor ontdekt, een kenmerk dat het potentieel van iemand op vrijwel elk gebied van zijn leven voorspelt, namelijk: optimisme. Onderzoekers hebben ontdekt dat het succes dat mensen hebben meer dan wat ook wordt bepaald door hun optimisme. De verwachting van falen of slagen is grotendeels een self-fulfilling prophecy.

De voordelen van optimisme zijn bevestigd door letterlijk honderden psychologische onderzoeken die de afgelopen dertig jaar op allerlei gebied zijn gedaan. Een van de meest vooraanstaande psychologen op het terrein van optimisme is Martin Seligman, hoogleraar psychologie aan de universiteit van Pennsylvania en voormalig voorzitter van de American Psychological Association (APA).

Bij veel onderzoeken werd de mate van optimisme van mensen gemeten met de Seligman Attributional Style Questionnaire (SASQ). Het kost ongeveer twintig minuten om die vragenlijst in te vullen, die bestaat uit gedetailleerde vragen waarin een aantal hypothetische situaties wordt geschetst. Vervolgens wordt de deelnemer gevraagd elk van die vragen te beoordelen en een cijfer te geven op een schaal van één tot zeven. Die vragenlijst werd opgesteld om datgene te kunnen vaststellen waarnaar door Seligman wordt verwezen als iemands 'verklarende stijl'. Dit is in wezen de manier waarop mensen de oorzaken van hun slagen en falen beredeneren. Dit komt doordat, naar de bevindingen van Seligman, optimisten volkomen anders tegen slagen en falen aankijken dan pessimisten. Een optimist die faalt ziet dat als een leerervaring en een tegenslag van voorbijgaande aard. Daarentegen denken pessimisten die falen dat dit aan hen ligt en geloven ze dat dit blijvend is. Als ze het weer zouden proberen, 'weten' ze gewoon bij voorbaat al dat ze weer zullen falen, dus waarom zouden ze dat überhaupt doen?

Een van de meest verhelderende onderzoeken is gedaan bij mensen die levensverzekeringen verkochten. Seligman en zijn team werkten samen met de Metropolitan Life Insurance Company en testten 15.000 sollicitanten voor een baan als verkoper van levensverzekeringen, een heel moeilijke baan, die uit de aard der zaak inhoudt dat iemand die dit werk doet vaak wordt afgewezen. Er zijn dan ook maar weinig mensen die dit beroep volhouden.

Twee jaar lang volgden de onderzoekers het succes van duizend verkopers die voor het toelatingsexamen van de verzekeringsmaatschappij waren geslaagd; ze gingen daarbij ook nog eens 129 mensen na die weliswaar voor dat examen waren gezakt en die dus normaliter niet zouden zijn aangenomen, maar die, omdat ze in het SASQ-optimisme heel hoog hadden gescoord, toch opnieuw werden ingezet en wier verkoopcijfers tijdens het proces werden bijgehouden.

Toen de resultaten werden vergeleken, ontdekten de onderzoekers dat binnen de groep verkopers die voor het examen van de verzekeringsmaatschappij waren geslaagd, de optimisten de pessimisten qua verkoopcijfers met 31 procent overtroffen. Maar toen ze nagingen hoe de speciale groep van 129 optimisten die niet voor de bedrijfstest waren geslaagd het ervan af hadden gebracht, kwamen ze tot de ontdekking dat deze rasoptimisten iedereen overtroffen! Ze scoorden 57 procent hoger dan de pessimisten die de standaardtests van de verzekeringsmaatschappij hadden gedaan en daarvoor waren geslaagd. Ongelooflijk! Vergelijkbare onderzoeken in andere bedrijfstakken, waaronder telecombedrijven, banken, makelaars in onroerend goed, verkopers van kantoorbenodigdheden en auto's, om er slechts enkele te noemen, kwamen tot dezelfde conclusie. Optimisten blijken qua verkoopcijfers veel meer succes te hebben dan pessimisten. Gemiddeld overtreffen de optimisten de pessimisten met 20 tot 40 procent en rasoptimisten overtreffen raspessimisten met wel 88 procent!

Daarbij ontdekten de onderzoekers dat raspessimisten drie keer vaker ontslag namen dan rasoptimisten. De boodschap was duidelijk: een bedrijf dat het meeste uit zijn vertegenwoordigers wil halen, moet zeker stellen dat de mensen die ze aannemen niet alleen competent, maar ook hoopvol ingesteld zijn.

De SASQ heeft aangetoond dat optimisme, motivatie en succes hand in hand gaan – of dat nu is op school, op het werk of zelfs in de sport. We hebben al gezien dat optimisme in de zakenwereld een goede graadmeter blijkt te zijn die voorspelt hoe succesvol iemand als verkoper zal zijn. In de sport bleek optimisme op adequate wijze de prestaties te voorspellen van zwemmers die zich op landelijk niveau geclassificeerd hadden. In 1988 werkte Seligman met het Berkeley-zwemteam van de universiteit van Californië en kwam tot de ontdekking dat de optimisten aanzienlijk beter presteerden dan de pessimisten en veel beter reageerden op tegenslag. De definitie van tegenslag was de manier waarop ze reageerden in een wedstrijd na een prestatie die beneden de maat bleef. Seligman vertelt het verhaal van Matt Biondi, wiens SASQ-score aangaf dat hij er een uitermate optimistische kijk op nahield. Bij de Olympische Spelen in Seoul in 1988 ging men ervan uit dat Biondi zeven gouden medailles in de wacht zou slepen en het Olympisch record van Mark Spitz uit 1972 zou evenaren. Biondi maakte echter bij zijn eerste twee wedstrijden twee kleine maar doorslaggevende fouten en slaagde er maar net in de bronzen en de zilveren medaille te behalen. Dit teleurstellende begin leidde tot speculaties in de media hoe Biondi het er in de overige vijf wedstrijden vanaf zou brengen. Seligman had er, gezien Bondi's SASQ-optimismeprofiel, het volste vertrouwen in dat hij er bovenop zou komen. En Biondi behaalde inderdaad in alle vijf de wedstrijden goud!

In het onderwijs kwam Seligman tot de conclusie dat kinderen uit de derde tot en met de zevende klas die hadden bewezen optimisten te zijn, het er beduidend beter vanaf brachten dan kinderen met een pessimistische instelling. Kinderen die de derde klas begonnen met een hoog pessimismequotiënt op de SASQ hadden een veel grotere kans op depressie en konden veel minder goed leren. Men ontdekte dat hoge SASQ-scores hand in hand gingen met een betere nachtrust en veel minder angst of stress. Optimismescores konden precies voorspellen wie van de leerlingen de hoogste cijfers zouden halen en wie uiteindelijk de school voortijdig zouden verlaten.

Wanneer je gaat zien hoe belangrijk de rol van optimisme in ons leven is, zul je er niet van opkijken dat vooraanstaande bedrijven en organisaties overal ter wereld van de SASQ gebruikmaken om sollicitanten te selecteren, met name diegenen die geïnteresseerd zijn in banen waarbij ze veelvuldig met tegenslagen te maken krijgen en voortdurend voor uitdagingen gesteld worden. Dit hangt samen met het feit dat men nu overal erkent dat het met name de optimisten zijn die de sleutel tot de keerzijde in handen hebben.

De sleutel tot de keerzijde

Optimisme is de eigenschap die meer dan welke andere eigenschap ook samengaat met succes en geluk.
BRIAN TRACEY

Het lijdt geen twijfel dat optimisme een belangrijk – volgens sommigen zelfs het allerbelangrijkste – kenmerk is bij mensen die de keerzijde vinden. Een van de redenen hiervoor is volgens professor Charles Carver, hoofd van de faculteit psychologie aan de universiteit van Miami – hij was betrokken bij veel van het baanbrekende onderzoek naar optimisme – dat optimisten 'beter reageren op problemen of tegenslagen dan mensen die er een negatieve kijk op nahouden'. 'Optimisten', zo zegt hij, 'zijn strijdbaarder, weerbaarder', ze gaan anders met de dingen om en reageren anders wanneer ze geconfronteerd worden met stress.

Dat bevestigt nogmaals dat de keerzijde niet zomaar iets is. Het is iets dat blijkt uit iemands houding en opvattingen. Dat roept nog meer vragen op over optimisme en wat het echt wil zeggen om een optimist te zijn. Wat maakt iemand tot een optimist? Waar komt optimisme vandaan? En wat het allerbelangrijkste is: zouden we ons, gezien het feit dat de optimist zoveel beter af is dan de pessimist, niet moeten afvragen of je wellicht optimistischer kunt worden en zo de kans op het vinden van de keerzijde in je eigen leven kunt vergroten? Daar gaan we het in deel II van dit boek over hebben en we onderzoeken de strategieën waarvan optimisten, wanneer ze met problemen en tegenslagen te maken krijgen, gebruikmaken om de keerzijde te vinden.

Deel II

Wegen – Op zoek naar de keerzijde

Het enige wat we kunnen doen is het leven bestuderen van mensen die hun eigen antwoord lijken te hebben gevonden op de vraag waar het in het leven nu uiteindelijk om gaat, in tegenstelling tot mensen bij wie dat niet het geval is.

CHARLOTTE BÜHLER

7

De keerzijde vinden

De grootste ontdekking van mijn generatie is dat een mens zijn leven kan veranderen door van instelling te veranderen.

William James (1842-1910)

In deel I zagen we bewijzen voor de keerzijde. We zagen hoe problemen en obstakels uit de aard der zaak gepaard gaan met kansen. In het algemeen geldt dat hoe groter het probleem waarmee we geconfronteerd worden, des te groter de kans die erin schuilgaat. We kregen te horen dat de momenten die ons leven echt vormgeven vaak de dieptepunten zijn, tijden waarin alles zich tegen ons lijkt te keren. We zagen dat een tegenslag een positieve verandering kan bewerkstelligen en kan leiden tot succes op de lange duur. We zagen ook dat een tegenslag – en zelfs een ernstig trauma – de katalysator kan blijken te zijn voor iets groters, iets dat ons in nieuwe en soms zelfs verrassende, onverwachte richtingen kan stuwen.

Maar het is ook duidelijk dat niet iedereen die voor een probleem gesteld wordt zo'n kans ziet. Niet iedereen die te maken krijgt met tegenslag of een trauma ziet de keerzijde. Dat komt doordat de sleutel tot de keerzijde niet ligt in wat ons overkomt, maar is gelegen in het individu en de manier waarop iemand omgaat met de uitdagingen waarvoor het leven hem stelt.

In deel II onderzoeken we de specifieke kenmerken en strategieën waarvan mensen gebruikmaken om met succes de keerzijde te vinden. Zo ontdekken we hoe een vrouw die haar haar kwijtraakte door alopecia – blijvende kaalheid na haaruitval – dat gebruikte om een nieuw en meer zinvol leven op te bouwen en hoe zij duizenden vrouwen over de hele wereld heeft geholpen en geïnspireerd. We kijken naar de persoonlijke levensfilosofie van de man die de wereld veranderde en die door *Life*-magazine werd uitgeroepen tot de belangrijkste man van het vorige millennium. We ontdekken het geheim achter enkele van de meest succesvolle ondernemers en zien hoe het een man die in een ziekenhuis in quarantaine lag en minder dan vijftig procent kans had om de behandeling te overleven, lukte om iets in het leven te roepen dat het begin was van een wereldwijde onderneming en, wat nog belangrijker is, hoe hij erachter kwam wat succes werkelijk inhoudt. We praten met enkele zeer opmerkelijke mensen door wier successen we ons beeld van wat tot de mogelijkheden behoort moeten herzien, en vragen hun welke stappen zij hebben ondernomen toen ze zich geplaatst zagen voor een tegenslag die uiteindelijk in hun voordeel uitpakte. Hun antwoorden zijn verrassend.

8

Grote verwachtingen: De strategieën van optimisten

> Naar alle waarschijnlijkheid zien optimisten een tegenslag als een uitdaging, zetten ze een probleem om in een kans, nemen ze de moeite om vaardigheden aan te leren, blijven ze zoeken naar oplossingen voor ingewikkelde problemen, blijven ze vertrouwen houden in zichzelf, vertonen ze na een tegenslag de nodige veerkracht en geven ze het niet op.
>
> PETER SCHULMAN

Een oude vriend van me uit onze studietijd vertelde me onlangs dat hij er de voorkeur aan geeft het ergste te verwachten. Ik was met stomheid geslagen. 'Hoezo?' Zonder ook maar één moment te aarzelen antwoordde hij: 'Omdat me wanneer ik het beste verwacht, mocht het niet goed uitpakken, alleen maar teleurstelling te wachten staat, en valt het wel goed uit … nou, dan ben ik blij verrast.' Zo redeneren wel meer mensen en dat lijkt in eerste instantie logisch en redelijk. Het is de geijkte redenatie van de pessimist. Maar er is één maar bij, het werkt niet!

Dat het niet werkt, komt doordat onze verwachtingen maar al te vaak self-fulfilling prophecies zijn. Dan Ariely, hoogleraar gedragseconomie aan de Duke-universiteit van Noord-Carolina, heeft met zijn onderzoek aangetoond dat wat we ervaren steevast wordt bepaald door wat we verwachten. 'Wanneer we denken dat iets goed uitvalt, doet het dat over het algemeen ook', zegt hij, 'en wanneer we denken dat iets slecht uitpakt, gebeurt dat ook.'

In zijn briljant geschreven boek *Predictably Irrational* beschrijft professor Ariely een aantal onderzoeken, die hij had opgezet of waarbij hij was betrokken, om na te gaan op welke manier de verwachtingen die mensen hadden van invloed waren op allerlei aspecten van hun leven. Zo ontdekte hij bijvoorbeeld dat het genoegen dat we aan een maaltijd beleven wordt beïnvloed door de verwachtingen die eraan voorafgaan. Stel, je zit in een chique Italiaans restaurant en hebt de keus uit twee gerechten. Het eerste staat beschreven als een vegetarische pasta, het andere als een zelfgemaakte, organische pasta uit Toscane in een rijke botersaus met knoflook en tuinkruiden uit Devonshire, opgediend met verse groenten van het seizoen. Waar kies jij dan voor? Uit het wetenschappelijk werk van professor Ariely blijkt dat de meeste mensen kiezen voor de meer beschrijvende optie, vooropgesteld natuurlijk dat ze geen last hebben van allergieën en wel van de beschreven ingrediënten houden. Maar wat met name interessant is, is dat de onderzoeken van professor Ariely hebben uitgewezen dat – ook al gaat het bij beide opties om precies hetzelfde gerecht – mensen die voor de meer beschrijvende versie kozen meer van hun maaltijd genoten dan de mensen die kozen voor de minder beschrijvende versie.

Zo zullen we van een maaltijd die mooi wordt opgediend meer genieten dan wanneer het eten zomaar op ons bord wordt gekwakt. Dat geldt ook voor dranken. Dit is, naar je mag aannemen, een van de redenen dat Starbucks zo populair is. Mensen betalen graag iets meer voor een 'robuust mengsel van gerijpte Indonesische koffiesoorten met een fijne, diepe, aromatische smaak, verlevendigd met een vleugje kruiden' dan voor een gewone 'Aziatische koffie', en ze genieten er ook echt meer van. Dien het op in een leuke mok ... succes verzekerd.

Interessant genoeg heeft professor Ariely aangetoond dat onze verwachtingen zelfs van invloed kunnen zijn op de manier waarop we op medicijnen reageren. Zowel de beschrijving van als de manier waarop een medicijn verpakt is, heeft invloed op de verwachtingen die we ervan hebben, maar er is nog een belangrijk element dat een prominente rol lijkt te spelen, namelijk de prijs. Toen patiënten werd verteld dat de prijs van een nieuw medicijn, een pijnstiller die had bewezen goed te werken, twee dollar vijftig per dosering was, reageerden vrijwel alle patiënten heel positief op het medicijn. Maar toen ze hetzelfde medicijn kregen en hun werd gezegd dat het maar tien cent per dosering kostte, meldde slechts 50 procent van de patiënten dat ze enige verlichting van de pijn bespeurden. Het mag dan nog zo ongelooflijk klinken, het duurdere medicijn heeft, ook al bevatten beide tabletten precies dezelfde ingrediënten, een betere uitwerking dan het goedkope medicijn, louter en alleen omdat we, zonder dat we ons dat bewust zijn, verwachten dat een medicijn dat duurder is beter werkt.

Zijn experimenten brachten professor Ariely ertoe te concluderen dat op vrijwel elk gebied van ons leven onze verwachtingen niet alleen onze ervaringen, maar ook de eigenlijke uitkomst beïnvloeden. 'De denkende geest krijgt wat hij verwacht', zegt hij. Alles wat voor ons belangrijk is – liefde, gezondheid, geluk en plezier in het leven, alles wat we het meest van het leven verlangen – wordt bepaald door wat we verwachten dat de toekomst ons brengen zal. Dit raakt aan de kern van de keerzijde.

De toekomst visueel in kaart brengen

Een steriele quarantaineafdeling in een ziekenhuis is niet de meest voor de hand liggende plek om de keerzijde te zien. En dat is nog veel minder het geval wanneer je maanden van agressieve behandelingen te wachten staan en je te horen hebt gekregen dat je leven letterlijk aan een zijden draadje hangt. Maar dat is nu precies de plek waar Mike Jetter, een Duitse computerprogrammeur, de keerzijde vond, waardoor zijn leven een totaal andere wending nam.

Het begon in de vroege uren van eerste kerstdag 1989 in het Duitse stadje Starnberg. Mike werd wakker door een vreselijke pijn in zijn rug die hem letterlijk naar adem deed happen. Bettina, zijn vrouw, belde de ambulance en Mike werd meteen afgevoerd naar het dichtstbijzijnde ziekenhuis. Na uitvoerig onderzoek stelden de artsen vast dat de pijn werd veroorzaakt door een vergrote milt. Mike had gigantisch veel witte bloedlichaampjes, meer dan dertig keer het normale gehalte. Er was iets behoorlijk mis.

Mike bleek te lijden aan chronische myeloïde beenmerg- of ruggenmergleukemie (CML), een ziekte die een tot twee op de 100.000 mensen treft en die uiterst agressieve behandelingen vereist, zoals chemotherapie, medicijnen die het immuunstelsel lamleggen en stamceltransplantatie of een volledige beenmergtransplantatie. Mike kreeg zijn eerste transplantatie in februari 1991. Hij had het geluk dat zijn broer Andi een perfecte donor was voor een beenmergtransplantatie. Een tijdlang leek de behandeling vruchten af te werpen, maar in de herfst van 1993 had Mike een terugval en kreeg hij binnen een halfjaar een stamceltransplantatie, in die tijd de laatste strohalm.

Mike belandde voor de tweede keer op de quarantaineafdeling van een ziekenhuis, met het vooruitzicht op een maandenlange behandeling en vrijwel geen contact met de buitenwereld. Daar kwam nog bij dat de uitkomst van de behandeling verre van zeker was. Mike had hooguit 50 procent kans om de volgende twaalf maanden te overleven. De uitdagingen waarvoor een dergelijke situatie je stelt, met daar bovenop nog eens de onzekere prognose, zouden voor de meeste mensen genoeg zijn geweest om flink in de put te raken. Paniek en angst doen hun intrede, wat, naar we zagen, op zich al zelfdestructief werkt. Meer dan ooit is het bij tegenslag, met name bij een drama van de omvang dat Mike onder ogen moest zien, van het grootste belang dat je positief en optimistisch blijft.

Als je Mike Jetter ontmoet, al is het dan op een webcam van internet, mag je hem meteen. Hij heeft grote blauwe ogen en een innemende glimlach en van de ellende waarmee hij de afgelopen negentien jaar heeft getobt is amper iets te zien. Er valt geen spoortje wrok of bitterheid te bespeuren en wanneer Mike praat, gaat er van hem een aanstekelijk enthousiasme voor het leven uit. Hij heeft nooit veel opgehad met pessimistische overlevingsstatistieken.

'Volgens mij ben ik, net als Bettina, altijd een optimist geweest', zegt hij. In de tijd dat er bij hem voor het eerst CML werd vastgesteld, was er nog geen internet en dus hadden Mike en zijn vrouw geen toegang tot de informatie waarover we tegenwoordig wel kunnen beschikken. 'Dat was in zekere zin juist heel goed, want daardoor hadden we niet te maken met alle negatieve informatie. We lieten de artsen gewoon hun werk doen, maar we waren ook op zoek naar alternatieve manieren waar ik baat bij kon hebben, zoals voeding, massage, meditatie en zaken die het denken en de geest ten goede komen. We keken altijd vooruit en maakten plannen voor de toekomst, en dat heeft, volgens mij, een belangrijke rol gespeeld bij de manier waarop een en ander heeft uitgewerkt.'

Mike wist van de eerste reeks behandelingen, drie jaar eerder, dat hij zijn gedachten moest verzetten tijdens de maanden dat hij in het ziekenhuis lag. 'Ik had te horen gekregen dat ik 50 procent kans had om de komende twaalf maanden te overleven', zegt hij. 'Ik wist van de eerste reeks behandelingen dat je ook een groot mentaal probleem moet overwinnen.

Ik lag in een klein ziekenhuisvertrek en de mensen liepen in en uit in steriele kleding, met gezichtsmaskers voor en handschoenen aan en ik wist dat dit maandenlang zo door zou gaan. Ik moest iets vinden waarop ik mijn geest kon richten, iets dat me kon afleiden van de leukemie en de behandelingen en alles wat er zich om mij heen afspeelde.'

Omdat Mike computerprogrammeur was, leek het hem een goed idee om te werken aan een project om nieuwe software te ontwikkelen. Iedereen die ooit tijd achter de computer heeft doorgebracht, weet hoe snel de tijd dan voorbijgaat en hoe gemakkelijk je volkomen kunt opgaan in wat je aan het doen bent. Het schrijven van codes neemt een mens zelfs nog meer in beslag. Jij en het computerscherm, dat is het enige wat er is.

Het project waartoe Mike besloot was 'mind-mapping'. Mindmapping is een techniek waarbij je je gedachten visueel in kaart brengt. Een mind-map is een getekend overzicht, waarbij je woorden, ideeën, taken of andere zaken rond een centraal themawoord of idee clustert. Het wordt gebruikt om ideeën op te wekken en te structureren en heeft bewezen buitengewoon succesvol te zijn als hulpmiddel bij studeren, organiseren, het oplossen van problemen en het nemen van beslissingen.

De 'mind-mapper' begint met een blanco vel papier en zet het centrale idee of thema – dat je kunt uitdrukken als een woord of kunt neerzetten in een beeld – in een cirkel midden op het blad. Dan ontwikkel je een structuur door vanuit het centrale thema takken te tekenen waarop je ideeën of punten zet die ermee te maken hebben. Je kunt er nog meer takken aan toevoegen, die leiden naar subthema's en subideeën, tot je een volledige structuur hebt, die eruitziet als een soort onregelmatig spinnenweb, waarin alles direct of indirect met het hoofdthema is verbonden. Alle elementen van een mind-map zijn dus intuïtief gerangschikt volgens de belangrijkheid van de ideeën en thema's en zijn onderverdeeld in groepen, takken of terreinen. Een idee presenteren in de vorm van een mind-map leidt, naar verluidt, tot een onorthodoxe, associatieve manier van denken waarmee je veel beter ideeën kunt ontwikkelen dan met de gewone, oude manier van opschrijven en uitwerken.

Toen Mike Jetter in 1994 weer in het ziekenhuis belandde, was hij zich de pluspunten van mind-mapping terdege bewust en had hij er zelf bij zijn werk regelmatig gebruik van gemaakt. Maar hij was zich als computerprogrammeur ook bewust van de beperkingen. 'Je kunt dit heel creatief doen met kleurpotloden en pennen', zegt hij, 'maar als je het op papier zet, blijft het iets eenmaligs. Je kunt het niet echt verder ontwikkelen. Je kunt het niet met anderen delen.' Mike wilde het proces van het mind-mappen bundelen in een softwarepakket, waardoor mensen het naar een ander niveau konden brengen. Op een computer kun je je ideeën gemakkelijk verplaatsen, je kunt er dingen aan toevoegen, ze bijschaven, printen en uitdelen.

Mike werkte in zijn ziekenhuisvertrek tussen de behandelingen door vijf tot zes uur per dag aan zijn nieuwe project. 'Eerst betekende het gewoon een afleiding voor me', herinnert hij zich. 'Het zorgde ervoor dat ik niet meer dacht aan wat er met me gebeurde.' Maar toen hij uit het ziekenhuis werd ontslagen, had hij de eerste volledig werkende versie van mind-mapping voor computergebruikers ontworpen. Het was een uniek softwarepakket dat hij Mindman noemde en dat later de naam MindManager kreeg.

Thans wordt MindManager over de hele wereld door miljoenen mensen gebruikt, waaronder veel internationale bedrijven, en is Mindjet, het bedrijf van Mike en Bettina, een wereldonderneming met kantoren in Afrika, Amerika en Europa. Belangrijker dan de software en het bedrijf dat daardoor is ontstaan, is de manier waarop Mike's strijd met de leukemie voor hem en Bettina diepgaande veranderingen teweegbracht. 'Vóór mijn ziekte leefden we gewoon zonder er verder bij stil te staan', zegt Mike. 'Maar het was niet wat ik "bewust leven" zou noemen. Nu weten we dat we echt iets doen en staan we er veel meer bij stil hoe en met wie we onze tijd doorbrengen.'

Dit wordt beaamd door iedereen met wie ik contact heb gehad die de keerzijde had gevonden. Zo zei Rhonda Byrne, de vrouw die *The Secret* heeft geschreven en ontworpen: 'Ik leefde echt van dag tot dag. Het leven overkwam me op de een of andere manier.' Pas nadat ze een van de dieptepunten in haar leven had bereikt en zo op de ideeën kwam die aan *The Secret* ten grondslag liggen, merkte ze een diepgaande verandering op. Toen ze hierover werd geïnterviewd, zei ze: 'Sinds ik *The Secret* heb ontdekt, voltrekt het leven zich niet langer *aan* mij maar *door* mij.'

Ondanks een vierde terugval in 2003, toen Mike weer een beenmergtransplantatie moest ondergaan, zijn hij en Bettina ervan overtuigd dat zijn ziekte heel veel positieve veranderingen heeft teweeggebracht. Mike's software bleek enorm aan te slaan. Veel gebruikers meldden dat het een verandering had veroorzaakt in de manier waarop ze te werk gingen, en het was het begin van het bedrijf dat Mike en Bettina in 1998 opzetten in Sausalito, net buiten San Francisco. 'Het lijdt geen twijfel dat mijn ziekte een katalysator was voor het bedrijf dat we in het leven hebben geroepen en voor de persoonlijke veranderingen die zich in ons leven hebben voltrokken', zegt Mike. 'Zonder de hele rompslomp van mijn ziekte zouden we nu niet het leven leiden waarvan we zo genieten en zouden we nu niet in de Verenigde Staten wonen.'

'Volgens mij gebeuren dingen om een bepaalde reden', vervolgt hij. 'Ik geloof niet in toeval. Soms moet je gewoon eerst lijden of iets verliezen vóór je je taak of je doel in het leven vindt.'

Mike's ziekte bracht hem en zijn vrouw ook dichter bij elkaar. 'Er zijn tijdens en na de behandelingen heel veel dingen waarbij je hulp nodig hebt en die heel veel tijd vergen', zegt hij. 'Bettina was er altijd. Zonder haar had ik het echt niet gered.'

Nu wonen Mike en Bettina in Corte Madera, zo'n 23 kilometer ten noorden van San Francisco. Ze lieten een paar jaar geleden hun actieve betrokkenheid van dag tot dag bij het bedrijf achter zich. Mike schreef in zijn boek *The Cancer Code* over alles wat hij had meegemaakt en alles wat hij daarvan had opgestoken. Het lijdt geen twijfel dat het verhaal over zijn ziekte en de inzichten die hij beetje bij beetje opdeed andere mensen die aan kanker lijden helpen en inspireren. Een deel van de opbrengst van de verkoop wordt gedoneerd om patiënten en hun families, medische teams en onderzoekers te steunen in hun strijd tegen leukemie.

Terugkijkend op zijn langdurige ziekte, kunnen Mike en Bettina nu de keerzijde zien. Mike zegt: 'De strijd tegen kanker heeft ons leven getransformeerd, want dat heeft ons de ware betekenis van succes laten zien', een weerklank van de woorden van Albert Schweitzer: 'We hebben geleerd dat succes niet de sleutel tot geluk is. Geluk is de sleutel tot succes.'

De afgelopen negentien jaar opsommend in een notendop, zegt Mike: 'Soms word je door te lijden een ander mens en vind je een nieuw leven dat meer betekenis heeft. Ik voor mij denk dat er door mijn ziekte heel veel positieve veranderingen zijn bewerkstelligd. Ik weet niet wat de toekomst nog voor ons in petto heeft, maar Bettina en ik zijn dankbaar voor wat we hebben, en we leven doelgericht en bewust in het moment.'

Het probleem met statistieken

De doorsneemens heeft maar één borst en één teelbal.
DES MCHALE

Sinds ik toegepaste wiskunde en statistiek heb gestudeerd, sta ik enigszins huiverig tegenover aannamen die berusten op statistische gegevens. Je kunt statistieken heel gemakkelijk bij je eigen vooronderstellingen laten aansluiten en je kunt je door cijfers nog makkelijker laten misleiden. Zo wil het feit dat 99 procent van de kankerpatiënten regelmatig gebakken witte bonen in tomatensaus uit blik eet bijvoorbeeld niet zeggen dat dit kankerverwekkend is. Als ons wordt verteld dat het doorsneesalaris in het Verenigd Koninkrijk 23.000 pond bedraagt, betekent dat nog niet dat je, als je minder verdient, slechter af bent dan het gros van de mensen in Groot-Brittannië. Als je uitgaat van een groep van tien mensen, van wie er negen 15.000 pond verdienen, en de tiende verdient 80.000 pond, dan bedraagt het gemiddelde salaris inderdaad 23.000 pond, maar verdienen negen van de tien mensen aanzienlijk minder dan dat gemiddelde.

Je doet er vaak geen goed aan belangrijke beslissingen alleen te baseren op statistieken, want die zijn net zo kneedbaar als plasticine. En wat nog veel belangrijker is, statistieken houden geen rekening met de aard van het individu. Zo heb ik ouders bijvoorbeeld tegen hun kinderen horen zeggen dat ze maar beter niet konden gaan acteren, tenzij ze voor de rest van hun leven gelukkig zouden zijn met obertje of serveerster spelen. 'De competitie in de toneelwereld is moordend', zeggen ze. 'Slechts tien procent van de mensen die acteur willen worden slaagt daar ook maar bij benadering in. Ga maar liever iets zinnigs doen.' Met 'zinnig' bedoelen ze natuurlijk een carrière waarbij je meer kans hebt op een baan en die meer zekerheid biedt voor de toekomst. Iets als boekhouden of een kantoorbaan of zo.

Wat die ouders in werkelijkheid zeggen is dat hun kinderen een van de belangrijkste beslissingen van hun leven moeten maken op grond van statistieken. Ga voor datgene waarbij je de beste kans hebt op het krijgen van een baan en níet voor datgene waarvoor je een passie of een talent hebt. Toegegeven, als mensen zichzelf hebben wijsgemaakt dat ze talent hebben, zoals zo velen die auditie doen voor een tv-show schijnen te denken, is een goede portie werkelijkheidszin beslist op zijn plaats. Maar je kunt je afvragen of het wel wijs is bij je beroepskeuze enkel en alleen uit te gaan van statistieken. Je kunt mijns inziens veel beter op zoek gaan naar iets waar je hart naar uitgaat, iets waar je razend enthousiast over bent en waar je met volle teugen van geniet. Hoeveel armer zou de wereld niet zijn als Thomas Edison zijn hele leven per telegraaf boodschappen was blijven verzenden enkel en alleen omdat je van uitvinden in de meeste gevallen niet kunt bestaan. Hoe zou het geweest zijn als John Lennon had geluisterd naar zijn moeder Julia, die tegen hem zei: 'Dat gitaar spelen, John, dat is allemaal goed en aardig, maar daar valt geen droog brood mee te verdienen!'

Statistieken kunnen mensen hun dromen afnemen en hen medisch gezien van het leven beroven. Verwachtingen hebben invloed op de uitkomst, en negatieve verwachtingen leiden tot negatieve resultaten. Als je te horen krijgt dat er een kans van één op tien is dat je nog maximaal vijf jaar te leven hebt, wil dat historisch gezien zeggen dat slechts één van de tien mensen die een bepaalde ziekte hadden dit langer dan vijf jaar heeft overleefd. Waar deze cijfers echter geen rekening mee houden is de aard van de mensen die deze ziekte hadden opgelopen.

Heb lak aan statistieken

Hecht geen geloof aan statistieken tot je goed hebt gekeken naar wat er niet gezegd wordt.
WILLIAM W. WATT

Midden in de jaren zestig van de vorige eeuw werd bij advocaat Norman Cousins de ziekte van Marie-Strumpell geconstateerd, een ziekte die ook wel bekendstaat als spondylitis ankylopoetica, een chronische, pijnlijke degeneratieziekte, een vorm van artritis, die ontsteking en desintegratie van de bindweefsels in de ruggengraat veroorzaakt. De hevigheid van de pijn baarde Cousins zorgen en dus sprak hij de dokter aan over de ziekte en zijn kansen op volledig herstel.

'Hij sprak open en eerlijk met me', schreef Cousins, 'en gaf toe dat een van de specialisten tegen hem had gezegd dat ik een kans van 1 op 500 had op genezing. De specialist had ook gezegd dat hij zelf nog nooit had meegemaakt dat iemand van deze complexe ziekte was genezen.

Ik had dus flink wat om over na te denken. Tot dat moment had ik het min of meer aan de artsen overgelaten om zich zorgen over mij te maken, maar nu voelde ik een sterke aandrang om zelf tot actie over te gaan. Het leek me duidelijk dat ik, als ik die ene op de vijfhonderd wilde zijn, beter niet alleen maar een passieve waarnemer kon blijven.'

Omdat de artsen niet echt hoop konden bieden, nam Cousins zelf het heft in handen. Er was hem verteld dat spondylitis ankylopoetica vaak ontstaat door vergiftiging met zware metalen of een streptokokkeninfectie. Cousins dacht hard na over de gang van zaken die tot zijn ziekte had geleid. Hij had aan het hoofd gestaan van een delegatie die naar Moskou ging en had in een hotel vlakbij de luchthaven gelogeerd. Ze waren naast het hotel bezig met een groot bouwproject en elke nacht kwam er een hele stoet dieselvrachtwagens materialen afleveren en puin afvoeren. Omdat het zomer was, had Cousins met open ramen geslapen, en toen hij eraan terugdacht, herinnerde hij zich dat hij elke morgen wakker was geworden met een gevoel van misselijkheid. Op de laatste dag was een grote jet op de landingsbaan gekeerd en was er een flinke stoot uitlaatgas zijn kamer binnengekomen. Met dat in gedachten beredeneerde hij dat zijn ziekte weleens kon zijn teweeggebracht door blootstelling aan giftige dampen toen hij in dat hotel verbleef.

Maar er was één ding dat hem aan deze theorie niet lekker zat. Zijn vrouw was op die reis bij hem geweest en zij had nergens last van. Als het aan die dampen lag, waarom was zij dan niet ook getroffen? Het kon maar één van twee dingen zijn: of hij was allergisch voor dat soort dampen, of – en dat was naar Cousins idee het meest waarschijnlijke – zijn bijnieren waren verzwakt waardoor zijn immuunsysteem was aangetast, wat betekende dat zijn lichaam de giftige dampen minder goed kon bestrijden. De reis was bijzonder frustrerend geweest. Hij had uren geduurd en er was een scala aan andere factoren waardoor Cousins geagiteerd en gestrest was geraakt. Het scheen allemaal te culmineren op de terugreis. Het vliegtuig zat tjokvol en het was een lange, vermoeiende reis. Zodra het vliegtuig in New York was geland, begon Cousins zich hondsberoerd te voelen. Een week later werd hij in het ziekenhuis opgenomen.

Terugkijkend op het begin van de symptomen, redeneerde Cousins bij zichzelf: 'Als negatieve emoties als stress en zorgen negatieve chemische reacties in het lichaam bewerkstelligen, is het dan niet mogelijk dat je door positieve emoties positieve chemische veranderingen teweegbrengt?' Hierdoor kwam hij tot de gedachte dat hij systematisch moest streven naar positieve emoties, en hij besprak dit met zijn dokter. Hij zou stoppen met alle pijnstillers, want die kunnen de adrenalineklieren onder druk zetten, en in plaats daarvan mega-hoeveelheden vitamine C slikken, omdat volgens de medische rapporten die hij had gelezen collageenziekten te maken hebben met een tekort aan vitamine C. En het allerbelangrijkste was dat hij zijn geest richtte op positieve gevoelens – hoop, liefde, geloof en vertrouwen, en vooral lachen. Omdat het niet meevalt om te lachen wanneer je vergaat van de pijn en aan een vrijwel ongeneeslijke ziekte lijdt die je sloopt, probeerde Cousins iets uit dat tot dan toe ondenkbaar was geweest: hij bestelde video's die hem aan het lachen konden maken.

Onder de dingen waar hij het liefst naar keek waren films van de Marx Brothers en de tv-show *Candid Camera*, de oorspronkelijke bananasplit-show, waarin niets vermoedende mensen in komische situaties belanden en door verborgen camera's worden gefilmd. Tot de meest gedenkwaardige grappen behoorden een pratende brievenbus, waarbij een stem in de brievenbus zich tot voorbijgangers in een straat in een grote stad richtte, en een bordje met 'toilet' erop op de deur van een kast in een kantoor. De verbijstering van de mensen en hun reactie daarna is 'om je slap te lachen'. 'Ik kwam tot de verheugende ontdekking dat tien minuten echt schuddebuiken van het lachen een verdovend effect had en me minstens twee uur slaap zonder pijn opleverde', schreef Cousins. 'Als de pijnstillende werking van het lachen wegebde, zetten we de filmprojector weer aan en dat leidde maar al te vaak tot nog een hele poos zonder pijn.' Daarbij toonden bloedtesten aan dat Cousins conditie na elke lachbui gaandeweg zienderogen verbeterde. Dit was het biochemische bewijs dat de voordelen niet alleen psychisch waren, maar dat er werkelijk wijsheid schuilt in de uitspraak van koning Salomo: 'Een vrolijk hart bevordert een goede gezondheid, een sombere geest verzwakt het lichaam.' (Bijbel, Spreuken 17:22)

Geschraagd door zijn vooruitgang, deed Cousins nog een geweldige sprong in de richting van genezing. Hij besprak zijn volgende plan met zijn dokter, die er wederom helemaal achter stond. Het lukte hem uit het ziekenhuis ontslagen te worden en hij nam zijn intrek in een hotel. Nog afgezien van het feit dat hij hiermee twee derde van de kosten bespaarde, had dit volgens Cousins 'ontelbare' voordelen. Hij kon gewoon doorslapen en rusten wanneer hij dat wilde, hij werd niet langer wakker gemaakt voor een wasbeurt, een maaltijd, medicijnen, het verschonen van zijn bed of een onderzoek door co-assistenten. Hij kreeg vers, goed voedsel en liet een infuus installeren om de megahoeveelheden vitamine C binnen te krijgen die hem, zijns inziens, zouden helpen.

Langzaam maar zeker kwam de genezing op gang. Door zijn plan was hij nu volkomen vrij van medicijnen. Tot grote verbazing van zijn arts redde Cousins het zonder pijnstillers en slaaptabletten. Bloedonderzoeken toonden aan dat de bloedbezinking – die de ernst van de ziekte aangeeft – vrijwel van dag tot dag aanzienlijk daalde. De koorts was afgenomen en zijn polsslag was weer normaal. Hij wist dat zijn plan werkte. Norman Cousins had tegen alle verwachtingen in gezegevierd. Hij zou het halen.

Daaropvolgend onderzoek toonde aan dat Norman Cousins door zijn ziekte bij toeval was gestuit op iets wat door de gangbare geneeskunde – die altijd op zoek is naar chemische medicijnen, waarop je patent kunt aanvragen – volledig is verwaarloosd. Lachen blijkt een heel krachtig geneesmiddel te zijn dat de ademhaling verbetert en versterkt, de pijn verlicht, stress, angst en spanning doet afnemen, depressie, eenzaamheid en woede vermindert en het mentaal functioneren (alertheid, creativiteit en het geheugen) verbetert. In feite was de bedenker van *Candid Camera*, Alan Funt, zo geboeid en onder de indruk van de geneeskrachtige werking van lachen, dat hij later het 'Laughter Therapy Program' opzette, een privé-organisatie zonder winstoogmerk, waarvan het voornaamste doel is 'mensen die ernstig ziek zijn een glimlach of een lach te ontlokken en hun daarmee hopelijk een vorm van therapie en verlichting te bieden'.

Cousins' herstel was zonder meer heel opmerkelijk en bleek een belangrijke mijlpaal in zijn leven te zijn. Zijn boek *Anatomy of an Illness* werd wereldwijd een bestseller en leidde tot verder onderzoek naar de genezende werking van lachen. Hij schreef ook een aantal andere boeken, waaronder *Human Options* en *The Biology of Hope* en werd later Adjunct Professor of Medical Humanities aan de faculteit geneeskunde van de universiteit van Californië, waar hij onderzoek deed naar de biochemie van menselijke emoties.

Norman Cousins vond de keerzijde door wat door zijn artsen werd gezien als een hopeloze strijd om zijn eigen leven te redden. Door zijn inspanningen wierp hij licht op het therapeutisch effect van positieve emoties en de mogelijkheden die er binnen de gangbare geneeskunde zijn. Naast de ontdekking dat lachen en positieve emoties een heilzame uitwerking hebben op onze gezondheid en ons welzijn, houdt het verhaal van Cousins ook een belangrijke les in voor wie zich geconfronteerd ziet met een pessimistische prognose – een les die rasoptimisten als Mike Jetter intuïtief lijken te kennen – namelijk dat, ook al geven statistieken op medisch gebied misschien een beter inzicht in de aard van een ziekte, we onze verwachtingen op herstel nooit mogen laten overschaduwen door negatieve statistieken. Wat statistieken buiten beschouwing laten zijn de persoonlijke omstandigheden en het karakter van het individu en dat het slagen of falen bij het overwinnen van een vorm van tegenslag niet zozeer wordt bepaald door die statistieken dan wel door het individu.

Commentaar leverend op de hele ervaring die hem veranderde en op wat hij ervan had geleerd, schreef Norman Cousins: 'Ik heb geleerd dat je nooit het vermogen van de menselijke geest en het menselijk lichaam om te herstellen mag onderschatten, zelfs niet wanneer de vooruitzichten beroerd lijken. De levenskracht is op aarde misschien wel de kracht die het minst begrepen is.'

Testen op optimisme

Ik zie mezelf als een optimist – het heeft ook weinig zin om iets anders te zijn.
WINSTON CHURCHILL (1874-1965)

Waardoor kunnen mensen als Norman Cousins en Mike Jetter en al die anderen die we in deel I van dit boek hebben ontmoet zo positief blijven ten overstaan van alle bizarre dingen die hen zo op het eerste gezicht overweldigen? Wat hun ook overkomt, ze hebben vertrouwen in de toekomst, ze verwachten dat het positief uitpakt en krijgen ook vaker wel dan niet met positieve uitkomsten te maken. Maar wat maakt een mens optimistisch? Zijn wij als vanzelfsprekend toegerust met optimisme door de manier waarop we genetisch in elkaar zitten? Is het iets wat we door onze opvoeding krijgen? Omdat optimisme en positief denken zo'n belangrijke rol spelen bij de manier waarop we ons leven vorm geven en omdat het ons met name kan helpen problemen te overwinnen en zelfs bij tegenslag de keerzijde te zien, moeten we onszelf de vraag stellen: 'Kun je leren optimistischer te zijn?', want dat is waar het uiteindelijk om gaat.

Voordat we proberen deze vragen te beantwoorden, is het misschien interessant om na te gaan hoe optimistisch of pessimistisch je zelf eigenlijk bent. Overal ter wereld maken faculteiten psychologie van universiteiten gebruik van heel korte, heel eenvoudige vragenlijsten om optimisme te meten. De volgende vragenlijst geeft je een goed idee hoe optimistisch of pessimistisch je bent.

Bedenk vóór je de test doet dat er geen 'goede' of 'foute' antwoorden zijn. Wees bij het beantwoorden van elke vraag zo eerlijk en exact mogelijk en ga meer af op je gevoel dan dat je het antwoord geeft dat je denkt dat je moet geven. Anders is het echt tijdverspilling.

Beantwoord elke vraag met een van vijf mogelijke antwoorden, die gekoppeld zijn aan een getalswaarde:

Sterk mee eens = 4
Mee eens = 3
Niet mee eens noch mee oneens = 2

Mee oneens = 1
Sterk mee oneens = 0

1. Zelfs als iets moeilijk lijkt of niet gaat zoals ik dat wil, ben ik ervan overtuigd dat alles ten slotte goed zal komen.
2. Ik heb heel veel plannen voor de toekomst.
3. Als ik gespannen ben, kost het me meestal geen moeite me te ontspannen en alles van me af te zetten.
4. Als er iets mis kan gaan, gebeurt dat meestal ook.
5. Ik verwacht dat me meer goede dan slechte dingen overkomen.
6. Ik vind het heerlijk om tijd door te brengen met mijn vrienden.
7. Ik ben altijd druk bezig.
8. Ik verwacht meestal de slechtste uitkomst. Zo word ik nooit teleurgesteld.
9. Ik raak zelden over mijn toeren als er iets fout gaat.
10. Ik heb niet het gevoel dat mij goede dingen zullen overkomen.
11. Er is in de toekomst weinig waar ik naar kan uitkijken.
12. Als ik 's morgens wakker word, ben ik enthousiast over de dag die voor me ligt.

Heb je alle twaalf de vragen beantwoord, dan staat er achter elke vraag een cijfer dat aangeeft wat je antwoord is. Sla de antwoorden op vraag 3, 6, 7 en 9 over. Die doen er niet toe, ze zijn bedoeld om je om de tuin te leiden zodat je niet de geijkte antwoorden geeft. Keer nu de cijfers die je op de vragen 4, 8, 10 en 11 hebt gegeven om, d.w.z. dat 'Sterk mee eens' nu een 0 heeft en 'Sterk mee oneens' een 4. Dit is omdat die vragen negatief gesteld zijn. Bereken ten slotte je score door de getallen op te tellen. Die kan ergens tussen de 0 en de 32 liggen.

Wat betekent je optimisme-score?

Hoe hoger je scoort, hoe optimistischer je lijkt te zijn. Het is verleidelijk om aan te nemen dat bij een mogelijke score van 32, een neutrale score 16 zou zijn, wat zou betekenen dat elke score hoger dan

16 lijkt te wijzen op optimisme en elke score lager dan 16 op pessimisme. Men heeft echter ontdekt dat de gemiddelde scores van vergelijkbare testen varieerden op grond van het soort mensen dat getest werd. Als je hiervan uitgaat, kun je met een gerust hart stellen dat een score hoger dan 20 wijst op een grote mate van optimisme en dat een score hoger dan 28 duidt op een buitengewoon optimistische kijk, terwijl een score lager dan 12 duidt op een pessimistische kijk en een score van 6 of minder duidt op een buitengewoon pessimistische kijk.

Van wat we in deel I hebben geleerd over de invloed die optimisme in ons leven heeft, geeft het je misschien een goed gevoel wanneer de score van je test hoger lag dan 20 en ben je misschien enigszins teleurgesteld wanneer die score aan de lage kant was. Dit is echter maar een grove aanduiding van hoe optimistisch je nu al dan niet bent. Morgen is er weer een dag en zoals we zullen zien, is optimisme niet iets dat voor de rest van je leven vaststaat. Het kan net als alles in de wereld veranderen en doet dat ook. Maar het meest verheugende is dat jij daar zelf daadwerkelijk iets aan kunt doen.

Waar komt optimisme vandaan?

Veel psychologen dachten – en sommigen zijn die mening nog steeds toegedaan – dat optimisme ons voor een groot deel 'ingebakken' is. Het is vooraf bepaald, het is een genetisch kenmerk of iets wat we al dan niet meekrijgen in onze jeugd. Uit één onderzoek, dat zich bezighield met Zweedse tweelingen van middelbare leeftijd en van hetzelfde geslacht, bleek dat genetische factoren voor 25 procent verantwoordelijk zijn voor ons gevoel van optimisme. Hieruit blijkt dat er andere, meer dominante invloeden zijn die aan ons gevoel van optimisme vorm geven.

Volgens sommige onderzoekers wordt optimisme grotendeels gevormd in de vroege jeugd. Zo hebben onderzoekers aan de faculteit psychologie van de universiteit van Helsinki bijvoorbeeld ontdekt dat de mate waarin we optimistisch zijn tussen ons derde en zesde levensjaar wordt bepaald. Ze hebben ook ontdekt dat de moeder de meeste invloed heeft op de mate waarin we optimistisch worden.

Onderzoek heeft aangetoond dat waneer de moeder het gevoel heeft dat haar kind een moeilijk karakter heeft (d.w.z dat het kind moeilijk in toom te houden is), zij bij de opvoeding steevast een houding aanneemt die door de onderzoekers wordt bestempeld als 'vijandig' en waarvan zij aannemen dat die invloed heeft op hoe optimistisch een kind wordt, zelfs wanneer het kind allang volwassen is.

Tot twintig jaar na de aanvankelijke onderzoeken naar moeders en hun kinderen, merkten de onderzoekers dat mensen die door hun moeder moeilijk werden gevonden toen ze jong waren, als volwassene steevast een pessimistische inslag hadden. Dit baarde mij, zelf vader, zorgen. Waarom zou ik niet dezelfde invloed op mijn kinderen hebben als mijn vrouw? Dit zit hem volgens mij vermoedelijk daarin dat kinderen van oudsher veel meer tijd doorbrengen met hun moeder dan met hun vader. Andere onderzoeken verdelen de schuld – of de verdienste – gelijkelijk over beide ouders. Uit hun bevindingen blijkt dat gevoelens van warmte, aanvaarding, gevoeligheid en ontvankelijkheid – of het gebrek daaraan – van beide ouders voor de kinderen er misschien verantwoordelijk voor zijn dat een kind als het opgroeit een optimist of een pessimist wordt. Mogelijk is het ontdekken van de rol en de invloed van de vader te danken aan de in de westerse samenleving steeds groter wordende trend dat beide ouders uit werken gaan en beiden zorgdragen voor en tijd doorbrengen met de kinderen.

Maar, al is het duidelijk dat wie we geworden zijn grotendeels werd bepaald door ons verleden, wie we vroeger *waren* en wie we nu *zijn* niet noodzakelijkerwijs iets zegt over wie we later zullen *worden*. 'Verandering behoort altijd tot de mogelijkheden', zegt professor Carver, een van de toonaangevende onderzoekers op het gebied van optimisme, en veel prominente psychologen zijn het daar roerend mee eens. Er is een overtuigend argument om de visie te ondersteunen dat we allemaal kunnen *leren* hoe we optimistischer kunnen wórden.

Aangeleerde hulpeloosheid

Martin Seligman is thans een van de bekendste psychologen in de Verenigde Staten. Hij werd in 1998 gekozen tot president van de American Psychological Association (APA). Er was in die vereniging nog nooit iemand met zo'n grote meerderheid van stemmen gekozen als hij. En bij het bespreken van psychologieboeken ontdekte men dat Seligman in de vorige eeuw een van meest geciteerde dertien psychologen was in inleidende tekstboeken over psychologie. Hij is heden ten dage een van de gezaghebbende autoriteiten op het gebied van positieve psychologie en optimisme, maar het onderzoeksterrein waardoor hij bekend werd, was het volslagen tegenovergestelde. Dat was een door hem ontwikkelde theorie die verklaarde hoe en waarom mensen gaan geloven dat ze machteloos zijn.

Seligman toonde aan dat mensen door zich steeds herhalende ervaringen kunnen afzakken tot een buitengewoon pessimistische kijk. Seligmans experimenten waren zo overtuigend, dat hij werd uitgenodigd om een presentatie van zijn bevindingen te geven bij de CIA, en volgens sommige rapporten verwijst de CIA naar onderzoeksmodellen van Seligman bij het ontwikkelen van ondervragingstechnieken. Seligman noemde zijn theorie 'aangeleerde hulpeloosheid'.

Aangeleerde hulpeloosheid is een psychische toestand die zowel mensen als dieren kan treffen. Het is de neiging ervaringen uit het verleden zo te interpreteren dat je, wanneer er een soortgelijke situatie optreedt, gelooft dat je niet in staat bent er iets aan te doen. Je 'weet' dat elke poging zinloos is, want ervaringen uit het verleden hebben je geleerd dat je geen verandering kon bewerkstelligen. Wat je destijds ook deed, het haalde niets uit. Je bent ervan overtuigd dat je hulpeloos bent en dus echt niets hoeft te doen om jezelf te helpen.

Seligman kwam tot zijn theorie in 1967 toen hij honden in een laboratorium observeerde. Die honden waren verdeeld in drie groepen. De honden in groep één werden gedurende enige tijd in een dwangbuis gezet en daarna vrijgelaten. De honden in groep twee en drie kregen elektrische schokken, met dit verschil dat de honden in groep twee daaraan een eind konden maken door een hendel over te halen

– iets wat ze hadden geleerd – terwijl er bij de honden in groep drie wanneer ze dat deden niets gebeurde.

Seligman merkte dat de honden in groep een en twee snel van het experiment herstelden, maar dat de honden in groep drie verschijnselen van klinische depressiviteit gingen vertonen. In het tweede deel van het experiment kregen de honden weer elektrische schokken, maar dit keer konden ze daaraan ontkomen door over een lage afscheiding te springen. De honden in groep een en twee sprongen er inderdaad overheen en maakten zo een eind aan de pijn, maar de meeste honden in groep drie deden helemaal niets. Ze hadden door het eerste deel van het experiment geleerd dat ze machteloos waren en dus stelden ze niet eens een poging in het werk om te ontsnappen. Ze werden het slachtoffer van de marteling die de wetenschapper hun aandeed en, omdat ze eerder geleerd hadden dat ze daar niets aan konden veranderen, gingen ze alleen maar liggen janken.

Bij Seligmans experimenten met honden in de late jaren zestig van de vorige eeuw werden echter niet alle honden in groep drie hulpeloos. Seligman nam waar dat ongeveer een derde van de honden het ondanks alles niet opgaf. Op de een of andere manier vonden ze in zichzelf de kracht om te blijven zoeken naar een manier om een eind aan hun pijn te maken, ondanks het feit dat ze bij de eerdere experimenten niet bij machte waren gebleken er invloed op uit te oefenen. Bij latere, minder smakeloze of in moreel opzicht minder verwerpelijke experimenten op mensen ontdekte Seligman dat ongeveer een derde van de mensen ook in staat blijkt zich tegen hulpeloosheid te verzetten. Ze zetten door, ondanks herhaald falen en herhaalde tegenslagen. Het resterende twee derde deel van de groep onderzochten neigt tot falen. De meeste mensen leren door bittere levenservaringen zich hulpeloos te voelen. Dit gevoel van hulpeloosheid, zo ontdekte Seligman, gaat gepaard met depressiviteit en de neiging tot zelfdoding en heeft ook invloed op ons immuunsysteem. Bewijs lijkt aan te tonen dat mensen die hulpeloos worden zelden de keerzijde van hun tegenslagen zien.

Aangeleerd optimisme

Als je je wereld wilt veranderen, moet je geloven dat het leven jou niet overkomt, maar dat jij het leven overkomt. Je bent geen stuk wasgoed dat hangt te wapperen in de wind. Je moet ervoor kiezen de oorzaak en niet het gevolg te zijn. Je moet het besluit nemen iets te laten gebeuren.

DANIEL R. CASTRO, *CRITICAL CHOICES THAT CHANGE LIVES*

De keerzijde van deze bevindingen was het besef dat als hulpeloosheid iets is wat we hebben aangeleerd, we het misschien ook weer kunnen afleren. Als mensen leren zich machteloos te voelen, zo redeneerde Seligman, zouden ze ook kunnen leren zelf het heft in handen te nemen. Dit leidde tot een veel positievere ontdekking, die door Seligman 'aangeleerd optimisme' werd genoemd. Volgens hem heeft iedereen zijn eigen 'verklarende stijl', waarmee we zin verlenen aan wat ons in het leven overkomt door de manier waarop we dat interpreteren. Pessimisten voelen zich het slachtoffer van wat hun overkomt en onmachtig om daar iets aan te veranderen, terwijl optimisten het gevoel hebben dat ze er wel degelijk zelf iets aan kunnen doen en erop vertrouwen dat ze invloed kunnen uitoefenen op hun lot. Ze geloven dat ze invloed kunnen uitoefenen op wat hun overkomt en zien zichzelf niet als slachtoffer van de omstandigheden. Optimisten vinden manieren om negatieve ervaringen te herinterpreteren zodat ze door kunnen gaan, van de ervaring kunnen leren en erdoor kunnen groeicn. Pessimisten zullen, als hun dat wordt toegestaan, net als de arme honden bij de experimenten van Seligman, gaan liggen jammeren.

Seligman merkte dat een optimistische verklarende stijl een positieve invloed heeft op onze gezondheid en ons behoedt tegen gevoelens van hulpeloosheid en depressiviteit. Dit is, zoals reeds gezegd in deel I, ook door andere wetenschappers ontdekt. Maar Seligmans werkelijke bijdrage is zijn ontdekking dat optimisme niet iets stabiels is en vaststaat. Hij heeft aangetoond dat, ook al wordt iemands 'verklarende stijl' misschien gevormd bij de geboorte of in de zeer vroege jeugd, deze wel degelijk kan veranderen. We kunnen *leren* optimistisch te zijn.

Optimisten houden er een fundamenteel andere overtuiging op na en benaderen het leven anders dan anderen. Ze zijn er vast van overtuigd dat hun leven niet wordt beheerst door het lot. Optimisten nemen verantwoordelijkheid voor hun toekomst. Vandaar dat ze geneigd zijn anders te handelen en te reageren op moeilijke of vervelende situaties dan andere mensen, en dat ze uiteindelijk, wanneer ze met problemen of tegenslagen te maken krijgen, zonder meer de keerzijde vinden.

Zo ontdekte Seligman bijvoorbeeld dat optimisten, wanneer ze zich niet goed voelen, in plaats van achterover te leunen en het advies van de dokter op te volgen, een gezonde levensstijl gaan aankweken, op zoek gaan naar oorzaken en mogelijke behandelingen en alternatieve geneeswijzen. Optimisten ondernemen stappen om gevaarlijke of negatieve situaties te vermijden en doen er, wanneer er iets misgaat, alles aan om dat te herstellen. Hun vertrouwen in de toekomst maakt dat ze het niet gemakkelijk opgeven. Ze blijven het proberen, zelfs wanneer alles hun tegenzit. Als optimisten een probleem niet kunnen oplossen, zetten ze het meteen in een ander kader, om zo de best mogelijke uitkomst te krijgen. Ze maken plannen voor de toekomst en stellen zich doelen in hun persoonlijke leven en in hun carrière.

Optimisten zijn geneigd te handelen vanuit kennis. Ze onderzoeken de omstandigheden en vergaren informatie, waardoor ze de beste beslissingen kunnen nemen, en dat vormt de basis voor de actie die ze ondernemen. Ze streven actief hun dromen na in plaats van bij de pakken te gaan neerzitten als de passieve waarnemer die het leven laat gebeuren, zoals pessimisten geneigd zijn te doen. Optimisten bouwen ook sterke sociale netwerken op, iets wat in de verhalen van mensen over de keerzijde steeds weer naar voren komt. Bijna zonder uitzondering zwaaien zij de mensen die het dichtst bij hen staan – vrienden en familie – de lof toe dat zij hen door tijden heen hebben geholpen die hen voor de grootste uitdagingen stelden.

Volgens professor Charles Carver kun je met de Cognitive Behavioural Therapy (CBT) mensen helpen een optimistischer kijk op het

Strategieën van optimisten en pessimisten

Verwacht dat het positief uitpakt	Verwacht dat het negatief uitpakt
Aanvaardt verantwoordelijkheid voor het leven	Wijst verantwoordelijkheid voor het leven af en legt de schuld ergens anders
Gelooft in eigen kracht	Gelooft in het noodlot of Gods wil
Zoekt bij problemen of moeilijkheden naar oplossingen	Klaagt bij problemen of moeilijkheden
Richt zich op de toekomst	Blijft vastzitten aan het verleden
Ontwikkelt vaardigheden	Treurt om gebrek aan vaardigheden
Streeft bepaalde doelen en dromen na	Zwalkt doelloos door het leven
Kijkt bij problemen naar kansen die ze bevatten	Ziet alleen moeilijkheden en problemen
Heeft sterke, ondersteunende sociale netwerken	Omgeeft zich met mensen die zijn negativiteit bevestigen
Zet na tegenslag koppig door	Geeft het bij de eerste de beste tegenslag op

leven te krijgen. CBT is een overkoepelende term voor een aantal psychotherapieën waarmee men probeert veranderingen te bewerkstelligen in de gedachteprocessen en overtuigingen van mensen, en zo verandering te brengen in de manier waarop ze tegen zichzelf aankijken. Dat gebeurt niet van de ene dag op de andere, maar in veel gevallen werkt het wel. Naast CBT zijn er echter allerlei andere manieren waardoor je optimistisch kunt worden.

De wetenschap van het modelleren

Willen we leren hoe we zelf optimistischer kunnen worden en de keerzijde in ons eigen leven kunnen vinden, dan is het van cruciaal belang om te kijken naar enkele van de strategieën waarvan optimisten gebruikmaken. Wanneer we hun opvattingen kennen en inzicht krijgen in de manier waarop zij zich gedragen, of hen, zoals de beoefenaars van Neuro-Linguistisch Programmeren (NLP) het uitdrukken, tot model kunnen nemen, kan het bijna niet anders of we krijgen dezelfde resultaten.

Modelleren is een techniek waarvan men bij NLP gebruikmaakt. Het is een systeem dat is ontworpen om de resultaten die door andere mensen op welk terrein ook zijn bereikt, te repliceren. Het is in wezen een vorm van versneld leren, die je bereikt door het gedrag van anderen over te nemen en de manier waarop zij tegen het leven aankijken na te bootsen. Het is duidelijk dat je daarbij rekening moet houden met lichamelijke en psychische verschillen. Zo kan iemand die 50 centimeter kleiner is dan Michael Jordan op het basketbalveld niet net zulke prestaties leveren als hij. En zo mag een vrouw die suikerziekte heeft niet verwachten dat ze door de fitnessoefeningen en de voedingsgewoonten te kopiëren van een vrouw met een gezonde alvleesklier net zo gezond wordt. Maar afgezien van de vaststaande fysieke en fysiologische verschillen, zou het kopiëren van de opvattingen en het gedrag van anderen dezelfde of soortgelijke resultaten moeten opleveren als die zíj bereikten.

Tony Robbins, NLP-goeroe en schrijver van een aantal bestsellers, heeft de doeltreffendheid van modelleren in een aantal verschillende situaties bewezen. In een interview met CNN haalde hij een situatie aan waarin hij het leger van de Verenigde Staten ertoe uitdaagde hem een willekeurig opleidingsprogramma te laten doen, waarbij hij dan de trainingstijd zou halveren en tegelijkertijd de competentie van de soldaten die het programma volgden zou vergroten.

Het leger van de Verenigde Staten ging hierop in en gaf Robbins de opdracht hun opleiding pistoolschieten te verbeteren. Het leger had zijn eigen programma ontwikkeld, dat vier dagen in beslag nam en waarbij, volgens hun eigen rapporten, 70 procent van de soldaten voor de vaardigheidstest slaagde. Als Robbins die tijd kon terugbrengen tot twee dagen en het vaardigheidsniveau van de soldaten kon opvoeren tot meer dan 70 procent, zou hij worden betaald volgens het principe no cure, no pay. Lukte het hem niet, dan kreeg hij dus geen rooie cent.

Robbins wist helemaal niets over schieten met een pistool. In feite had hij vóór deze uitdaging nog nooit een schietwapen aangeraakt. Maar zijn gebrek aan kennis en ervaring deden er niet toe. Hij zou alles wat hij moest weten leren door de beste schutters in het leger te ondervragen. 'Ik kreeg de beste schutters die er waren tot mijn beschikking, liet ze komen, liet ze schieten en stopte ze bij elke stap', zo vertelt hij. 'Wat gaat er in je om? Wat doe je met je lichaam? En ik zag wat ze gemeen hadden. Ze hadden zelf niet eens door wat ze deden, ze handelden intuïtief.' Daarna vergeleek Robbins hun gedrag met dat van slechte schutters. 'De verschillen waren duidelijk', zegt hij. 'Succes laat sporen na.'

Robbins ontwikkelde vervolgens een cursus pistoolschieten die berustte op de belangrijkste opvattingen en gedragingen van de beste schutters en niet op de standaardinstructie die in het leerboek werd gegeven. Zijn cursus nam uiteindelijk slechts één dag in beslag en voor het eerst in de geschiedenis van de opleiding pistoolschieten in het leger slaagde elke soldaat die het programma had doorlopen voor de vaardigheidstest. Dit betekende een geweldige vooruitgang ten opzichte van de oorspronkelijke cursus die door het leger werd gegeven.

Modelleren kan gebruikt worden voor alles wat we moeten leren en is een van de essentiële onderdelen van NLP. Het is met succes aangewend om mensen te helpen betere resultaten te bereiken in de sport, in het zakendoen en in persoonlijke relaties. Door mensen tot model te nemen die ras-optimisten zijn, leert iemand die van nature pessimistisch is snel optimistischer te worden en in zijn leven hetzelfde soort resultaten te behalen. Wanneer we de gedachtegangen en gedragingen van optimisten nagaan, hun strategieën tegen het licht houden en kijken hoe zij op tegenslagen reageren, kunnen we inzicht krijgen in wat het precies is waardoor het mensen lukt de keerzijde te zien.

Suzanne Segerstrom is universitair hoofddocent aan de faculteit psychologie van de universiteit van Kentucky en een zeer gewaardeerd onderzoeker op dit terrein. Zij denkt ook dat optimisme een erg plooibaar kenmerk is. In een onderzoek dat tien jaar in beslag nam toonde Segerstrom aan dat de mate van optimisme afhankelijk is van veranderingen in onze omstandigheden én onze ervaringen. Zij stelt dat deze veranderingen kunnen optreden als je eenmaal volwassen bent, en dat dit ook daadwerkelijk gebeurt. Zo bleek bijvoorbeeld uit één onderzoek dat zich richtte op vrouwen, dat de optimistische kijk van de vrouwen afnam naarmate de problemen op het werk en met hun partners toenamen.

Segerstrom stelt verder dat er bewijsmateriaal is dat aantoont dat ons gevoel van optimisme in betrekkelijk korte tijd – weken tot maanden – kan veranderen. Zij bevestigt ook dat een verandering in iemands optimistische kijk nauw samenhangt met een verandering in iemands mentale en lichamelijke gezondheid. ‘Optimisten zijn psychisch en fysiek gezonder’, zegt ze. Het moge duidelijk zijn dat er heel goede redenen zijn om te proberen er bewust naar te streven optimistischer te zijn.

In haar boek *Breaking Murphy’s Law* doet Segerstrom ons alternatieve suggesties aan de hand om optimisme aan te moedigen anders dan door CBT (Cognitive Behavourial Therapy). Ze stelt dat wanneer we ons richten op ons gedrag, wanneer we letterlijk in de voetsporen treden van optimisten door optimistisch en positief op te treden, onze gedachten en opvattingen daarin mee zullen gaan. Dit staaft de NLP-techniek van modelleren. Zo nemen volgens de theorie van NLP mensen die zich gedeprimeerd voelen bijvoorbeeld een specifieke gelaatsuitdrukking en lichaamshouding aan. Ze lopen met een kromme rug, laten hun schouders hangen, richten de blik naar beneden, halen oppervlakkig adem en praten met een vermoeide, toonloze stem. Daarentegen is het wanneer je rechtop zit of staat, je hoofd hoog houdt, je schouders naar achteren trekt en diep ademhaalt heel moeilijk om je gedeprimeerd te voelen. Onze gelaatsuitdrukking en lichaamshouding oefenen invloed uit op onze gedachten en emoties.

Wat NLP-beoefenaars en Segerstrom zeggen is dat door net te doen alsof – bijvoorbeeld door te kijken naar voordelen en kansen en dat zelfs staande te houden na herhaald falen – je waarschijnlijk dezelfde resultaten krijgt als optimisten en dat je je dan ook optimistisch gestemd gaat voelen.

De innerlijke optimist voeden

Op een keer beschreef een oorspronkelijke, inheemse bewoner van Amerika zijn innerlijke strijd. Hij zei dat hij zich voelde alsof er in hem twee honden huisden, waarvan de ene een pessimist en de andere een optimist was. 'De pessimist vecht altijd met de optimist', zei hij. Toen hem werd gevraagd welke hond het uiteindelijk wint, dacht hij even na en zei toen: 'Degene die ik besluit te voeden.' Peter Schulman, research manager aan de faculteit psychologie van de universiteit van Pennsylvania, kent beter dan menig ander de uitdagingen waarvoor optimistisch blijven ons stelt. 'Zelfs de meest verstokte optimist houdt er, wanneer hij te maken krijgt met buitengewone of aanhoudende stress, bij tijd en wijle pessimistische opvattingen op na', zo zegt hij. Het lijkt erop dat we allemaal een pessimist en een optimist in ons hebben, en wie op een bepaald moment de kop opsteekt en de overhand krijgt, is degene die wij besluiten te voeden.

Twintig gezonde mannen en vrouwen van gemiddeld drieëndertig jaar oud kijken naar de openingsscène van de film *Saving Private Ryan*. Het zijn een intense, zenuwslopende vierentwintig minuten, waarbij we een groep soldaten volgen op de ochtend van de zesde juni 1944, de dag die bekendstaat als D-Day, de landing in Normandië. In de grootste invasie die in een oorlog ooit op één dag is uitgevoerd, bestormden 130.000 man geallieerde troepen de stranden van Normandië onder vijandig artillerievuur. De openingsscène van de film is bekend om de manier waarop hij het publiek bij de realiteit betrekt. De manier waarop zeer beeldend de gruwelijkheden van de oorlog worden getoond is meeslepend, maar vervult ons af en toe met afgrijzen. Wat de kijkers zich niet bewust zijn is dat er, terwijl ze kijken, bij elk van hen biochemische en hormonale veranderingen optreden. Zelfs bioscoopbezoekers die de film al eerder hebben gezien, ontkomen hier niet aan. De gemiddelde bloedstroom door hun aderen en slagaderen wordt tot wel 35 procent beperkt.

Achtenveertig uur later krijgt dezelfde groep mensen een een kwartier durend stukje te zien van *Kingpin*, een luchthartige komedie. Dit keer verbetert de bloedstroom met 22 procent, er komen endorfinen vrij en de lichamelijke activiteit die wordt veroorzaakt door het gelach blijkt erg veel te lijken op de weldaad die je ervaart wanneer je lichamelijke oefeningen doet. Dit bevestigt nogmaals dat Norman Cousins op een grote medische doorbraak stuitte toen hij merkte dat door lachen zijn pijn afnam.

Uit de biochemische veranderingen die optreden bij de mensen die naar de films kijken blijkt hoe gemakkelijk ons lichaam wordt beïnvloed door wat er om ons heen gebeurt. Professor Dan Ariely heeft met zijn werk aan de Duke-universiteit aangetoond dat onze gedachten en verwachtingen zelfs worden beïnvloed door wat we lezen en zien. Zo merkte hij bijvoorbeeld dat hij, door bepaalde uitgesproken op het gevoel werkende woorden toe te voegen aan een zoekopdracht naar bepaalde woorden, de gedachten en handelingen van de studenten die die opdracht uitvoerden, kon beïnvloeden. De ene groep studenten kreeg zoekopdrachten met woorden als *agressief*, *grof*, *ergerlijk* en *lastigvallen*, terwijl de andere groep een opdracht kreeg met woorden als *attent*, *welgemanierd*, *beleefd* en *invoelend*. Vervolgens moesten de studenten zich naar een ander vertrek begeven om verslag uit te brengen aan een klinisch psycholoog. Daar ging de psycholoog – hij speelde met de onderzoekers onder één hoedje – een gesprek aan met een deelnemer. De studenten die waren volgestouwd met de beleefde woorden wachtten gemiddeld 9,3 minuten vóór ze ten slotte de psycholoog onderbraken, terwijl de studenten die waren volgestouwd met de agressieve woorden maar 5,5 minuten wachtten voor ze hem interrumpeerden.

Soortgelijke onderzoeken gaven dezelfde resultaten te zien. Zo hadden woorden die in een vragenlijst werden ingelast en die verband hielden met op leeftijd of bejaard zijn bijvoorbeeld invloed op de lichaamshouding van de studenten. Studenten die woordenlijsten hadden gekregen die verband hielden met mensen op leeftijd, zoals *Florida, bingo* en *oud*, liepen de onderzoeksruimte uit en de gang af in een tempo dat leek op dat van een zwak ouder iemand en aanzienlijk langzamer dan een controlegroep studenten. Het experiment van professor Ariely dat mij in dit opzicht het meest aansprak was het experiment dat te maken had met eerlijkheid. Er werd studenten voorafgaand aan een eenvoudige wiskundetest gevraagd de tien geboden te lezen, waarna ze de kans kregen de boel op te lichten door zelf een cijfer onder hun test te zetten Het bleek dat de studenten herinneren aan de tien geboden al een aantoonbare uitwerking had op hun gedrag: ze gedroegen zich beduidend eerlijker dan de studenten van een controlegroep.

Wat professor Ariely in zijn experimenten op briljante wijze aantoont is hoe gemakkelijk wij allemaal te beïnvloeden zijn door wat er zich om ons heen afspeelt. Zijn werk laat zien dat wat we besluiten en doen volslagen irrationeel is, in die zin, dat het zelden het gevolg is van bewuste logica en gezond redeneren, maar dat het tegelijkertijd heel voorspelbaar is. Maar wat Ariely ook laat zien is dat, wanneer we eenmaal doorhebben hoe onze gedachten en gevoelens worden beïnvloed door wat we zien en horen, we daar ook ons voordeel mee kunnen doen. Op precies dezelfde manier waarop Norman Cousins zijn immuunsysteem opvijzelde, zijn bloedstroom verbeterde en zijn pijn onder de duim hield door naar grappige video's te kijken, kunnen wij door kritischer te staan tegenover waar we op de tv naar kijken, wat we lezen en met wie we omgaan invloed uitoefenen op onze gedachten en gevoelens. Wanneer je stress kunt oproepen door een film, en eerlijkheid, beleefdheid en het gevoel van sterkte en kracht kunt beïnvloeden door woorden, kun je die methode zeker ook gebruiken om je verwachtingen te beïnvloeden en te leren optimistischer te zijn.

We zagen dat optimisme een factor van levensbelang is bij het overwinnen van problemen en tegenslagen. Optimisten winnen het op hun sloffen in vrijwel elk aspect van het leven. Maar je kunt optimisme in beweging zetten en er zijn allerlei manieren waardoor je kunt leren optimistischer te zijn. CBT, modelleren, doen alsof je optimistisch bent, je omgeving kiezen en met name de dingen waarmee je je geest voedt, zijn slechts enkele voorbeelden van de manier waarop je aan pessimisme kunt ontkomen en een zonniger toekomst kunt verwachten en ervaren. Dit is de eerste stap op weg naar de keerzijde.

9

De mentaliteit van de ondernemer: Zoeken naar verborgen kansen

De ondernemer in ons ziet overal om zich heen kansen, waar veel mensen alleen maar problemen zien.

MICHAEL GERBER

Oklahoma, Verenigde Staten, 1936. Sylvan Goldman, mede-eigenaar van de supermarktketen Humpty Dumpty, is op zijn kantoor nog laat aan het werk. Hij kijkt in gedachten verzonken naar een stoel, maar is met zijn gedachten heel ergens anders, namelijk bij een probleem. Net als elke ondernemer voor en na hem moet Goldman de verkoopcijfers opvoeren. Supermarkten moeten het hebben van hoeveelheden, van een snelle omzet van relatief laaggeprijsde producten om hun inkomsten tot een maximum te kunnen opvoeren. Dat bereik je alleen door het aantal klanten dat de winkel bezoekt of de hoeveelheid producten die je aan elke klant verkoopt op te voeren. Goldman richtte zich op het laatste en daar zat hem het probleem.

Goldman wist dat zijn klanten best meer zaken in zijn winkels wilden kopen en dat ze heel graag de duurdere, grotere en zwaardere dingen wilden hebben. Waar hij mee zat was dit: een klant kan fysiek gezien in de rieten mandjes die de winkel heeft maar zoveel dragen en niet meer. Het was een probleem waar zijn concurrenten ook mee zaten, vandaar dat Goldman laat in de avond nog op zijn kantoor aan het werk was. Het was een probleem dat hij beslist wilde oplossen, want hij snapte iets dat de anderen niet doorhadden: dit was een ongelooflijke kans.

Goldman had wel eerder met zwaar weer te maken gehad. In 1921 waren hij en zijn broer hun groothandel kwijtgeraakt toen de oliemarkt in elkaar zakte. Het tweetal overwoog toen zich op de detailhandel te richten en verhuisde naar Californië om kennis te nemen van nieuwe methoden voor de detailhandel in levensmiddelen. Volgens hen hield de levensmiddelenbranche grote beloften in voor de toekomst. Goldman schreef: ‘Het mooie van voedsel is dat iedereen het gebruikt – en dat telkens maar één keer.’ Het is in veel opzichten de volmaakte handel. Iedereen moet eten en eetbare producten vereisen een voortdurende verkoop die zich steeds blijft herhalen.

De twee broers kwamen enthousiast uit Californië terug en zetten een keten van zelfbedieningszaken in levensmiddelen op. Binnen een paar jaar verkochten ze de hele boel aan Safeway, maar het succes was van korte duur. Ze waren voor het merendeel betaald in de vorm van aandelen in Safeway, die waardeloos werden tijdens de Grote Depressie die Amerika in oktober 1929 trof. Meer dan tien miljard dollar verdampte in één klap op de beurs van New York. Heel veel mensen, onder wie de Goldmans, raakten alles kwijt. Maar terwijl anderen wegzakten in persoonlijke depressies of in wanhoop uit het raam sprongen, liet Sylvan Goldman zich niet kisten. Hij had namelijk begrepen dat zelfs een grote tegenslag een keerzijde heeft.

Financieel uitgeschakeld en met als enige houvast hun vakkennis, gingen de gebroeders Goldman weer in de levensmiddelenbranche aan de slag en in 1936 hadden ze de helft van de supermarktketen Humpty Dumpty in hun bezit. En wat veel belangrijker was, ze stonden op het punt een kans te ontdekken waardoor hun leven voorgoed een andere wending zou nemen en die een revolutie in de supermarktbranche zou veroorzaken. Maar net zoals Harland Sanders eerst alles moest verliezen om het KFC-imperium in het leven te kunnen roepen, is het verre van zeker of Sylvan Goldman zich weer met de levensmiddelenbranche zou hebben ingelaten als hij tijdens de Grote Depressie financieel niet volkomen aan de grond was geraakt. En als hij niet in de levensmiddelenbranche had gezeten, is het amper voor te stellen dat hij de ontdekking zou hebben gedaan die zijn grootste succes zou worden.

Het begon Goldman te dagen toen hij daar op die avond in 1936 alleen in zijn kantoor zat te piekeren over het probleem dat hem al een hele tijd bezighield. Hoe kon hij ervoor zorgen dat zijn klanten meer konden kopen dan ze in het toen gangbare rieten mandje konden dragen? Het antwoord diende zich aan terwijl hij met een lege blik naar een houten vouwstoel zat te staren. Hij peinsde over de mogelijkheid: wieltjes onder de poten, het winkelmandje op de zitting, het houten geraamte veranderen in een geraamte van metaal. En daarmee was het idee van het winkelwagentje geboren.

Goldman werkte aan het idee samen met een vriend, Fred Young, die ingenieur was, en het jaar daarop hadden ze het eerste winkelwagentje ter wereld gemaakt, dat bestond uit een metalen frame met twee mandjes van draad. De frames waren zo ontworpen dat je ze kon inklappen en de mandjes kon opstapelen. In wezen waren het opvouwbare frames van metaal met handvatten op wielen. Klanten konden de mandjes die ze in hun hand hadden op de wagentjes zetten en ze er bij de kassa weer vanaf halen. Omdat het idee was gebaseerd op een vouwstoel, noemde Goldman zijn wagentjes 'opvouwbare mandjesdragers' en richtte hij de Folding Carrier Basket Company op.

Aanvankelijk wilden de klanten de wagentjes niet gebruiken. Jonge mannen dachten dat ze door de winkelwagentjes een slappe indruk zouden maken, jonge vrouwen hadden het gevoel dat de wagentjes onelegant waren en ouderen waren bang dat ze door de wagentjes een hulpeloze indruk zouden wekken. Maar Goldman zag dat zijn grootste probleem tevens zijn grootste kans was. Als hij die negatieve beeldvorming kon aanpakken, zouden zijn winkelwagentjes in de detailhandel een doorbraak van jewelste betekenen.

Het bleek betrekkelijk eenvoudig om de negatieve kijk van de klant op de winkelwagentjes te veranderen. Goldman huurde mensen van alle leeftijden en beiderlei kunne in om met de wagentjes in de winkel rond te lopen en net te doen of ze boodschappen aan het doen waren. Daarbij huurde hij aantrekkelijke mannen en vrouwen, zogenaamde ‘store greeters’, in, die de klanten bij de ingang van elke winkel vriendelijk tegemoettraden en hen aanspoorden de wagentjes te gebruiken. Die twee dingen deden het hem. Het jaar daarop kregen Goldman en Young het patent op hun uitvinding en tegen de jaren veertig van de vorige eeuw zag je overal in Amerika het winkelwagentje in de supermarkt. De meeste supermarkten werden van de ingang tot en met de winkelpaden, de kassa’s en de uitgang toe geheel omgebouwd om ruimte voor het winkelwagentje te maken.

Sylvan Goldman veranderde het aanzicht van supermarkten over de hele wereld en maakte zo zichzelf en Fred Young tot miljonair. Zijn succes was, zoals dat met zoveel successen het geval is, het gevolg van een verborgen kans die schuilging in een probleem.

Een andere manier van zien

Sommige mensen zien de dingen zoals ze zijn en zeggen: Waarom? – Ik droom van dingen die er nooit geweest zijn en zeg: Waarom niet?

GEORGE BERNARD SHAW

Het succes van Sylvan Goldman was het gevolg van een heel bepaalde mentaliteit, een mentaliteit die uitvinders en ondernemers met elkaar gemeen hebben, namelijk dat ze een probleem niet zien als een obstakel maar als een kans. Alle uitvindingen en vernieuwingen zijn, zoals we door dit hele boek heen zullen zien, het gevolg van het feit dat iemand de strijd aanging met een probleem. Vandaar dat uitvinders en ondernemers niet proberen problemen te vermijden zoals wij, mensen, dat gewoonlijk doen, maar deze juist verwelkomen. Ze raken niet gefrustreerd door problemen, ze worden er juist opgewonden van, want ze weten dat elk probleem, groot of klein, een kans inhoudt. En hoe groter het probleem waar ze tegenaan lopen, des te groter de kans die erin schuilgaat.

Het probleem waar Louis mee te kampen had was veel ernstiger dan dat van Sylvan Goldman. Louis was namelijk blind. Het was het jaar 1814 en Louis was een jochie van net vier. Het jaar daarvoor had een ongeluk in de tuig-en zadelwerkplaats van zijn vader hem het zicht in zijn linkeroog gekost, maar niet lang daarna werd hij als gevolg van sympathische oftalmie – een veelvoorkomend verschijnsel, waarbij beide ogen ontsteken nadat één oog een grote oplawaai heeft gekregen – volkomen blind aan beide ogen. Hij moest onder ogen zien dat hij de rest van zijn leven in duisternis moest doorbrengen.

Toen Louis tien was, werd hij naar het Institution Royale des Jeunes Aveugles in Parijs gestuurd om daar te studeren. Aan het begin van de negentiende eeuw ging men er algemeen van uit dat blinden nooit zouden kunnen lezen of schrijven, en dus bracht men de kinderen op het blindeninstituut vaardigheden en eenvoudige vakken bij. Op de school leerden de kinderen opgehoogde letters voelen, een systeem dat was ontworpen door Valentin Haüy, de stichter van de school, maar dat heel lastig en moeilijk was. Volgens Louis moest er iets beters te vinden zijn en hij stelde zich dan ook ten doel een andere methode te ontwikkelen.

Louis was een goede, veelzijdige leerling en werd, terwijl hij op het instituut zat, een begaafd cellist en organist. Hij bespeelde in kerken in heel Frankrijk het orgel. Maar zijn voornaamste doel was het verwezenlijken van zijn droom om voor blinde mensen een beter systeem te ontwikkelen waarmee ze zouden kunnen lezen en schrijven. Vanaf zijn twaalfde experimenteerde hij met codes, waarbij hij breinaalden gebruikte om in papier gaatjes te prikken die letters moesten voorstellen, en op zijn vijftiende had hij een ingenieus systeem ontworpen waarmee je door middel van opgehoogde puntjes kon lezen en schrijven zonder dat je de letters kon zien. Twee jaar later paste hij deze methode aan om muziek te kunnen noteren. Louis gebruikte slechts zes verhoogde puntjes in verschillende combinaties om letters, cijfers, leestekens en wiskundige symbolen weer te geven. Hij liet zijn systeem zien aan zijn klasgenoten, die het leuk vonden en het gingen gebruiken ondanks het feit dat de staf van het instituut er geen heil in zag en besloot het te bannen.

Op zijn zeventiende had Louis zijn diploma behaald en werd hij hulponderwijzer op het instituut. Twee jaar later kreeg hij een vaste aanstelling als leerkracht. Maar nog steeds moest hij zijn leerlingen zijn methode in het geheim bijbrengen.

Het eerste boek dat van Louis' systeem gebruikmaakte werd in 1827 gepubliceerd, waarvan de vertaalde titel luidt 'Methode om woorden, muziek en eenvoudige liedjes te schrijven door middel van punten, speciaal ontworpen voor blinden'. Met enkele kleine aanpassingen kreeg het in 1834 de vorm die het tot op de dag van vandaag heeft behouden. Het is een systeem dat algemeen bekendstaat onder Louis' achternaam – Braille.

In 1839 publiceerde Braille de volledige details van de methode die hij had ontwikkeld voor communicatie met mensen die wel kunnen zien, waarbij hij combinaties van puntjes gebruikte die in de buurt komen van de gedrukte symbolen. Samen met zijn vriend Pierre Foucault ging Louis door met het ontwikkelen van een machine om het enigszins lastige systeem sneller op papier te kunnen zetten.

Louis stierf in 1852 op drieënveertigjarige leeftijd in Parijs aan tuberculose. Hij kreeg nooit het eerbetoon dat hij tijdens zijn leven had verdiend. Hoewel hij door zijn leerlingen werd bewonderd en op handen werd gedragen, werd zijn braillesysteem tijdens zijn leven nooit aan het instituut waar hij lesgaf onderwezen, en toen hij stierf stond in geen enkele krant in Parijs het nieuws van zijn dood, laat staan dat er een overlijdensadvertentie werd geplaatst.

Maar zes maanden na zijn overlijden werd de zespuntjesmethode van Louis op het Koninklijk Instituut voor blinde jongeren ingevoerd en tegen 1868 werd zijn systeem van zes verhoogde puntjes over de hele wereld de standaard, zodat blinden boeken konden lezen, konden klokkijken, polshorloges, thermometers en bladmuziek konden lezen en zelfs liftknoppen konden bedienen.

In 1952, honderd jaar na zijn dood, drukten kranten over de hele wereld zijn levensverhaal af. Zijn portret verscheen op postzegels en het huis waar hij woonde is nu een museum. Om hem te eren bracht de Franse regering zijn stoffelijk overschot over naar het Panthéon in Parijs. Daar rust Louis Braille nu tussen andere grote Franse helden.

Louis stelde zijn leven op onbaatzuchtige wijze in dienst van zijn leerlingen, die hij beschouwde als zijn vrienden, maar wijdde zich bovenal aan het vervolmaken van zijn methode van verhoogde puntjes, die miljoenen blinden in staat heeft gesteld te lezen en te schrijven en zo een beter leven te leiden. Tegenwoordig is het brailleschrift in vrijwel alle belangrijke nationale talen ingevoerd en is het over de hele wereld het belangrijkste systeem van geschreven communicatie voor visueel gehandicapten. De naam Braille zal altijd verbonden blijven met een van de grootste en beste systemen die ooit zijn uitgevonden, en dat begon, net zoals dat met alle grote uitvindingen het geval is, met iemand die tegen een probleem aanliep.

Fouten corrigeren

De fouten die je maakt zijn poorten naar ontdekking.
JAMES JOYCE

Bette Nesmith Graham had te kampen met alle problemen waarvoor een alleenstaande moeder in de jaren vijftig van de vorige eeuw zich gesteld zag. Om zichzelf en haar zoontje Michael te kunnen onderhouden werkte ze als secretaresse op een bank, waar ze was bevorderd tot directiesecretaresse, de hoogste positie waartoe een vrouw in die tijd in de bankwereld kon opklimmen. Maar mevrouw Graham zat met één groot probleem, ze kon niet zo goed typen en was uren kwijt aan het opnieuw uittypen van de documenten op schone vellen papier.

Mevrouw Graham was niet de enige typiste die er voortdurend mee zat dat ze hele documenten moest overtypen omdat er kleine typefouten in zaten, en het duurde niet lang vóór tot haar doordrong dat haar grootste probleem eigenlijk haar grootste kans was. Ze kreeg de ingeving op een avond dat ze van haar werk naar huis liep. Ze zag hoe mannen die reclameborden beschilderden hun fouten corrigeerden en dat was het moment waarop er een lichtje ging branden. Ze dacht: 'Als die mensen hun fouten kunnen overschilderen, waarom typistes dan niet?'

De voordelen waren duidelijk. Als je een manier kon bedenken waarmee typistes hun typefouten konden 'overschilderen', konden bedrijven enorme sommen besparen, niet alleen omdat zo de hoeveelheid extra papier aanzienlijk kon worden teruggebracht, het zou, en dat was veel belangrijker, ook hun secretaresses een enorme hoeveelheid tijd besparen, die ze nu moesten besteden aan het overtypen van hele documenten vanwege kleine typefouten.

Mevrouw Graham bedacht hiervoor de volgende oplossing: ze mengde wat verf op waterbasis in haar blender, zodat die overeenkwam met de kleur van het papier dat ze gebruikte. Nu kon ze met een fijn penseeltje de tikfouten gewoon oververven, het papier laten drogen en dan over de verf heen typen. Ze probeerde het mengsel uit op haar werk en het viel haar baas niet eens op. Er was echter één probleempje met het mengsel, het duurde heel lang voor het droog was. Ze raadpleegde een natuurkundeleraar en een winkel voor schildersbenodigdheden om het mengsel – ze noemde het aanvankelijk 'Mistake Out' – te veranderen zodat het een vloeistof werd die snel droogde.

Het duurde niet lang of de andere secretaresses hadden door wat mevrouw Graham deed en smeekten haar om wat van haar vloeistof. Toen het populair werd, stroomden de bestellingen binnen en liet ze haar zoontje en zijn vriendjes de kleine groene flesjes vullen met de vloeistof die zij had uitgevonden, en er etiketten op plakken. Maar ze moest weldra een ander probleem onder ogen zien: ze werd ontslagen omdat ze het papier en de enveloppen van de bank gebruikte om haar 'Liquid Paper' aan de man te brengen. In dat probleem ging net als in het eerste probleem ook een kans schuil, want nu kon ze al haar tijd wijden aan het op de markt brengen en verkopen van haar uitvinding.

De zaak bloeide en mevrouw Graham kocht haar eigen fabriekje, nam personeel in dienst en liet machines installeren om de productie te automatiseren. In 1975 besloot Bette Nesmith Graham de rechten op haar uitvinding te verkopen aan de Gilette Company. Het probleem waarmee ze tweeëntwintig jaar daarvoor op haar werk had geworsteld, had haar leven totaal veranderd en liep uit op een contante betaling van 25 miljoen dollar.

Zoeken naar kansen

Innovatie is het middel bij uitstek van ondernemers, waarmee ze verandering uitbuiten als kans.
PETER F. DRUCKER

Duizenden supermarkten over de hele wereld kwamen in die tijd te staan voor hetzelfde probleem waarmee Sylvan Goldman zich geconfronteerd zag. Waardoor lukte het Goldman een kans te vinden en duizenden anderen niet? Zo liep ook vrijwel elke secretaresse in de westerse wereld aan tegen het probleem waar Bette Nesmith Graham mee worstelde. Maar ondanks het feit dat ze geen bijzondere aanleg had, vond mevrouw Graham een kans die kennelijk niemand anders zag. En zo was Louis Braille uiteraard slechts een van duizenden andere blinde kinderen die hun weg moesten zoeken in een wereld van mensen die wel konden zien, maar hij ontwikkelde, ook al was hij nog maar een tiener, een systeem dat blinden in staat stelde te lezen en te schrijven.

De problemen waar we allemaal, vaker wel dan niet, mee te maken krijgen zijn dezelfde problemen waar anderen mee kampen of mee te maken hebben gehad, en iedereen kan de kansen die in zo'n probleem schuilgaan benutten. Dat Sylvan Goldman, Louis Braille en Bette Graham bereikten wat ze bereikten was grotendeels te danken aan het feit dat ze hun problemen benaderden met een bepaalde instelling. Het is een mentaliteit waarover op scholen waar men beducht is voor falen en afwijzing niet meer wordt gesproken omdat daar een beleid wordt gevoerd dat competitie juist tegengaat. En het is een mentaliteit die minachtend van de hand wordt gewezen en in toenemende mate wordt genegeerd door mensen in de 'verwijt- en goedpraat'-cultuur waarin wij leven. Maar het is een mentaliteit zonder welke we nooit de keerzijde kunnen vinden. Het is de mentaliteit van de ondernemer.

Ted Turner, de oprichter van CNN, zei eens meesmuilend: 'Mijn zoon is nu "ondernemer". Zo word je genoemd als je geen echte baan hebt.' Daarin heeft hij natuurlijk gelijk. De meeste ondernemers hebben niet echt een baan. Ze roepen vaker wel dan niet banen in het leven, maar zelf hebben ze geen baan, want een ondernemer heeft een volkomen andere instelling dan een werknemer. Ondernemers hebben graag het heft in eigen hand en nemen de verantwoordelijkheid op zich voor hun toekomst. Het zijn zieners en dromers die, net als uitvinders, de wereld kunnen veranderen.

Toen Martin Varsavsky in 1984 op het punt stond af te studeren in bedrijfskunde aan de universiteit van Columbia, had hij, anders dan veel van zijn leeftijdgenoten, nog geen baan. Volgens hem is bij terugblik zijn vruchteloos zoeken naar een baan het beste dat hem ooit is overkomen en als je naar zijn cv kijkt, kun je niet anders dan dat beamen. In de twintig jaar na zijn afstuderen richtte Varsavsky zeven zeer winstgevende bedrijven op en ontving hij verschillende onderscheidingen. Zo werd hij in 1998 Europese telecommunicatie-ondernemer van het jaar, werd hij in 1999 door de ECTA, de European Competitive Telecommunication Association, uitgeroepen tot ondernemer van het jaar, riep het World Economic Forum in Davos hem in 2000 uit tot Global Leader for Tomorrow, werd hij in 2000 uitgeroepen tot Spaanse ondernemer van het jaar en kreeg hij in 2004 de Pickering Prize van de universiteit van Columbia.

Varsavsky is een onderhoudend en spitsvondig spreker. Hij vindt het leuk om te vertellen hoe hij aan het bedrijfskapitaal voor zijn eerste onderneming kwam. Op hetzelfde moment dat een bepaalde bank zijn verzoek om een baan afwees, gaf een andere afdeling van diezelfde bank hem een zakelijke lening van 12 miljoen dollar! 'De mensen van de sollicitatiecommissie wisten niet dat een andere afdeling op dat moment mijn aanvraag voor een lening voor mijn eerste bedrijf onder de loep nam', zegt Varsavsky. 'En dezelfde mensen die me geen baan wilden geven waarmee ik 40.000 dollar per jaar zou verdienen, gaven me wel een lening van 12 miljoen dollar ...

Gelukkig zijn ze daar nooit achter gekomen, want die banken zijn echt gigantisch grote ondernemingen, waar ze nooit met elkaar praten!'

Martin Varsavsky heeft zich er nooit echt zorgen over gemaakt dat hij bij zijn sollicitaties werd afgewezen. Als hem bij een sollicitatie werd gevraagd: 'Waar ziet u zichzelf over vijf jaar?', gaf hij steevast hetzelfde antwoord: 'Nou, als jullie baas, natuurlijk!' Maar de reden dat hij het niet erg vond om keer op keer nul op het rekest te krijgen was dat hij altijd de mentaliteit van de ondernemer had. 'Ondernemers zijn vaak net als ik mensen die geen baan konden krijgen', zegt hij. 'Wij zijn de misbaksels ... Wij passen nergens tussen. Wij haten banen.'

Het enige wat ondernemers onderscheidt van andere mensen is dat ze hun leven leiden aan de kant van de keerzijde. Ze zijn in alles op zoek naar kansen. Toen NBC, de National Broadcasting Company, de tv-serie *Baywatch* er al na één seizoen uitmikte vanwege de hoge productiekosten en het lage rendement, zag David Hasselhoff, een van de sterren uit de serie, een kans. De serie ging over een team van strandwachten op de stranden van Los Angeles in Californië, en Hasselhoff voelde instinctief aan dat de serie weleens heel goed zou kunnen aanslaan. Hij blies de serie nieuw leven in, stak er zijn eigen geld in en verkocht de eerste serie vervolgens aan verschillende plaatselijke tv-stations. De tweede serie bewees dat Hasselhoff met zijn gevoel gelijk had gehad. De serie bleef de volgende tien jaar op de buis en was volgens het *Guiness Book of Records* het meest bekeken tv-programma aller tijden, met meer dan een miljard kijkers. David Hasselhoff staat algemeen bekend om zijn acteertalent en in enkele Europese landen ook om zijn muziek. Naast zijn succes in *Baywatch* trad hij op in *Knight Rider*. In deze serie, die van 1982 tot 1986 bij NBC liep, speelde Hasselhoff een man die Michael Knight heette, een high-tech moderne ridder, die de misdaad bestrijdt met behulp van een 'levende auto' die kan praten en kunstmatige intelligentie bezit. Maar wat veel mensen niet beseffen is dat David Hasselhoff een buitengewoon succesvol ondernemer is.

Eén man heeft meer dan wie ook de amusementswereld van de Verenigde Staten in de twintigste eeuw veranderd. Hij is wel 'de belangrijkste man in de grafische kunsten sinds Leonardo Da Vinci' genoemd en hij kreeg tijdens zijn leven meer dan 950 onderscheidingen uit landen van over de hele wereld, waaronder zes Oscars, een record dat tot op de dag van vandaag niet is gebroken. Zijn succes was echter niet zozeer het gevolg van zijn artistieke vaardigheden – de tekening waardoor hij beroemd werd was niet eens van zijn hand – als wel het gevolg van zijn vaardigheden als ondernemer, met name zijn vermogen om een tegenslag als een kans te zien. Zijn naam was Walt Disney.

Als je de poort van The Magic Kingdom van Disneyland in Florida doorgaat, is het eerste wat je ziet een bronzen standbeeld van Walt Disney, een vriendelijke man met glad achterovergekamd haar en een keurig snorretje, die daar hand in hand staat met Mickey Mouse. Het was beslist die beminnelijke muis die verantwoordelijk was voor het lanceren van Disney's succesvolle tekenfilmstudio's. Mickey Mouse werd oorspronkelijk ontworpen door Ub Iwerks, een van Disney's oudste vrienden en voormalige partners.

Dat Mickey Mouse überhaupt werd ontworpen was te danken aan een contractueel probleem waar Disney, Winkler Pictures en Universal Studios bij betrokken waren. In 1927 had Oswald the Lucky Rabbit, een tekenfilmfiguurtje dat eveneens door Iwerks in het leven was geroepen, met succes in de bioscoop gedraaid. Nadat Charles Mintz was getrouwd met Margaret Winkler, nam hij het beheer over Winkler Pictures over en gaf opdracht tot een nieuwe reeks films voor het tekenfilmfiguurtje Oswald. Maar toen Disney een hoger honorarium bedong, stelde hij vast dat Mintz niet wilde meewerken. Het bleek dat Mintz achter Disney's rug om de meeste mensen van diens staf had ingehuurd. Hij was erachter gekomen dat niet Disney maar Universal de rechten op de figuur Oswald bezat, en daarmee had hij Disney in zijn macht. Hij eiste dat Disney op zijn loonlijst kwam te staan en een lager honorarium accepteerde, anders zou hij de films zelf uitbrengen.

Disney was woest, maar liet zich niet op zijn kop zitten. Die tegenslag leerde hem misschien wel de allerbelangrijkste les van zijn hele carrière: hij zou altijd het beheer houden over de rechten op alle tekenfilmfiguren waartoe hij opdracht gaf. Hij besloot dat het verlies van Oswald the Lucky Rabbit een kans was om iets geheel nieuws in het leven te roepen en vroeg Iwerks op de proppen te komen met een andere tekenfilmfiguur. Na een reeks ideeën – waaronder Clarabelle Cow en Horace Horse, kikkers, honden en katten – kwam Iwerks op de proppen met Mickey Mouse, en op 18 november 1928 werd de eerste Mickey Mouse-tekenfilm, *Steamboat Willie*, uitgebracht. De eerste avonturen van Mickey Mouse werden vrijwel geheel door Iwerks getekend, maar toen scheidden zijn en Disney's wegen. Iwerks was, naar verluidt, bijzonder ongelukkig met de harde eisen die Disney aan het werk stelde en met het gebrek aan waardering dat hij kreeg. Disney bezat echter de rechten op Mickey Mouse en trok een team jonge, getalenteerde kunstenaars aan om hem te helpen met het ontwikkelen van wat een van de meest bekende tekenfilmfiguren aller tijden zou worden, die kinderen en ouders over de hele wereld in hun hart hebben gesloten.

Te beginnen met Mickey Mouse veranderde Walt Disney de amusementswereld in Noord-Amerika en wat dat aangaat in de hele wereld. Vandaag de dag bedragen de inkomsten van de Walt Disney Company jaarlijks meer dan 35 miljard dollar, een bedrag dat groter is dan het bruto nationaal product van veel landen. Maar dit kwam allemaal op gang door een tegenslag die door Disney werd omgezet in een kans.

Koffie brandt

Clare Newton was een van de duizenden forensen die onderweg was naar haar werk toen het gebeurde. Ze was tweeënveertig en een ontwerpster van verpakkingsmateriaal uit Hackney, East London, en ze was net uitgestapt om een cappuccino te kopen om mee te nemen. Terwijl ze worstelde met haar tassen en de hete drank, gleed ze uit en verbrandde haar onderarm helemaal tot aan de elleboog. Dit ongeluk zou haar leven ingrijpend veranderen.

Clare had kunnen besluiten het verkooppunt waar ze haar de cappuccino hadden verkocht aansprakelijk te stellen. Ze zou beslist niet de eerste zijn geweest die genoegdoening zocht na het morsen van een kop hete koffie. Maar in plaats van medelijden met zichzelf te hebben of een letselschadeadvocaat in te schakelen, deed Clare iets dat vrijwel alle mensen die blijvend geluk en succes in het leven vinden met elkaar gemeen hebben – ze ging op zoek naar de keerzijde.

Na dit ongeluk werd Clare, terwijl ze met een ijscompres tegen haar arm zat, zich bewust van iets dat geen van de duizenden andere mensen die ooit brandwonden hadden opgelopen door een kop hete meeneemkoffie had opgemerkt. Het ongeluk deed zich voor als een grote, heel opwindende kans.

Clare vertelt dat ze, terwijl ze haar verwonding aan het verzorgen was, het gevoel had dat 'veel mensen koffie kopen wanneer ze een heleboel tassen bij zich hebben en daardoor het risico lopen zich te branden … Ik besloot daar een oplossing voor te zoeken.' Ze vroeg zich af hoe je dat risico zou kunnen verkleinen en bedacht een product waardoor het voor mensen gemakkelijker en veiliger zou zijn om een hete drank bij zich te hebben, zelfs wanneer ze met andere bagage liepen te zeulen.

Clare kwam op de proppen met een heel eenvoudig maar briljant ontwerp, de 'Cups Carrier', waarmee je een kop op drie verschillende manieren kunt dragen: aan een oor aan de zijkant of de bovenkant of door een soort kuipje waarmee je de kop kunt ondersteunen en dat ook dienst kan doen als een houder die je op je bureau kunt zetten.

'Ik herinner me dat ik op een dag naar een vergadering ging en dat de mond van mijn cliënten openviel van verbazing toen ze die kophouder zagen', zegt Clare. 'Ik had mijn map, een koffertje, een paraplu en een handtas bij me, maar liep met twee koppen koffie aan mijn pink in de dubbele houder. Ze wisten niet wat ze zagen.'

Clare vroeg octrooi aan voor haar ontwerp, waarmee ze in 2001 de British Female Inventor of the Year Award won, een prijs die wordt ondersteund door het Britse octrooibureau. De sleutel tot Clare's succes lag in haar begrip dat wat haar was overkomen de behoefte blootlegde aan een gemakkelijke, veilige manier om een kop gloeiend hete koffie te dragen terwijl je op weg bent naar je werk en je handen vol hebt. Door zich op die behoefte te richten en op zoek te gaan naar een oplossing, kon Clare de keerzijde vinden.

Ondernemers kweken de gewoonte aan om altijd te kijken of er zich misschien een kans aandient. Doet er zich een verandering voor, merken ze een probleem of een obstakel op, dan raken ze niet zozeer gefrustreerd als wel opgewonden, want ze weten dat problemen en obstakels duiden op een behoefte. Ondernemers begrijpen dat de belangrijkste factor die voorspelt of een bedrijf succes zal hebben de grootte is van het probleem dat het wil oplossen of het belang van de behoefte waaraan het wil voldoen.

Wil een bedrijf succes hebben, dan moet het een oplossing kunnen bieden voor een probleem en daarmee aan een behoefte voldoen. Daarop baseerde Thomas Edison, die wijd en zijd wordt gezien als een van de grootste uitvinders in de geschiedenis van de mensheid, zijn hele carrière. Hij zei: 'Ik heb nooit een uitvinding vervolmaakt die ik niet zag als iets waarmee ik anderen een dienst kon bewijzen ... Ik onderzoek waar de wereld behoefte aan heeft en dat vind ik dan uit.'

De keerzijde van een probleem of obstakel is dus gelegen in de behoefte die het aan het licht brengt. Grote problemen of obstakels hebben de neiging grote behoeften zichtbaar te maken en bevatten dus ook grote keerzijden. Vandaar dat ondernemers als Sylvan Goldman problemen verwelkomen en uitvinders als Thomas Edison tot het uiterste gaan om problemen te vinden. Een probleem is voor hen niet zozeer een probleem als wel een verborgen kans.

De innerlijke ondernemer

Volgens Michael Gerber, de auteur van de bestseller *The E Myth*, zit er in elk van ons een ondernemer, die door hem wordt aangeduid als een ziener en een schepper. 'We zijn bij onze geboorte allemaal met die hoedanigheid toegerust', zegt hij, 'en ons leven wordt bepaald door de manier waarop we reageren op wat we zien, horen, voelen en ervaren.' Die ondernemersgeest in ons moeten we koesteren en ontwikkelen, want die bepaalt hoe we reageren op wat ons in het leven overkomt en bepaalt uiteindelijk ons succes en geluk.

Ook al bezitten we allemaal het vermogen om te denken en te handelen als een ondernemer, we doen dat maar al te vaak niet. Een van de redenen daarvoor zou kunnen zijn dat we op een bepaald moment in ons leven hebben geleerd dat we hulpeloos waren. Een andere reden zou kunnen zijn dat we in moeilijke tijden gewoon niet naar de kansen kijken. Natuurlijk geldt dit niet alleen voor kansen op financieel gewin, maar voor veel grotere, veel belangrijker kansen als leren, begrijpen, liefhebben en je voor deze wereld inzetten.

Maar al te vaak is er de mentaliteit van de ondernemer voor nodig om de kansen te vinden die ieder ander ontgaan. Om die mentaliteit te ontwikkelen moeten we onszelf, met name in moeilijke tijden, de nodige vragen stellen. Maar wanneer we de juiste vragen kunnen stellen, de vragen waardoor een probleem of tegenslag in een ander licht, een nieuw kader komt te staan, wijzen de antwoorden ons altijd in de richting van de keerzijde.

10

Je leven herkaderen: De vragen waar het echt op aankomt

Uiteindelijk wordt dan de vraag waarom goede mensen slechte dingen overkomen tot een heel andere vraag, waarbij je niet langer vraagt waarom iets gebeurt, maar de vraag is hoe je erop reageert en wat je er, nu het eenmaal gebeurd is, mee doet.

PIERRE TEILHARD DE CHARDIN

Jodi Pliszka was net twintig toen ze al haar haar verloor. Nu, iets meer dan twintig jaar later, is ze een knappe, vlotte vrouw, die sprankelt van levenslust. Maar ze moet toegeven dat ze toen haar haar begon uit te vallen en ze volkomen kaal werd, in zak en as zat.

Bijna één op de zestig vrouwen wordt op een bepaald moment getroffen door *alopecia areata* en twee derde van hen krijgt daarmee te maken wanneer ze nog maar tieners zijn. Hele plukken haar vallen gewoon uit en laten gladde, kale plekken op de schedel achter. Men denkt dat dit te wijten is aan een slecht functionerend immuunsysteem. Op de een of andere manier keren de witte bloedlichaampjes zich als een soort virus tegen het haar, waardoor dat uitvalt. Alopecia doet zich in een aantal vormen voor. Soms gaat het om maar een paar plukken hoofdhaar, maar in andere gevallen valt al het lichaamshaar uit. Die vorm van alopecia, die bekendstaat als *alopecia universalis*, had Jodi. Al haar lichaamshaar – haar wenkbrauwen, wimpers, zelfs de haartjes in haar neus – viel uit.

Je kunt je voorstellen dat alopecia voor een vrouw, jong of oud, een vreselijk trauma is. Het moment waarop je beseft dat je haar uitvalt en je weet dat het misschien nooit meer zal aangroeien, is een moment om nooit te vergeten. Vanaf dat ogenblik is het leven vermoedelijk nooit meer hetzelfde. Degene die het overkomt, kan het gevoel hebben dat ze vervloekt is, maar net zoals dat bij elk ander trauma het geval is, kan het uiteindelijk ook een zegen blijken te zijn.

De keerzijde van alopecia

Jodi Pliszka was net twintig toen ze door *alopecia universalis* al haar haar kwijtraakte. Jodi is een aantrekkelijke vrouw met een brede, stralende glimlach en grote, sprekende ogen, maar ze had geen zin om model te worden. Ze werd therapeut en vrijwilligster voor alopecia-steungroepen én verenigingen die kanker bestrijden. 'Ik kwam tot de ontdekking dat het delen van mijn ervaringen altijd tot een katharsis leidde', zei ze. 'Elke keer dat ik me openstel ... geef ik mezelf kracht.' Jodi vond de keerzijde van haar alopecia die voor haar het belangrijkste was echter gewoon door haar dagelijkse bezigheden.

'Ik ben gek op fitnessen', zegt ze, 'en ik doe elke morgen workouts, behalve op zondag.' Ze rent, fietst en doet graag korte triatlons. Ze traint ook regelmatig samen met haar dochter Jessica in taekwondo, een oosterse gevechtskunst. Jodi heeft de zwarte band en haar dochter heeft sinds kort de blauwe band. Ze vinden het heerlijk om naar de dojo te gaan en daar samen te trainen. En tijdens zo'n training kreeg Jodi een idee dat voor haarzelf en duizenden andere mensen een grote ommekeer zou betekenen. Het was een idee dat voortkwam uit een plotseling besef dat misschien alleen bij mensen als Jodi, die een pruik moeten dragen, voor de hand ligt.

'Ik draag mijn pruik als ik taekwondo doe', zegt Jodi, 'omdat ik niet al te erg wil opvallen wanneer ik ergens samen met Jessica ben.' Maar het was terwijl ze een pruik droeg tijdens de training dat Jodi een werkelijk probleem blootlegde en daarmee tevens stuitte op een grote kans. 'Ik was het zo zat dat mijn pruiken doorweekt raakten van het zweet, dat dan vervolgens in mijn ogen liep', zegt ze. Hoe meer ze erbij stilstond, hoe meer tot haar doordrong dat dit een probleem was waar duizenden mensen, mannen en vrouwen, mee te kampen hadden. Jodi stelde zich dus ten doel een oplossing te vinden en iets op de markt te brengen dat daarbij kon helpen. Om te beginnen deed ze inlegkruisjes onder haar pruiken om het zweet op te vangen en ook al vond ze dat wel een beetje genant, het werkte wel. Ze besteedde er dus de volgende drie jaar aan om iets te ontwikkelen dat op dezelfde manier werkte, maar dat ook minder opviel en voor mensen die een pruik moeten dragen meer gepast was.

Jodi noemde haar uitvinding 'Headline It!' en zei dat het niet alleen mensen die aan alopecia leden kon helpen, maar letterlijk iedereen die om wat voor reden dan ook een pruik, hoed of basebalpet moest dragen. In 2006 lanceerde ze Headline It! in het tv-programma *American Inventor*, versloeg duizenden mensen en eindigde bij de eerste twaalf. Haar presentatie voor de jury had meer weg van een hartstochtelijk pleidooi dan van een slim verkooppraatje, want Jodi wist maar al te goed wat een groot verschil Headline It! kon maken, niet alleen voor mensen met alopecia, maar ook voor kankerpatiënten en voor iedereen die hoe dan ook een pruik moet dragen. De publiciteit die ze door het programma kreeg bood haar een platvorm voor haar uitvinding, die nu niet alleen meer een idee maar een echt product is, een product dat het mensen over de hele wereld een stuk prettiger kan maken en waardoor ze zich minder genant voelen. Daar komt nog bij dat het feit dat Jodi in *American Inventor* verscheen ook effect voor haar andere werk had en – en dat is misschien wel het allerbelangrijkste – het wees mensen op de benarde toestand waarin mensen die alopecia hebben verkeren.

Terugkijkend op haar leven sinds het moment dat de ziekte toesloeg, zegt ze: 'Ik verloor mijn haar en God nam me mee op een reis waardoor ik therapeut, schrijver, uitvinder, spreekbuis en klankbord werd.' Ze zegt dat ze nu weet dat 'beproevingen je innerlijke wezen tot leven wekken. Je kunt ervoor kiezen om een overlever of een slachtoffer te zijn … Ik ben een overlever.'

In de laatste alinea van haar boek schrijft Jodi Pliszka: 'Misschien was het feit dat ik mijn haar verloor wel niet zo'n vreselijke ramp als ik aanvankelijk dacht … Er is geen groter geschenk dan in dit leven je doel te kennen.' Dat is een van de belangrijkste veranderingen die alopecia in Jodi's leven teweeg heeft gebracht; het heeft haar een nieuw gevoel van vertrouwen gegeven én een doel in het leven. 'Ik heb', zo zegt ze, 'twintig jaar met en twintig jaar zonder haar geleefd. En ik ben blij met de weg die ik in die veertig jaar heb afgelegd.' Het motto, waar ze volledig achter staat, is een oproep aan eenieder die zijn haar heeft verloren, of dat nu is gekomen door alopecia, door kanker of een andere ziekte: 'Ook al ben je je haar kwijt, het leven gaat door!'

Jodi onderstreept met haar motto een belangrijke boodschap. 'Het leven krijgt pas echt betekenis wanneer er een eind is gekomen aan alle illusies', zegt ze. 'Je gaat pas echt leven wanneer al je opvattingen, die vaak misvattingen blijken te zijn, wegvallen. Je gaat pas echt leven nadat alle stukjes zijn verbrijzeld, alle draden zijn ontbonden.' Het is een boodschap voor iedereen die een trauma of tegenslag te verwerken krijgt: Daarna ga je pas echt leven. Na alles wat we misschien moeten meemaken en alles waarmee we geconfronteerd kunnen worden, krijgt het leven een andere waarde.

Lot, karma en God

Jodi Pliszka geef toe dat toen haar haar begon uit te vallen, haar bezorgdheid en angst aan hysterie grensden. 'Ik huilde, ik schreeuwde', herinnert ze zich. 'Ik kwam in opstand tegen God … en eiste toen antwoord op de vraag "Waarom ik?"' Maar toen ze uiteindelijk vrede had met de situatie, merkte ze dat ze heel andere vragen ging stellen.

En de antwoorden op die vragen leidden haar langs nieuwe en onverwachte wegen.

Als ons iets verschrikkelijks overkomt, is de eerste vraag die we stellen meestal: 'Waarom moet mij dit overkomen?' of 'Waar heb ik dit aan verdiend?' Er zijn mensen die ons willen laten geloven dat we de erge dingen die ons overkomen aan onszelf te wijten hebben. Je hebt het op de een of andere manier naar je toe getrokken door je manier van denken of door negatieve energie. Het kan het natuurlijke gevolg zijn van je karma, het resultaat van iets dat je in het verleden hebt gezegd of gedaan. Of het is, volgens het hindoeïsme, iets wat in een vorig leven is voorgevallen. Sommige mensen zijn er vast van overtuigd dat een persoonlijke tragedie een straf is van God voor onze zonden, en nog weer anderen geloven dat een trauma een 'test' is van God. Als we het Bijbelboek Job mogen geloven, staat God tragedies toe als onderdeel van een weddenschap die Hij afsluit met de duivel om te testen hoe groot onze liefde voor en onze toewijding aan Hem is.

Zoals dat met elke theologische vraag het geval is, bestaan er op dat soort vragen geen rationele antwoorden. Vandaar dat een priester of een rabbijn op een moeilijke vraag als 'Waarom staat God toe dat het kwaad een kans krijgt en dat er zoveel leed in de wereld is?' antwoordt: 'Wij zijn niet in staat te begrijpen waarom bepaalde dingen gaan zoals ze gaan, want Gods wegen zijn ondoorgrondelijk.' Maar, welke geloofsovertuiging we ook zijn toegedaan, we ontkomen er niet aan dat we, wanneer we uitgaan van een wereld waarin orde, eerlijkheid en rechtvaardigheid heersen, op bepaalde momenten teleurgesteld worden omdat er niet aan onze verwachtingen wordt voldaan. Soms lijkt het net of we vastzitten in een leven van wanorde en omringd zijn door willekeurige gebeurtenissen, die oneerlijk en onrechtvaardig zijn. Ik voor mij geloof dat er wel degelijk antwoorden zijn en dat die zijn te vinden aan de kant van de keerzijde. En om die antwoorden te vinden, moeten we heel andere vragen stellen.

De vragen waar het echt op aankomt

In deel I zagen we dat maar heel weinig dingen in het leven op zich goed of slecht zijn. De loterij winnen kan tot gevolg hebben dat je je diep ongelukkig voelt en dat je zelfs een eind aan je leven maakt, terwijl het verlies van je zaak of je levensonderhoud je juist kan maken tot wie je bent. Wat er uiteindelijk voor zorgt dat iets wat ons overkomt een zegen of een vloek blijkt te zijn, is vaak niet het feit zelf maar de manier waarop we erop reageren. Eén ding staat vast: het is heel onwaarschijnlijk dat je een vorm van tegenslag kunt omzetten in een kans door domme vragen te stellen als 'Waarom moest mij dit overkomen?', want dat leidt alleen maar tot meer ellende, eenzaamheid en angst.

Het menselijk brein zoekt en vindt een antwoord op elke vraag die we stellen over iets dat ons overkomt. Als we bijvoorbeeld vragen 'Waarom is dit me overkomen?', komt ons brein op de proppen met een heleboel mogelijke antwoorden: Omdat je stom bent! Omdat je een kluns bent! Omdat je vervloekt bent! Omdat het jou gewoon altijd tegenzit! Onze hersenen komen op de proppen met een scala aan mogelijke antwoorden om een verklaring te bieden voor elke hachelijke situatie waarin we ons bevinden. Maar wat zou er gebeuren wanneer we ons oefenden om een tegenslag in een ander kader te zetten door het stellen van andere vragen? Zou ons leven niet ingrijpend veranderen wanneer we het tot een gewoonte maakten om het volgende soort vragen te stellen:

'Wat is hier goed aan?' of
'Wat zou hier goed aan kunnen zijn?' of
'Wat kan ik hiervan leren waar ikzelf iets aan heb?' of
'Wat kan ik hiervan leren waar een ander iets aan heeft?' of
'Hoe kan ik daar hier en nu mijn voordeel mee doen?'

Blue focus

Om de problemen waar we vandaag mee te maken krijgen op te lossen, moeten we ons richten op de dag van morgen.
ERIK NUPPONEN

Een vrouw zit aan een bureau. Haar tranen wellen op en ze barst in huilen uit. Een man slaat zijn arm om haar heen om haar te troosten. Een voor een scharen zich mensen om haar heen, spreken hun medeleven uit en bieden haar steun. Een moment lang is ze ontroostbaar. Ze heeft net 223.000 pond verloren!

Om de waarheid te zeggen, ze had in feite 27.000 pond gewonnen, maar voor haar gevoel had ze 223.000 pond verloren. Ze deed mee aan het tv-programma *Deal Or No Deal* en miljoenen kijkers waren getuige van het 'drama' dat zich daar afspeelde. Wat er in feite gebeurd was, was dat ze aan het eind van het spel haar kastje geopend had om tot de ontdekking te komen dat ze 250.000 pond zou hebben gewonnen als ze er eerder in het spel niet voor had gekozen om een aanbod van 27.000 pond te accepteren.

Je zou zo denken dat wanneer iemand je een cheque van 27.000 pond overhandigt, je door het dolle heen bent. Maar in werkelijkheid worden onze emoties niet bepaald door wat ons overkomt, ze zijn gewoon het gevolg van datgene waarop we ons richten. Een van de dingen die mensen die de keerzijde hebben ontdekt met elkaar gemeen hebben, is dat ze hebben geleerd iets te ontwikkelen dat 'blue focus' genoemd wordt.

Probeer nu meteen deze eenvoudige oefening te doen:

1. Kijk goed om je heen en probeer alles op te merken wat bruin is. Probeer je echt alles te herinneren wat bruin is, donkerbruin of lichtbruin.
2. Doe nu je ogen dicht en probeer je alles te herinneren wat blauw is.

De meeste mensen worden door deze oefening op het verkeerde been gezet. Ze zijn zo gericht op de bruine dingen, dat ze iets blauws nauwelijks meer opmerken. Dit is een weerspiegeling van wat de meesten van ons op het een of andere moment in ons leven weleens hebben ervaren. Iemand laat je een bepaald type auto of computer zien en dan zie je die opeens overal waar je gaat of staat. Ze waren er de hele tijd al, maar je merkte ze pas op toen je geest erop gericht was. Zo zijn we soms ook zo sterk gericht op de negatieve dingen die ons overkomen – het bruin – dat we de positieve dingen die er ook zijn – het blauw – niet meer opmerken.

De vrouw die in *Deal Or No Deal* 27.000 pond won is daarvan een voorbeeld bij uitstek. Ze beet zich er zo in vast dat ze de kans had verspeeld om 250.000 pond te winnen, dat ze niet meer zag dat ze in feite 27.000 pond in haar hand had. Mensen die in staat zijn van een minpunt een pluspunt te maken, beoefenen 'blue focus'. Als ze worden geconfronteerd met problemen en door perioden van verandering heen gaan, kijken ze bewust naar de blauwe dingen in hun leven. Blue focus wil zeggen dat je nooit achterom kijkt, behalve in zoverre je er iets van kunt leren. Het betekent dat je je altijd concentreert op vooruitkijken. Mensen met blue focus blijven niet stilstaan bij wat er verloren is gegaan, ze richten zich alleen op de winst die ze kunnen behalen. Ze denken nooit aan de beperkingen, ze denken alleen aan de mogelijkheden. Ze zijn er bij alles wat ze meemaken altijd op uit de situatie in een nieuw licht te zien, deze in een nieuw kader te zetten en actief op zoek te gaan naar wat je ermee kunt.

De kunst van het herkaderen

Of wij wat we meemaken zien als zinvol, hangt af van de manier waarop we het interpreteren of, zoals ze in NLP-kringen zeggen, van de manier waarop we het kaderen. Wat ons ook overkomt, wij kunnen het kader kiezen, wij kunnen besluiten er een positieve draai aan te geven. Zo kunnen mensen die hun baan kwijtraken dat bijvoorbeeld kaderen als een negatieve bevestiging van hun onvermogen of persoonlijkheid, een bewijs dat ze hebben gefaald. Ze kunnen zich er zelfs van overtuigen dat ze nooit een andere baan zullen vinden en dat, mocht hun dat wel lukken, die baan dan nooit zo goed zal zijn als de baan die ze zijn kwijtgeraakt. Ze zouden het echter ook kunnen herkaderen als een kans om iets anders, iets nieuws en opwindends te gaan doen. Sommigen zouden het zelfs zien als een kans om eindelijk hun eigen bedrijf te beginnen.

Sommige mensen lijken ervoor geknipt te zijn om een situatie opnieuw te kaderen. Komiek, schrijver, uitvinder en politicus zijn slechts een paar van de beroepen waarbij je voortdurend dingen in een ander kader moet zetten. Zo zijn de beste komieken bijvoorbeeld mensen die het leven steeds opmerkzaam gadeslaan en zich voortdurend afvragen: 'Wat is hier grappig aan?' of 'Wat zou hier grappig aan kunnen zijn?' In het begin van de jaren '70 van de vorige eeuw nam John Cleese tijdens de opnamen voor de tv-serie *Monthy Python's Flying Circus* samen met andere leden van het Monthy Python Team zijn intrek in Hotel Gleneagles in Torquay. De baas van het hotel, een zekere Donald Sinclair, bleek een grove, excentrieke gastheer eerste klas te zijn. 'Hij scheen ons van meet af aan te zien als een ongemak van heb ik jou daar', zei Michael Palin. Hij gooide een busboekje naar een gast toen die het lef had om te vragen wanneer de volgende bus kwam, hij klaagde over de tafelmanieren van Terry Gilliam en smeet de aktentas van Eric Idle het hotel uit 'voor het geval er een tijdbom in zit!' John Cleese sloeg die krankzinnige voorvallen in zijn hoofd op en gebruikte de hele ervaring om de buitengewoon succesvolle tv-comedyserie *Fawlty Towers* te schrijven.

Zo gebruikte ook John Sullivan voor *Only Fools And Horses* voor zijn verhaallijnen allerlei dingen die echt gebeurd waren. Een van de grappigste scènes kwam voor in een aflevering uit de tweede serie, 'A Touch of Glass' – de scène met de kroonluchter. Die scène was gebaseerd op een verhaal dat zijn vader hem had verteld over de tijd dat hij in de jaren dertig van de vorige eeuw als loodgieter werkte. Sullivans vader maakte deel uit van een stel werklui die in een landhuis een nieuw verwarmingssysteem moesten aanleggen. Om dat te kunnen doen moesten ze enkele kroonluchters verplaatsen. Terwijl een paar mannen onder een van die kroonluchters klaarstonden om die in een laken op te vangen, maakte een van hen een andere kroonluchter los, die met donderend geraas op de grond viel en in duizend stukjes brak. Toen Sullivans vader dit aan zijn zoon vertelde, was het nog een verhaal waar een akelig kantje aan zat, want een paar van de mannen die daar aan het werk waren werden op staande voet ontslagen. Maar Sullivan zag er meteen de grappige kant van en schreef een hele aflevering rond dat ene voorval.

Toen de politie in Manhattan een auto van de weg haalde met achter het stuur een jonge man met een wild afro-kapsel, hadden ze niet door dat de man in kwestie Malcolm Gladwell was, de schrijver van de bestseller *The Tipping Point* en later *Blink!* De politie was op zoek naar een aanrander en volgens hen voldeed Gladwell aan de beschrijving. Ze ondervroegen hem zo'n twintig minuten en moesten hem uiteindelijk onverrichterzake laten gaan. Toen ze de feitelijke beschrijving van de aanrander bekeken, bleek dat de man die ze zochten veel langer, breder en ongeveer vijftien jaar jonger was dan Gladwell. 'Het enige wat we gemeen hadden', zei Gladwell 'was die grote krullebol.' Het was gewoon zo'n aanhouding in het wilde weg, die de verhouding tussen de politie en de burger extra onder druk zet. Gladwell liet zich echter niet op stang jagen. Hij dacht na en vroeg zich af hoe het kon dat de politieagenten hem voor de eigenlijke aanrander hadden aangezien terwijl er uit de beschrijving bleek dat er zoveel overduidelijke verschillen waren tussen hem en de man naar wie ze op zoek waren.

Hij dacht na over de vreemde macht van de eerste indruk en dat bracht hem ertoe dit nader te onderzoeken en het boek *Blink!* te schrijven. In de dankbetuiging van zijn boek zijn de eerste mensen die Gladwell bedankt – zij het met een ironische ondertoon – de politiemensen die hem in zijn auto aanhielden en hem bijna een halfuur aan de praat hielden, omdat dat incident hem aan het denken had gezet en hem er uiteindelijk toe had gebracht zijn nieuwe boek te schrijven. Gladwell erkent dat het, als hij die dag niet van de weg was gehaald, heel onwaarschijnlijk is dat hij dat boek ooit zou hebben geschreven.

Op zoek naar de pluspunten

Maeve Binchy is een auteur van bestsellers, waaronder *Circle of Friends*, waarnaar een film is gemaakt. In 2002 kreeg ze een hartaanval, waardoor ze tien dagen lang in het ziekenhuis aan haar bed was gekluisterd. Sindsdien moet ze medicijnen gebruiken. In een interview met de *Daily Mail* zei ze: 'Als je me vóór dit gebeurde zou hebben gevraagd hoe het leven er na zoiets uitziet, had ik waarschijnlijk tegen je gezegd dat het uit de aard der zaak een verschrikkelijke ervaring was die je in alle opzichten beperkingen oplegt.' Maar ze zei in feite dat haar leven sinds de ziekte was vastgesteld een heel andere wending had genomen.

Maeve verdiepte zich in haar situatie, de medische behandelingen en de dieetvoorschriften. Ze gebruikte geen zout meer, werd heel spaarzaam met het gebruik van boter en dronk nog maar weinig alcohol. Maar ze is ook een groot voorstander van een positieve levenshouding, en dat was volgens haar 'de sleutel'. Maeve is nu naar eigen zeggen, ondanks alles wat ze heeft moeten inleveren, gelukkiger dan ze ooit geweest is. En voor haar laatste roman, *Heart and Soul*, vormden de gesprekken die ze in de wachtkamers van ziekenhuizen opving de inspiratiebron. Interessant genoeg is Maeve Binchy ook een optimist. Ze houdt er een uitermate positieve kijk op het leven op na. 'Ik heb geen zin om een aan banden gelegd, zenuwslopend leven te leiden', zegt ze. 'Als je elke morgen wakker wordt en meteen aan je klachten gaat denken, wat voor soort dag heb je dan voor de boeg?'

Het geheim van herkaderen lijkt op de gewoonte van ondernemers om bewust op zoek te gaan naar kansen. Alleen kijk je, wanneer je een situatie in een ander kader zet, meer naar de pluspunten dan naar de kansen. De enige belangrijke vraag die positief ingestelde herkaderaars zich stellen wanneer ze met een problematische situatie te maken krijgen is: 'Wat is hier goed aan?' of 'Wat zou hier goed aan kunnen zijn?' Door die vragen te stellen zien ze het geheel in een ander licht, wat tot gevolg heeft dat ze meestal ook met andere uitkomsten te maken krijgen. Zoeken naar pluspunten in stressvolle situaties is, zoals te verwachten valt, een eigenschap die optimisten met elkaar gemeen hebben. Onderzoek heeft aangetoond dat mensen die actief op zoek gaan naar pluspunten als bij hen een ernstige ziekte als kanker wordt geconstateerd, het meestal beter doen, dat ze minder te kampen hebben met een gevoel van wanhoop en een betere kwaliteit van leven ervaren. Interessant genoeg hoeft dat niet gaandeweg te gebeuren. In veel gevallen kijken mensen bij een trauma meteen naar de pluspunten, want hoe eerder je daarnaar op zoek gaat, des te eerder vind je ze.

Het herkaderen van overbodigheid

Toen ITV en Granada in oktober 2003 toestemming kregen voor hun voorgenomen fusie, wisten de werknemers van beide bedrijven dat er gedwongen ontslagen zouden vallen. Een van de stafleden, Gemma Stone, maakte zich ernstige zorgen toen die geruchten de ronde begonnen te doen. 'Ik had een kind van nog geen twee', zegt ze, 'en ik was zwanger van de tweede. Ik kon niet anders dan me afvragen: "Wie gaat mij nu werk geven?"'

Maar Gemma is iemand die zich niet gemakkelijk uit het veld laat slaan. 'Ik zette de dingen op een rijtje', zegt ze, 'en besefte dat er in het ongeluk dat me overkwam ook een kans zat.' Dit was haar kans om haar droom te verwezenlijken: het opzetten van haar eigen evenementenbureau. 'Toen ik met mijn bedrijf begon, herinnerde mijn vroegere baas bij LWT (London Weekend Television) me aan iets dat ik bij mijn eerste sollicitatiegesprek gezegd had', herinnert ze zich. 'Toen me destijds gevraagd werd waar ik over vijf jaar wilde zijn, had ik gezegd dat ik aan het hoofd van mijn eigen evenementenbureau wilde staan.'

'Om eerlijk te zijn', zegt Gemma, 'ik zei dat bij die sollicitatie zomaar voor de vuist weg. Ik had er niet echt over nagedacht. Maar het was kennelijk ergens in mijn onderbewuste blijven hangen.'

Gemma zette in 2004 haar eigen evenementenbureau, Rock and Ruby Event Management, op en wist een aantal grote klanten binnen te halen, waaronder Tesco, Ikea en Granada. Een nieuw bedrijf vanaf de grond opbouwen is geen sinecure, maar het lukte Gemma wel. Nu geniet ze van de positieve aspecten, zoals dat ze van huis uit kan werken en de vrijheid heeft om quality time met haar gezin door te brengen in plaats van zich te moeten houden aan een strak werkschema van negen tot vijf.

Als Gemma terugkijkt op de tijd dat ze haar baan verloor, twijfelt ze er geen moment aan dat er sprake was van een geweldige keerzijde. Ze zegt nu: 'Al met al was het een zegen. De ervaring die ik heb opgedaan met het leiden van het agentschap zou me jaren hebben gekost wanneer ik voor één werkgever had gewerkt. Het was met name de enorme afwisseling en het werken met zoveel verschillende mensen dat mij zoveel plezier gaf. Dat was echt geweldig.'

Met de huidige recessie in het Verenigd Koninkrijk werd de evenmentenwereld als een van de eerste getroffen, waarschijnlijk omdat happenings vaak worden gezien als een luxeverschijnsel en niet als een dagelijkse noodzaak. Gemma ziet de toekomst echter met optimisme tegemoet. Wat er ook gebeurt, zij kijkt altijd naar de kansen en vertrouwt erop dat ze altijd in staat zal zijn iets negatiefs om te zetten in iets positiefs. Om haar bedrijf veilig te stellen voor de aangekondigde recessie, lanceerde ze in de zomer van 2008 als een nieuwe, alternatieve bron van inkomsten de afdeling kinderfeestjes. Die nieuwe poot van haar bedrijf nam, naar ze zelf zegt, een ongekend hoge vlucht.

'Ik ben een optimist', zegt Gemma, 'maar ik ben ook een "doener". Ik krijg het heen en weer van mensen die klagen over hun lot maar daar niks aan doen. Ik geloof echt dat je je eigen lot kunt bepalen en met een bepaald doel voor ogen echt kunt bereiken wat je voor ogen staat.'

Mensen die succes hebben zijn er altijd op uit negatieve situaties in een nieuw kader te zetten. Ze stellen positieve vragen waardoor ze in hun kracht komen te staan en die op de toekomst zijn gericht. En het zijn die vragen die wijzen op de kansen die in het probleem schuilgaan. Herkaderen is iets betrekkelijk eenvoudigs. Je bereikt het door een negatieve opmerking als 'Mijn baan kwijtraken is een regelrechte ramp' te nemen en die om te zetten in een positieve opmerking als 'Dit is een kans bij uitstek om te herzien wat ik echt met mijn leven wil doen.'

Er is een prachtig verhaal over een jongetje dat ervan droomde honkballer te worden. Hij ging met zijn honkbalknuppel en zijn bal de tuin in om honkbal te spelen. 'De final inning', riep hij hardop bij zichzelf. 'Het thuisteam staat twee runs achter maar het uitteam is aan slag en de mensen staan op hun honk. Slaat de slagman een homerun en wint hij daarmee de wedstrijd?' De jongen werpt de bal, zwaait er zo hard als hij kan naar met de knuppel, maar mist. 'Slag één', roept hij. 'De slagman heeft nog twee kansen om de wedstrijd te winnen.' Weer gooit hij de bal op, zwaait en mist. 'Slag twee', roept hij. 'Nu alle ogen op hem gericht zijn zal hij bij zijn derde poging zeker een homerun slaan.' Voor de laatste keer gooit de jongen de bal op, zwaait zijn honkbalknuppel en mist voor de derde keer. Dit keer slaat hij zo hard dat hij er zelf door op de grond valt. Hij staat op, slaat het stof van zich af, pakt de bal op en zegt: 'Jemig, wat een ongelooflijke pitcher!'

De presidentsverkiezing van 2008 in de Verenigde Staten ging tussen John McCain, een tweeënzeventig jaar oude republikein, en Barack Obama, een jonge, zwarte Amerikaan, die de democraten vertegenwoordigde. Hun leeftijd was iets dat door beide kampen in hun campagne werd gebruikt. Volgens het republikeinse kamp was Obama te jong en te onervaren. Ze voerden aan dat McCain de ervaring en de wijsheid bezat die nodig waren om de belangrijkste natie ter wereld te regeren. Daarentegen zetten de democraten de leeftijd van de kandidaten in een ander kader. Zij wezen erop dat statistisch gezien de kans groot was dat McCain vóór het eind van zijn ambtstermijn zou overlijden. Obama mocht dan jong zijn en relatief weinig ervaring hebben, wat hij meehad, waren zijn jeugd, energie en enthousiasme. Het feit dat Obama vrij weinig ervaring had met regeren betekende volgens hen juist dat hij bij uitstek geschikt was om de veranderingen in gang te zetten waaraan zo dringend behoefte was. Welk kader was waar? Allebei. Het hangt er maar vanaf van welk kader je uit wilt gaan.

De pijnlijke lessen van een professor

De explosie kwam plotseling en zonder voorafgaande waarschuwing. Een verblindend wit licht, gevolgd door een vlammenzee en toen rook. Dan Ariely zat vast in een vertrek dat razendsnel veranderde in een oven. Hij was nog maar achttien jaar oud en hij stond in de fik.

Hij was omgeven door vuur en realiseerde zich dat hij daar alleen aan kon ontsnappen door dwars door de vlammen te lopen. Er riep iemand van buiten de kamer en die stem leidde hem naar de brandtrap. Hij rende dwars door de vlammen naar de uitgang. Toen hij bij de deur was, hadden zijn kleren vlam gevat. Hij trok zijn schoenen, zijn T-shirt en zijn broek uit en stond daar in geschroeide sokken en ondergoed. Toen hij naar beneden keek, zag hij voor het eerst de verwondingen die hij had opgelopen: zijn rechterhand was volledig zwart geblakerd, bij zijn linkerarm hingen de vellen erbij en die hele arm was spierwit geworden. De stenen vloer lag bezaaid met de as die afkomstig was van zijn huid. Toen werd hij overvallen door een ondraaglijke pijn. Het enige wat hij kon doen was bewegingloos op de grond blijven liggen, met zijn aandacht gericht op zijn ademhaling, in afwachting van hulp.

Vele maanden later stond Dan Ariely voor het eerst sinds zijn ongeluk voor een manshoge spiegel. Zijn benen zaten in het verband, zijn rug was kromgetrokken en zijn armen, die ook in het verband zaten, hingen slap langs zijn zij. ‘Mijn verwrongen lichaam zag er vreemd uit en had niets te maken met wat ik voelde en wist dat ik was’, zegt hij. ‘Het ergste was mijn gezicht. De hele rechterkant was één grote open wond met gele en rode stukjes weefsel en huid, die erbij hingen. Het zag eruit alsof mijn gezicht bestond uit kleurige was die bezig was te smelten. Mijn ogen waren strak naar één kant getrokken. De rechterkant van mijn mond en mijn neus waren, net als mijn rechteroor, verkoold en verwrongen.’

Zeventig procent van zijn lichaam had bij het ongeluk derdegraads verbrandingen opgelopen en de genezing zou drie lange jaren van ziekenhuisopnamen en behandelingen vergen en ondraaglijke lichamelijke pijn en emotionele angst. Ariely beschrijft de behandelingen die hij moest ondergaan en staat stil bij zijn ongeluk en hoe dat zijn leven beïnvloedde in een heel ontroerend, persoonlijk essay, *Painful Lessons*. Ariely kreeg drie jaar lang – met uitzondering van de dagen dat hij geopereerd werd – een 'badbehandeling'. Men liet hem in een paarskleurig ontsmettingsmiddel zakken en zodra het verband helemaal doorweekt was, begonnen de verpleegsters het eraf te halen. Ze haalden de windsels een voor een weg tot ze allemaal waren verwijderd. Dat kostte hun meestal een vol uur. 'Het was', zo zegt Ariely, 'een dagelijks weerkerende hel.' Als de verpleegsters klaar waren, tilden ze hem uit het bad, brachten een laag Siverol-zalf aan op zijn lichaam en zwachtelden hem opnieuw in. Hij kreeg ook fysiotherapie en andere behandelingen, maar elke dag gedurende die drie jaar in het ziekenhuis zat in zijn achterhoofd de angst voor het volgende 'bad'.

In de inleiding van zijn boek *Predictably Irrational*, een bestseller, gaat Dan in op het feit dat hij na zijn ongeluk anders naar het leven en met name naar het gedrag van mensen ging kijken. Dat bracht hem ertoe een weg te bewandelen die hij vóór het ongeluk misschien niet zou zijn ingeslagen. Nadat hij uit het ziekenhuis was ontslagen, behaalde hij een graad in de cognitieve psychologie aan de universiteit van Tel Aviv en daarna zijn Master en zijn PhD aan de universiteit van North-Carolina in Chapel Hill. Vervolgens behaalde hij zijn doctoraal bedrijfskunde aan de Duke-universiteit, waar hij thans de James B. Duke-professor in de gedragseconomie is.

Thans is Dan wereldwijd een vooraanstaand iemand op het gebied van de gedragseconomie, die de menselijke, sociale, cognitieve en emotionele factoren bestudeert die van invloed zijn op economische beslissingen en hoe die op hun beurt het prijsmechanisme, de winst op investeringen en de allocatie van consumptie- en productiemiddelen, de goederenmarkt dus, beïnvloeden. Hij is echter het meest gefascineerd door het observeren en meten van hoe en waarom we in ons leven de beslissingen nemen die we nemen. Hij heeft aangetoond dat onze beslissingen vaak volslagen irrationeel maar tegelijkertijd ongelooflijk voorspelbaar zijn. Hij heeft enkele boeiende inzichten blootgelegd over de dingen die ons bij het nemen van beslissingen beïnvloeden en hoe dat invloed heeft op ons leven in het algemeen.

Toen ik met Dan Ariely sprak, maakte hij op mij de indruk van een warme, genereuze man, die het heerlijk vond om zijn gedachten en ervaringen te delen. Hij heeft enkele interessante persoonlijke en professionele dingen ontdekt, die aansluiten bij het idee van de keerzijde. 'Het lijdt geen twijfel', zegt hij 'dat we door grote veranderingen die in ons leven optreden als mens veranderen. Het brengt een verandering teweeg in de manier waarop we tegen de dingen aankijken en in wat we belangrijk vinden.' Hij erkent dat er in zijn eigen leven fundamentele, ingrijpende, blijvende positieve veranderingen hebben plaatsgevonden, die hij kan herleiden tot zijn ongeval, waaronder 'veranderingen in mijn persoonlijkheid, de manier waarop ik mezelf én anderen zie, mijn motivatie, mijn interesses en mijn reactie op lichamelijke pijn'.

Hij zegt verder dat de ervaring hem 'een meer ontspannen kijk op het leven heeft gegeven. Ik weet hoe vreselijk het leven kan zijn en daardoor kan ik de kleine dagelijkse problemen waar ik tegen aanloop zien als minder belangrijk, zo niet betekenisloos.' Hij schrijft een groot deel van zijn motivatie om een academische loopbaan te gaan volgen toe aan de andere manier waarop hij na het ongeval tegen de wereld aan ging kijken. 'Het was een sterke, pijnlijke ervaring die eindeloos leek te duren', zegt hij, 'maar die heeft me ook een van de "rode draden" in handen gegeven voor de manier waarop ik mezelf en anderen zie en was eveneens de aanzet tot veel van de onderzoeken die ik heb gedaan.'

Ik aarzel om de term 'brandwondenslachtoffer' te gebruiken als ik het over Dan Ariely heb. Hij ziet zichzelf beslist niet als een 'slachtoffer'. Hij staat zowel filosofisch als pragmatisch tegenover zijn ervaringen. 'Al met al probeer ik naar mijn littekens te kijken als een van de vele ervaringen die ik in mijn leven opdoe', zegt hij.

Zou hij dezelfde mens zijn geweest die hij nu is, zou hij wat hij tot nu toe in zijn leven heeft bereikt ook hebben bereikt als die magnesiumvlam er zoveel jaren geleden niet was geweest en zulke verschrikkelijke brandwonden had veroorzaakt? Natuurlijk niet. 'Het zijn immers', naar Ariely zegt, 'de grote gebeurtenissen waardoor we veranderen.' Hij weet niet zeker of zijn leven beter zou zijn geweest dan wanneer hem dit niet was overkomen. De drie jaar van helse pijnen waren, volgens hem, gewoon 'te erg'. Hij moet echter wel toegeven dat er ook voordelen waren en dat er sprake was van positieve veranderingen. Het had beslist een keerzijde. Hij heeft nu een heel knappe vrouw, staat op het hoogtepunt van zijn beroep en schrijft ook nog bestsellers.

Zelfs nadat hij gedurende drie jaar elke dag ondraaglijke pijnen had moeten lijden, elke dag had moeten leven met pijn en een beperkte beweeglijkheid, en zelfs nadat hij had moeten leven met de maatschappelijke en emotionele druk waarmee iemand met ernstige brandwonden wordt opgezadeld, ontdekte Ariely dat er 'een paar pluspunten' zijn. 'Als ik erop terugkijk', zegt hij, 'is het ongelooflijk om te zien wat een positieve wending mijn leven sindsdien heeft genomen. Ik denk dat het beter is uitgevallen dan de mensen om me heen verwacht hadden, en zonder meer beter dan ik zelf had verwacht.'

Met welke tegenslagen en veranderingen we ook te maken krijgen – of dat nu een probleem is met onze gezondheid, een financiële tegenslag of een ernstige handicap – de getuigenissen van Jodi Pliszka, Gemma Stone en Dan Ariely laten een wezenlijk aspect van de keerzijde zien: wanneer we leren vragen te stellen waardoor we in onze kracht komen te staan en het ons lukt de situatie in een nieuw kader en daarmee in een positief licht te zetten, komen we vaak tot de ontdekking dat de dingen beter uitpakken dan we hadden kunnen voorzien.

11

Verloren dromen en nieuwe richtingen: Op weg naar de toekomst

De toekomst behoort hun toe die geloven in de schoonheid van hun dromen.

ELEANOR ROOSEVELT

De film werd aangekondigd als 'het verhaal van de man die alles had, maar nog iets vond'. In *Regarding Henry* speelt Harrison Ford Henry Turner, een succesvolle, invloedrijke, doortastende advocaat die, nadat hij in zijn hoofd en borst is geschoten, kampt met hersenletsel. Hij kan niet goed meer praten, is niet meer zo mobiel en lijdt aan ernstig geheugenverlies. Nu zijn herinnering grotendeels is verdwenen, moet Henry zijn leven weer van de grond af aan opbouwen. Dit houdt in dat hij alles opnieuw moet leren – van lopen en zijn schoenveters strikken tot lezen en schrijven. De film kent een buitengewoon aangrijpende scène, waarin Henry's fysiotherapeut, gespeeld door Bill Nunn, Henry komt opzoeken in zijn huis in Manhattan. Henry's fysiotherapie was weken daarvoor al afgelopen, maar het is de therapeut – hij is Henry's vriend en vertrouweling geworden – ter ore gekomen dat Henry zich gedeprimeerd voelt over het leven dat hij is kwijtgeraakt.

In deze scène haalt Henry een biertje voor zijn vriend, en de twee mannen gaan in de keuken zitten praten. De therapeut vertelt Henry dat hij vroeger als prof heeft gespeeld in een rugbyteam en beschrijft wat er in zijn laatste wedstrijd gebeurde. De bal kwam zijn kant uit voor een touchdown en precies op dat moment werd hij door twee man getackeld. Op hetzelfde moment hoorde en voelde hij iets in zijn knie 'knappen'. Het drong meteen tot hem door dat dit het einde van zijn rugbycarrière betekende. 'Mijn leven was voorbij, dit was het dan', zegt hij tegen Henry. 'Maar vraag me nu eens of ik het erg vind dat ik slechte knieën heb.' Henry haalt zijn schouders op en herhaalt de vraag: 'Oké, dus jij vindt het niet erg dat je ...', waarop de therapeut hem onderbreekt. 'Nee, dat vind ik niet erg, Henry. Helemaal niet. Ga maar na. Jij loopt weer. Jij praat weer. We zitten hier samen een uitstekend, duur biertje te drinken. En daar heb ik iets aan bijgedragen. Dus, nee, ik vind het niet erg dat ik slechte knieën heb.'

In die ene scène wordt de hele boodschap van de film opgesomd. Zelfs wanneer dromen teloorgaan, kan er altijd nog sprake zijn van een keerzijde, een andere kant, en die komt vaak in de vorm van andere, nieuwe dromen die veel belangrijker zijn. Wie mocht denken dat de verhaallijn en het thema die in *Regarding Henry* centraal staan uniek zijn voor het script van Jeffrey Jacob, 'J.J', Abrams, hoeft alleen maar Trisha Meili's boek *I am the Central Park Jogger*, dat in deel I ter sprake kwam, te lezen om te zien dat de boodschap die de film brengt slechts een weerklank is van wat er allemaal mogelijk is bij nog veel ergere tragedies in het echte leven.

Dat Julio Iglesias zijn droom om profvoetballer te worden in rook zag opgaan maar uiteindelijk een beroemde popster werd, is slechts een van de vele voorbeelden die aantonen hoe dromen die teloorgaan kunnen worden vervangen door nieuwe, nog veel grotere dromen. In het geval van Iglesias zou niemand het hem kwalijk hebben genomen als hij na dat ongeluk verbitterd en haatdragend was geworden en in een depressie was beland. Hij had kunnen blijven stilstaan bij het feit dat het leven hem een loer had gedraaid en hem zijn jongensdroom had ontnomen. Maar Julio Iglesias sloeg een andere weg in. Hij koos ervoor om vooruit te kijken en stippelde een specifieke koers uit, die uiteindelijk leidde tot zijn succes als liedjesschrijver en zanger.

Zelfs al ging de jongensdroom van Julio Iglesias aan diggelen, het lukte hem de keerzijde te vinden en hij bereikte net als Harland Sanders dingen die hij nooit voor mogelijk had gehouden en die ook niet gebeurd zouden zijn als zijn oorspronkelijke droom hem niet was ontnomen. In feite zijn veel mensen van alle rangen en standen die echt iets in het leven hebben bereikt, mensen die hun dromen teloor zagen gaan maar nieuwe dromen gingen najagen.

De muziek gaat door

Je bent nooit te oud om een ander doel te stellen of een nieuwe droom te dromen.
C.S. Lewis

Elaine Rinaldi was in elk opzicht een soort wonderkind. Toen ze zeven was, pingelde ze in de woonkamer van haar ouders in Westchester al melodieën van Chopin op een Japanse Kawai Baby Grand piano. Hoe jong ze ook was, Elaine oefende elke dag drie tot vier uur en het kwam dus voor wie haar kenden niet als een verrassing dat ze plaatselijke en landelijke concoursen won. Elaine's pianolerares, Rosalina Sackstein, beschreef Elaine als 'een van de begaafdste leerlingen die ik ooit gehad heb', en zij verklaarde dit nader door te zeggen dat ze alleen werkte met 'mensen die de aanleg, de intelligentie en de juiste instelling hebben'.

Toen Elaine zestien was, maakte ze haar professionele debuut als concertpianiste met het Fort Lauderdale kamerorkest. Ze kreeg in

1985 een Silver Knight award voor muziek. Haar naaste familie, haar grootouders, ooms en tantes, neefjes en nichtjes en haar vrienden zaten bij die gelegenheid in de zaal. Leo, haar vader, denkt daar met trots aan terug. 'Je denkt: "Er zijn daar zoveel begaafde kinderen", maar zij won!'

Elaine ging naar het Eastern Musical Festival, een van Amerika's meest prestigieuze centra voor veelbelovende musici. Ze kreeg later een volledige studiebeurs om te gaan studeren aan de Frost School of Music van de universiteit van Miami, waar ze haar studie voortzette met Sackstein, de voormalige lerares uit haar jeugd, vóór ze aan het Mannes College of Music in New York City haar mastergraad haalde.

Elaine Rinaldi heeft werkelijk haar hele leven keihard gewerkt en grote offers gebracht om haar droom te kunnen verwezenlijken: een gerespecteerd concertpianiste worden. Toen Elaine haar mastergraad had gehaald, had ze eindelijk haar droom verwezenlijkt, maar lang duurde die niet. Binnen een jaar na haar afstuderen werd ze aangereden door een auto terwijl ze door de straten van New York fietste. Aan de droom die ze had gekoesterd en waarvoor ze haar hele leven keihard had gewerkt, kwam abrupt een einde.

Het ongeluk maakte Elaine kapot – fysiek, mentaal en beroepsmatig. Door de verwondingen aan haar bovenlichaam kon ze niet langer op professioneel niveau pianospelen. Dat ze vanaf haar kinderjaren al die uren – vaak wel acht uur per dag – had geoefend, was allemaal voor niets geweest. Althans, zo leek het op dat moment.

Het kostte Elaine een jaar om van haar verwondingen te herstellen, maar toen ze eindelijk weer op de fiets kon klimmen, werd ze opnieuw aangereden. Dit keer door een rolschaatser. Sackstein, die haar haar hele leven begeleid had, zei over Elaine: 'Ze had het helemaal in zich om concertpianiste te worden, het hele vermogen, het hele talent. Maar helaas gebeurt er dan soms iets.'

Maar dat is niet het eind van het verhaal over Elaine. Ze bleef in New York en in de muziek, alleen vond ze een nieuwe roeping – dirigeren – en het duurde niet lang of ze blonk ook daarin uit. Elaine kreeg een aanstelling als vaste assistent-orkestdirigent en koordirigent bij de Florida Grand Opera, de thuisbasis van het Florida Philharmonic. Ze zegt dat ze 'waar dan ook een baan zou hebben aangenomen', maar dit was de stad waar ze was geboren en ze zag dit als 'de ultieme vorm van thuiskomen'.

In 2000 keerde Elaine terug naar New York als freelance dirigent bij de DiCapo Opera en in datzelfde jaar ging ze terug naar Zuid-Florida om te gaan werken in Key West bij het Island Opera Theatre. Daar werd ze herenigd met veel van haar oude vrienden uit het Florida Philharmonic die, zo moest ze tot haar verdriet vaststellen, door gebrek aan fondsen uit elkaar gedreven waren.

Sommige musici opperden dat Elaine een nieuw orkest in het leven moest roepen. Zij was daarvoor de aangewezen persoon. Ze kon niet alleen het orkest leiden, ze had ook de contacten die dat mogelijk konden maken. 'We hebben hier in Zuid-Florida uitstekende musici', zei ze, 'en als we die samenbrengen, hebben we een uitmuntend orkest.'

In 2006 werd het Orchestra Miami officieel opgericht. Het uit veertig man bestaande orkest trad op in het Miami Dade County Auditorium – dezelfde plek waar Elaine destijds haar Silver Knight award in ontvangst had mogen nemen. 'Het valt voor mij allemaal op z'n plek', zei ze.

Elaine Rinaldi raakte haar droom kwijt, maar streefde een andere en in vele opzichten veel grotere droom na, die ook werkelijk in vervulling ging. 'Dat zij aan het hoofd van een orkest staat, overtreft mijn stoutste verwachtingen', zei Sackstein. 'Geweldig. Ik ben zo blij voor haar.'

De toekomst in het leven roepen

Ik houd de blik gericht op de toekomst, want daar breng ik de rest van mijn leven door.
George Burns

Wat uit deze verhalen blijkt is dat er misschien wel een kern van waarheid schuilt in de opvatting dat wanneer de ene deur zich sluit, de andere deur zich opent. Wanneer je dromen teloorgaan, wanneer datgene waarvoor je je hele leven keihard hebt geknokt, je wordt afgenomen, kun je verbitterd en rancuneus worden, je kunt vloeken, tieren en klagen hoe oneerlijk het allemaal is, of je kunt vooruitkijken en op zoek gaan naar een nieuwe droom. Doe je het laatste, dan vind je in werkelijkheid heel vaak een andere droom die nog groter en zinvoller is. Af en toe steken echter oude dromen de kop op, dromen die je lang geleden hebt opgegeven, maar die nog steeds in je liggen te sluimeren en er enkel op wachten om weer wakker gekust te worden.

Kim Williams was de vierde van acht kinderen van een gezin dat dol was op muziek. Hij kon op zijn zevende gitaar spelen en schreef op zijn tiende al zijn eigen liedjes. Hij speelde als tiener in een aantal cover bands en reisde door het hele Midden-Westen van Amerika. Hij keerde uiteindelijk terug naar East Tennessee, werd verliefd, stichtte een gezin en besloot zijn verantwoordelijkheid op zich te nemen en een echte baan te zoeken. Na een aantal baantjes in de bouw nam hij een baan aan als elektricien in een plaatselijke glasfabriek. Het lukte hem elke ambitie in de richting van een loopbaan in de muziek van zich af te zetten en hij wijdde zijn leven aan het grootbrengen van een gezin. Het leven was voor Kim en zijn gezin weliswaar een routine, maar ze zaten er ook comfortabel bij, tot op een dag in 1974 een ongeluk in de fabriek de loop van zijn leven drastisch veranderde.

Kim werd ingesloten door een verschrikkelijke brand in de fabriek. Hij liep zulke vreselijke brandwonden op, dat hij de volgende tien jaar meer dan tweehonderd operaties plastische en reconstruerende chirurgie moest ondergaan. De behandeling vond grotendeels plaats in het Universitair Medisch Centrum Vanderbilt in Nashville en daar kwam hij details aan de weet over een cursus liedjes schrijven, die werd gegeven op de campus van de universiteit van Tennessee. Hij tekende daarop in en kwam erachter dat die cursus zijn liefde voor muziek en het schrijven van liedjes deed herleven. Ook al was hij op dat moment bezig een graad in de psychologie te behalen, Kim besloot dat wat hij werkelijk wilde, was songwriter worden, liedjes schrijven.

Hij reisde de volgende vijf jaar met de regelmaat van de klok heen en weer tussen East Tennessee en Nashville, waar hij de kunst leerde van het schrijven van songs en die hij ook af en toe ten gehore kon brengen. Uiteindelijk kreeg hij in 1988 een contract bij Tree International, het latere bedrijf Sony/ATV Music Publishing. In de eerste paar maanden nam Joe Diffey, een country- en westernzanger, een lied op dat Kim Williams samen met anderen had geschreven en dat 'If The Devil Danced in Empty Pockets' heette. Het werd een grote hit en lanceerde Williams in die wereld als een erkend talent in het schrijven van songs. Williams werkte toen al samen met Garth Brooks, een jonge country- en westernzanger. De twee werden bevriend en gingen een samenwerkingsverband aan als schrijvers, dat tientallen jaren stand zou houden. Sindsdien heeft Kim een lange reeks hits gemaakt met enkele van de leidende sterren in de country- en westernscene, waarvan de meest gedenkwaardige 'Three Wooden Crosses' is, dat hij schreef samen met Doug Johnson en dat in 2003 door Randy Travis werd opgenomen. Dat lied werd op de Country Music Awards 2003 uitgeroepen tot Lied van het Jaar en kreeg dezelfde prijs van de Nashville Songwriters Association.

Volgens Doug Johnson is Kim Williams 'de meest positieve, meest bruisende persoon' die hij kent. 'Ik zou willen dat iedereen de kans kreeg bij hem in de buurt te zijn', zegt Johnson. 'Hij is een geweldige bron van inspiratie.' Als Kim Williams terugkijkt op de tijd dat hem dat ongeluk overkwam, deed dat volgens hem zijn inspiratie om songwriter te worden herleven. 'Ik weet niet of ik ooit weer in de muziek zou zijn beland als ik dat ongeluk niet had gehad', zei hij in een interview. 'Misschien was het God die zei: "Ik moet hem een geweldige opdonder geven om hem daar te krijgen waar hij wezen moet."'

Een van de grootste keerzijden van een trauma is dat het ons dwingt onszelf doelen te stellen. Mensen drijven maar al te vaak doelloos en stuurloos door het leven en hebben er geen flauw idee van wat ze echt willen. Soms, zoals in het verhaal van Simon en Helen Pattison in deel I, weten mensen instinctief dat er in hun leven iets ontbreekt en gaan ze actief op zoek naar een doel. Simon en Helen waren jonge advocaten, die elke dag als forens naar de City van Londen reisden, tot ze erachter kwamen dat ze iets moesten vinden waar voor hen inspiratie van uitging. Veel mensen hebben een tegenslag of een trauma nodig voor ze dat inzien, en soms is het het trauma zelf dat mensen een doel geeft.

Heb je eenmaal een doel voor ogen, dan ben je al half op weg om het te bereiken. In 1996 hoorde ik Roger Crawford een lezing geven. Hij spreekt heel langzaam en weloverwogen en met groot gevoel voor humor. Zijn gehoor hangt aan zijn lippen, niet alleen omdat Roger heel zwaar invalide is, maar ook omdat hij grote wijsheid te delen heeft. Wanneer hij spreekt, gaat zijn publiek geïnspireerd naar huis.

Roger werd geboren met een aangeboren gebrek dat bekendstaat als ectrodactylie. Hij had twee vingers aan zijn linkerhand en maar één vinger aan zijn rechterhand. Aan zijn rechtervoet ontbraken twee tenen en zijn linkerbeen moest worden geamputeerd. Maar Roger werd desondanks coach bij de United States Professional Tennis Association. Hij heeft een B.A. van de Loyola-Marymount-University in Los Angeles, was de eerste ernstige invalide die in de National Collegiate Athletic Association speelde en werd een zeer veel gevraagd, inspirerend spreker. Waarschijnlijk is de belangrijkste boodschap van Roger Crawford het belang van het hebben van een specifiek, persoonlijk doel. 'Ieder mens kan ongelooflijke dingen doen', zegt hij, 'maar daar moet je jezelf eerst wel toe zetten.'

Als je honderd mensen zou vragen of ze echt een doel in het leven hebben of wat ze het liefst zouden willen bereiken, zou 90 procent alleen maar de wens te kennen geven om gelukkig en gezond te zijn. Dit is waar Natalie du Toit, winnares van twee gouden medailles in twee Paralympics – we zullen haar in een volgend hoofdstuk weer tegenkomen – naar verwijst als 'de grote tragedie van het leven'. Een van haar kostbaarste bezittingen is een stukje proza dat haar door haar coach werd gegeven en waarnaar ze haar leven leeft:

De tragiek van het leven is niet dat je de doelen die je je gesteld hebt niet bereikt.

De tragiek van het leven is dat je helemaal geen doelen hebt die je wilt bereiken.

Een doel hebben geeft zin, betekenis en richting aan ons leven. Het is een van de redenen dat mensen die door een persoonlijke tragedie heen komen, zich daarna gelukkiger en meer vervuld voelen. Elke dag stelt hen voor nieuwe uitdagingen en brengt nieuwe doelen met zich mee, en naast die kortetermijndoelen heeft de persoon in kwestie meestal ook bepaalde langetermijndoelen.

Zonder doel zijn we als een schip dat op de open zee doelloos heen en weer zwalkt. In mei 2008 nam ik een week vrij om een Day Skipper-zeilcursus te doen. Het is waarschijnlijk het moeilijkste dat ik ooit gedaan heb. Afgezien van de eerste middag, waarop ik alleen maar kotsmisselijk over de reling hing, was het een ongelooflijke ervaring. Ik voer met twee vrienden en een instructeur via de Straat van Gibraltar naar Noord-Afrika, waar we een bezoek brachten aan de Spaanse inham van Ceuta en toen doorvoeren naar Marokko alvorens 's nachts over de Middellandse Zee terug te varen naar Sotogrande aan de Costa del Sol.

Een van de moeilijkste onderdelen van een Day Skipper-cursus is het uitzetten van de koers, omdat er zoveel dingen zijn waar je rekening mee moet houden. Afgezien van alles wat je moet weten over de boot zelf, heb je te maken met de getijden, de stromingen, de wind, de bakens – visuele punten waarmee je kunt bepalen waar je je bevindt – het weer en de weersverwachting. Maar het eerste wat je moet hebben, vóór je ook maar naar een van die andere dingen kunt kijken, is een bestemming – zonder dat heeft het geen enkele zin om de haven te verlaten. Je moet weten waar je heen wilt, anders ben je nergens. Weet je dat eenmaal, dan stippel je de route uit. Je checkt de weersverwachting, de getijden, de zeestromingen en de wind. Je zet de koers uit, waarbij je de landmerken onderweg markeert die aangeven waar je je op elk moment bevindt. En dan vaar je, vooropgesteld dat alles in orde is, uit. Ben je eenmaal op zee en mochten de omstandigheden veranderen – als de wind van richting verandert, als er een storm opsteekt of als iets de voorgenomen route in de weg staat – dan zet de schipper, die zijn bestemming kent, een nieuwe koers uit en stelt de zeilen bij. Dat kost tijd en heel veel inspanning, maar zo kan de schipper ervan op aan dat hij zijn bestemming uiteindelijk ook werkelijk bereikt.

Als het leven een reis is, hoevelen van ons hebben dan echt een bestemming voor ogen? Hoevelen van ons weten zelfs maar welke richting ze uit willen of wat de landmerken zijn? De meeste schoolverlaters hebben er geen flauw benul van wat voor soort werk ze zouden willen doen. En dat is de werkelijke tragiek van het leven. Te veel mensen gaan voor zoveel mogelijk geld verdienen en vergeten daardoor echt te leven. Soms is er een ernstige tegenslag of zelfs een tragedie voor nodig voordat we ophouden met doelloos rond te zwalken en, zoals Mike Jetter zo scherp opmerkte, bewust beginnen te leven.

911 bellen (112)

Brian Gettinger is zijn helm eeuwig dankbaar, want die redde hem bij het motorongeluk in 1993 het leven. Hij was drieëntwintig en zou drie weken later zijn eindexamen aan de Sinclair Police Academy doen toen hij zijn vaders motor aan barrels reed doordat hij na een verkeerde inschatting uit de bocht vloog. 'Het mag een wonder heten dat ik die klap overleefde', zegt hij. Hij werd tegen de vangrail gekwakt, verbrijzelde zijn ruggengraat, brak op drie plaatsen zijn rug en ook nog een paar ribben. Terwijl hij in Ohio hulpeloos en zwaar gewond aan de kant van de weg lag, was het enige wat hij kon denken: Ik word nooit politieagent.

Gettinger overleefde het ongeluk maar net. Volgens zijn artsen zou hij nooit weer kunnen lopen, maar negen dagen na het ongeluk kon hij zijn tenen al weer bewegen en na een aantal operaties en enkele maanden revalideren stond hij weer op zijn eigen benen. Hij had echter nog steeds verwondingen waardoor hij geen politieagent kon worden. Zijn linkerbeen is verlamd en hij mist een spier in zijn linkerschouder. Maar het ongeluk dat een einde maakte aan zijn droom om politieagent te worden leidde tot een nieuwe loopbaan, die in zekere zin meer betekenis voor hem had en meer voldoeninggevend was. In 1996 werd hij politiecoördinator – iemand die de telefoontjes beantwoordt die in de alarmcentrale binnenkomen. Het is een baan die hem de kans biedt mensen bij te staan op het moment dat ze dat het meest nodig hebben. De ene dag helpt hij iemand op de plek van een ongeluk in afwachting van de hulpdiensten. De volgende dag geeft hij iemand die hopeloos verdwaald is richtingaanwijzingen. Het is een baan die hem enorm veel voldoening geeft. Het is volgens Brian echt een 'ongelooflijk fijne' baan.

Volgens hoofdinspecteur Robin Schmutz op de Toledo-alarmcentrale maakt Brians ongeluk hem bij uitstek geschikt voor dit werk. 'Op een bepaalde manier begrijpt hij daardoor beter wat er door mensen heen gaat als ze in een noodsituatie zitten', zegt Schmutz. Brian had altijd motoragent willen worden, maar volgens zijn moeder heeft hij het altijd het allerbelangrijkste gevonden andere mensen te helpen. Zij is er dan ook heilig van overtuigd dat het de bedoeling was dat hij politiecoördinator werd. 'Gods wegen zijn soms ondoorgrondelijk', zegt ze. 'Misschien is dit precies de plek waar hij de meeste levens kan redden.'

Opbouwende geestkracht

Echte constructieve geestkracht zit hem in de creatieve gedachte die vormgeeft aan je bestemming. En de manier waarop je van moment tot moment tegenover de dingen staat geeft je de kracht die verandering in je leven bewerkstelligt. Ontwikkel gedachten waardoor je je kunt laten meevoeren en die elkaar bevestigen en versterken. De adeldom van je leven én je geluk hangen af van de richting waarin die gedachten gaan.
LAURENCE J. PETER (1919-1988)

Of het de Voorzienigheid was die tussenbeide kwam op de dag dat Brian Gettinger van zijn motor werd gekwakt, zullen we nooit met zekerheid weten. Misschien werd ook van bovenaf bepaald dat Julio Iglesias geen voetballer zou worden en dat het voor Elaine Rinaldi beter was dat ze geen concertpianiste werd. Heeft het Opperwezen niets beters te doen dan zich ermee te bemoeien of een jongeman zijn dagen doorbrengt als politieagent of als politiecoördinator, of dat een jongeman in Spanje de rest van zijn leven niet tegen een bal trapt maar gaat zingen?, vraag je je af. Die ongelukken kunnen natuurlijk gewoon het willekeurige gevolg zijn van het feit dat mensen in het diepe gegooid worden. Hoe het ook zij, het blijft een feit dat Brian Gettinger, net als Julio Iglesias en Elaine Rinaldi, in het ongeluk dat een eind maakte aan zijn droom een 'geschenk' vond.

We kunnen van mensen als Julio Iglesias, Elaine Rinaldi en Brian Gettinger iets leren, met name wanneer het ons tegenzit. Als mensen die de droom van hun leven in rook zagen opgaan hadden ze de hemel kunnen vervloeken of verbitterd kunnen staan tegenover wat zij alleen maar konden zien als een vreselijk ongeluk. Zij herinneren ons eraan dat soms het enige wat ervoor nodig is om de keerzijde te vinden de bereidheid is los te laten wat verloren is gegaan en vol verwachting vooruit te kijken, in de vaste overtuiging dat ons ergens in de toekomst een nieuwe, grotere, betere droom wacht die misschien nog meer zin heeft.

Hun leven legt getuigenis af van het feit dat er aan de keerzijde geen verlies is zonder winst. De boodschap die zij ons geven is een heel speciale boodschap:

Geen droom gaat teloor zonder de mogelijkheid hem te vervangen door een nieuwe droom. Die vind je niet door stil te blijven staan bij wat had kunnen zijn of bij wat volgens jou had moeten zijn. Je vindt die droom alleen door je te richten op wat is, wat je hebt en wat je zou kunnen zijn.

12

De erfenis van Edison: Levensfilosofieën

Als we werkelijk alles deden waartoe we in staat zijn, zouden we letterlijk versteld staan van onszelf.

THOMAS A. EDISON

In 1997 publiceerde *Life Magazine* een dubbel herinneringsnummer, waarin het de honderd belangrijkste mensen van het vorige millennium herdacht. Boven aan de lijst stond een man die in 1847 in de staat Ohio in de Verenigde Staten werd geboren. Hij had als kind maar drie maanden officieel op school gezeten. Zijn onderwijzer, dominee Engle, voorspelde dat hij het nooit ergens toe zou brengen, want hij was 'een warhoofd', een dagdromer. Dus nam zijn moeder hem van school en gaf hem thuis zelf les. Hij kreeg al op jonge leeftijd problemen met zijn gehoor, iets wat later zou worden toegeschreven aan roodvonk, en hij had last van steeds terugkerende middenoorontstekingen. Naarmate hij ouder werd, verergerde het probleem alleen maar en als jongvolwassene werd hij na een treinongeluk helemaal doof. Ondanks al die zware beproevingen groeide de jongen op tot een van de meest productieve uitvinders aller tijden. Zijn leven wordt algemeen gezien als het leven dat van alle mensen die de afgelopen duizend jaar op aarde hebben geleefd de meeste invloed op de toekomst van de mensheid heeft gehad. Die man was Thomas Alva Edison.

Thomas Edison had alleen al in de Verenigde Staten 1093 patenten op zijn naam staan. Er werd een groot aantal revolutionaire technische uitvindingen aan hem toegeschreven, waaronder de fonograaf, de filmcamera, de accumulatorenbatterij of accu, en natuurlijk de elektrische gloeilamp, zijn beroemdste en ongetwijfeld belangrijkste uitvinding. Edison speelde een vooraanstaande rol in de industriële revolutie, waar hij de overgang van het stoomtijdperk naar het elektronische tijdperk mogelijk maakte. Thomas Edison heeft misschien wel meer dan enig ander mens in de recente geschiedenis het aanschijn van de wereld helpen veranderen.

Ook al is Edison het meest bekend geworden door het uitvinden van de elektrische gloeilamp, door historici wordt algemeen erkend dat zijn meest opmerkelijke uitvinding eigenlijk de fonograaf is, ook bekend als de grammofoon. Edison ontwierp en bouwde het eerste toestel dat zowel geluid kon opnemen als daarna weergeven. We kunnen ons nu moeilijk meer een wereld voorstellen waarin je geen geluid kunt opnemen, maar toen Edison deze uitvinding in 1877 deed, kon hij zich er geen voorstelling van maken in welke mate zijn uitvinding invloed zou uitoefenen op alle gebieden van ons leven: van de manier waarop we zakendoen – kun je je een wereld indenken zonder voicemail, zeg maar stempost? – tot amusement en vrijetijdsbesteding – waar zouden de Beatles of de Rolling Stones zijn geweest als er geen grammofoonplaten hadden bestaan? En waar zouden de popsterren van vandaag de dag zijn als er geen cd's waren of je geen mp3's kon downloaden?

Dat zijn fonograaf het meteen de eerste keer al foutloos deed, verbaasde zijn uitvinder misschien nog wel het allermeest. Edison wist maar al te goed dat de meeste uitvindingen keer op keer aanzienlijk bijgeschaafd en verfijnd moeten worden vóór ze hun werkelijke potentieel bereiken. Wat dit apparaat met name zo buitengewoon maakte, was niet de technische doorbraak of wat het voor de wereld zou gaan betekenen, maar het feit dat het eerste toestel waarmee je geluid kon opnemen en weergeven werd uitgevonden door een man die volslagen doof was!

Edison ontwikkelde de fonograaf door op de hoorn te bijten waar het geluid uit kwam en naar de vibraties die daarvan het gevolg waren te 'luisteren' in zijn kaak. Hij beweerde in feite dat zijn beschadigde gehoor eigenlijk een pluspunt was omdat hij door gebruik te maken van zijn 'bijttechniek' de geluidskwaliteit kon opvangen die voor het menselijk oor eigenlijk niet hoorbaar was. Dat hij niet kon horen en dus zijn bijtmethode moest ontwerpen, stelde hem uiteindelijk in staat de kwaliteit van de opnamen veel verder te verfijnen en te verbeteren dan wanneer zijn gehoor normaal zou zijn geweest. Zo bezien, grenst het succes dat hij had aan het wonderbaarlijke. Maar afgezien van de uitvinding zelf, had Edison door zijn werk een waarheid aangetoond die een inspiratiebron zou vormen voor toekomstige generaties: soms blijken onze grootste gebreken ons een ongekende voorsprong te geven.

In 1988 werd een man – Ralph Teetor was zijn naam – postuum bijgeschreven in de Automotive Hall of Fame voor zijn talloze bijdragen aan de auto-industrie. Teetor was een bijzonder mens en, net als Edison, een productief uitvinder. Toen hij nog maar twaalf was, bouwden hij en zijn neefje samen al hun eerste auto, waarbij ze elk onderdeel zelf met de hand vervaardigden en zo een afgedankte automotor volledig wisten te herbouwen. Teetor studeerde in 1912 af aan de universiteit van Pennsylvania en zette daarmee de leden van de faculteit, die hadden gezegd dat het hem nooit zou lukken om af te studeren, voor aap. Hij werd vervolgens president van The Perfect Circle Corporation in Hagerstown, Indiana, een bedrijf waar met groot succes zuigerveren werden vervaardigd.

Teetor vond de motorische grasmaaimachine, een aantal sluitmechanieken en houders voor vishengels uit. Maar de uitvinding waardoor hij de meeste bekendheid kreeg, die een blijvend succes werd en waarvoor hij postuum werd geëerd, was de cruisecontrol in auto's. Ralph Teetor was een buitengewoon begaafd ingenieur en wat zijn successen nog opmerkelijker maakt, is dat hij blind was. Op zijn vijfde verloor hij zijn gezichtsvermogen bij een ongeluk in een winkel.

Teetor had het liever niet over zijn handicap en deed altijd net of er niets aan de hand was. Maar wat vooral interessant is, is dat hij, net als Edison, van dit minpunt een pluspunt wist te maken. Zo ontwierp hij een techniek waarmee de schoepenwielen van een stoomturbine die in torpedobootjagers werden gebruikt in evenwicht konden worden gehouden. Teetor had nooit zo'n schoepenwiel gezien. Hij zou het ding niet herkend hebben al was hij er op straat over gestruikeld. Maar dat hielp hem volgens hem juist op een bepaalde manier. Zijns inziens betekende het feit dat hij dat schoepenwiel niet kon zien dat hij niet werd beïnvloed en in zijn aanpak werd belemmerd door reeds bestaande ontwerpen. Ten slotte wist hij dankzij zijn verbeeldingskracht en sterk ontwikkelde tastzin een probleem op te lossen waar ingenieurs die wel konden zien jaren tegenaan hadden gehikt.

Naar verluidt kreeg Teetor het idee voor de cruisecontrol toen hij bij zijn advocaat in de auto zat en wagenziek werd. Het was duidelijk dat die man niet tegelijkertijd kon praten en rijden. Wanneer hijzelf aan het woord was, verlaagde hij onbewust zijn snelheid en als het Teetors beurt was om iets te zeggen, trok hij weer op.

Mensen die niet kunnen zien hebben over het algemeen meer last van wagenziekte. Maar doordat Teetor er gevoelig voor was, kwam hij op het idee van een geautomatiseerde snelheidscontrole in auto's. Zijn advocaat reed als iemand in de botsautootjes op de kermis en Teetor moest zijn uiterste best doen om niet over te geven, maar dit bracht hem op het idee van een geautomatiseerd systeem waarmee je tijdens het rijden constant dezelfde snelheid kunt aanhouden.

Teetor speelde tien jaar lang met het idee en werkte er tien jaar lang aan vóór hij ervan overtuigd was dat hij een betrouwbaar model had gevonden en vroeg er toen pas patent op aan. Het duurde echter nog dertien jaar vóór de eerste autofabrikant, Chrysler, eindelijk Teetors cruisecontrol in zijn nieuwe auto's inbouwde. Tegenwoordig heeft vrijwel elke auto die in de Verenigde Staten gemaakt wordt standaardcruise control. Het was verreweg Ralph Teetors meest succesvolle uitvinding. Maar weer was het zijn handicap – zijn blindheid – waardoor hij iets bereikte dat buiten het gezichtsveld viel van ingenieurs die wel konden zien. Teetor ontwikkelde een buitengewoon goede tastzin, waardoor hij voorwerpen en processen kon visualiseren. En dit speelde ongetwijfeld een belangrijke rol bij zijn fenomenale succes, namelijk dat hij in de twintigste eeuw een van de meest inventieve en productieve uitvinders op zijn vakgebied werd. Net als de biografie van Edison is die van Teetor een opmerkelijk getuigenis voor de keerzijde.

Ralph Teetor en Thomas Edison lieten de wereld een erfenis na die veel groter is dan de optelsom van hun uitvindingen. Hun persoonlijke filosofie over het leven is voor mensen nog steeds een leidraad en inspireert miljoenen over de hele wereld om hun dromen na te jagen, zelfs in het aanzicht van tegenslag en falen. Geen van beiden geloofde in invaliditeit, ze geloofden alleen dat andere mensen andere sterke en zwakke punten hadden. Het geheim van hun succes ligt in hun vastberadenheid om doelgericht te werken aan hun vermogens en zich niet te richten op hun gebreken. Die houding hebben, naar we zullen zien, alle mensen die de keerzijde hebben gevonden met elkaar gemeen.

Edisons inzicht in tegenslag en falen blijkt misschien wel het duidelijkst uit zijn persoonlijke strategie voor succes. Edison betoogde dat fouten onze beste vrienden zijn omdat we er zoveel van kunnen leren. Waar anderen alleen tegenslag zagen, zag Edison alleen een waardevolle leerervaring. Toen hem op een keer werd gevraagd of het hem niet had ontmoedigd dat zoveel van zijn pogingen om de elektrische gloeilamp uit te vinden waren mislukt, antwoordde hij: 'Ik heb helemaal niet gefaald. Ik heb alleen 10.000 manieren gevonden die niet werken!' Hij legde aan een verbouwereerde verslaggever uit: 'Als ik 10.000 manieren vind waarop iets niet werkt, heb ik niet gefaald. Ik ben niet ontmoedigd, want elke mogelijkheid die mislukt en die je dus kunt uitsluiten, is alleen maar een stap voorwaarts.'

Volgens Edison zijn fouten er om ons voorwaarts te stuwen en worden we door grote fouten veel verder voorwaarts gestuwd. Hij bleef erbij dat fouten en tegenslagen onvermijdelijke stappen zijn op de weg naar succes. Er bestaat een vaak aangehaald verhaal over een leidinggevende bij IBM die een fout had gemaakt die het bedrijf tien miljoen dollar kostte. Toen dit nieuws Tom Watson, de hoogste directeur van het bedrijf, ter ore kwam, liet hij de jongeman in kwestie naar zijn kantoor komen. De jongeman wist dat hij op het punt stond ontslagen te worden, maar volgens Watson was een van de meest essentiële waarden bij IBM nu juist dat mensen zich daar konden ontwikkelen. Toen de jongeman in kwestie dus vroeg of hij nu zijn ontslag kreeg, reageerde Watson meteen met een nadrukkelijk 'Nee!', en voegde eraan toe: 'Ik heb net tien miljoen gespendeerd in de hoop dat jij er iets van geleerd hebt – dus waarom zou ik je nu ontslaan?'

Fouten leiden vaak tot verbazingwekkende vernieuwingen. In 1970 werd Spencer Silver aangenomen bij de onderzoekslaboratoria van 3M met als opdracht het helpen ontwikkelen van een heel sterke lijm. Maar hij kwam uiteindelijk uit op een lijm die veel minder sterk was dan de lijm die ze al ontwikkeld hadden. Je kon er weliswaar stukjes papier mee aan elkaar plakken, maar die waren heel gemakkelijk weer van elkaar te halen. Het was een volslagen flop, tot het moment vier jaar later toen hij opeens tot de ontdekking kwam dat je er misschien toch nog wel iets mee kon doen.

Een van Silvers collega's zong namelijk in een kerkkoor en de papiertjes die hij tussen de bladen van zijn zangboek legde vielen er steeds uit. Hij moest ineens denken aan de waardeloze lijm die Spencer in het leven had geroepen en kwam op het idee om zijn bladwijzers daarmee in te smeren. Hij merkte tot zijn grote genoegen op dat de papiertjes op hun plaats bleven, maar dat je ze er ook heel gemakkelijk weer af kon trekken zonder de bladzijden te beschadigen. Dat was het begin van een product dat vandaag de dag niet meer weg te denken is en vrijwel overal ter wereld op elk kantoor gebruikt wordt – Post-it Notes!

Veiligheidsglas, het soort glas dat bij een botsing niet breekt, verbrijzelt of versplintert, vind je tegenwoordig overal, omdat het ernstige verwondingen helpt voorkomen. Maar toen Edouard Benedictus, een Franse wetenschapper, aan het begin van de twintigste eeuw in zijn lab aan het werk was, had nog nooit iemand van veiligheidsglas gehoord. Er was een ongeluk in zijn lab voor nodig om op het idee te komen. Benedictus stootte per ongeluk een fles om, die op de grond viel. Hij hoorde hem breken, maar toen hij naar beneden keek, wist hij niet wat hij zag! Alle stukjes hingen nog aan elkaar. Het glas was niet gebroken, het was zelfs niet versplinterd. Toen hij dit merkwaardige fenomeen beter bestudeerde, begreep hij waarom. Het bleek dat de fles vloeibaar plastic had bevat, dat weliswaar was verdampt, maar een laagje aan de binnenkant van de fles had achtergelaten. Dat dunne laagje had ervoor gezorgd dat het glas niet verbrijzelde.

Hoewel het ongelukje Benedictus intrigeerde, wist hij niet waar het voor gebruikt zou kunnen worden en dus zette hij zijn bevindingen niet voort, tot hij getuige was van een auto-ongeluk. Rond de eeuwwisseling waren auto's net populair aan het worden bij de elite in Parijs en de meest gangbare vorm van verwonding bij auto-ongelukken in die tijd waren snijwonden, veroorzaakt door gesprongen voorruiten. Benedictus realiseerde zich opeens dat die ontdekking van destijds een kans bood. Wanneer die voorruiten bedekt zouden zijn met een laagje plastic, zouden daarmee de meeste verwondingen als gevolg van verkeersongevallen kunnen worden voorkomen.

Helaas werd het idee van Benedictus door autofabrikanten afgewezen om dezelfde reden waarom ze in de vorige eeuw zoveel vernieuwingen hadden afgewezen die de veiligheid hadden kunnen bevorderden: geld. Toen veiligheidsglas echter met succes in de Eerste Wereldoorlog werd gebruikt om te voorkomen dat soldaten verwondingen opliepen door kapotte glazen lenzen in gasmaskers, veranderden de autofabrikanten van gedachten. Nu wordt het veiligheidsglas van Benedictus overal gebruikt waar kapot glas gevaar zou kunnen opleveren.

Het mag Spencer Silver dan vier jaar gekost hebben en er mag dan een zanger in een kerkkoor voor nodig zijn geweest vóór hij de keerzijde vond van zijn waardeloze lijm, en er mag dan een auto-ongeluk voor nodig zijn geweest vóór Edouard Benedictus zag welke kans het feit bood dat hij destijds in zijn laboratorium die bewuste fles had laten vallen, de beide mannen leerden en profiteerden net als zoveel wetenschappers van een van Thomas Edisons pareltjes van wijsheid: 'Dat iets niet doet wat het volgens jou zou moeten doen, wil nog niet zeggen dat het waardeloos is.'

Edison, die geloofde dat je een probleem altijd van verschillende kanten moet bekijken, zag zichzelf echter nooit als een wetenschapper zoals Edouard Benedictus. Een wetenschapper is iemand die een experiment uitvoert en dan kijkt wat er gebeurt. Edison zag zichzelf echt als uitvinder. Hij 'ontdekte' geen dingen, hij 'vond' oplossingen 'uit' en geen moeite was hem te veel om op zoek te gaan naar problemen die schreeuwden om een oplossing. Hij zei: 'Ik ga na wat de wereld nodig heeft, dan ga ik aan de slag, stel pogingen in het werk en vind het uit ... Geen van mijn uitvindingen is bij toeval ontstaan.' Edison onderzocht problemen omdat hij begreep dat in elk probleem een kans schuilgaat die er alleen maar op ligt te wachten om ontdekt te worden.

Niets is zo frustrerend als in een rij staan waarin geen beweging lijkt te zitten. Dat is ons allemaal weleens overkomen. Je staat op het vliegveld aan het eind van de rij bij de balie van de autoverhuur terwijl degene achter de balie aan de telefoon zit te kletsen met een vriend of vriendin, of je staat in de rij bij de kassa van de supermarkt terwijl de medewerker zit te flirten met een collega. Maar denk je eens in hoe het zou zijn als je drie dagen lang in een rij moest staan wachten!

In 1995 was er in Kathmandu een ernstig tekort aan butagas. Sanu Kaji Shrestha stond achteraan in een rij met drie dagen wachten voor de boeg om de brandstof te krijgen die hij zo hard nodig had voor zijn gezin. Hij zag zich gedwongen drie dagen vrij te nemen en moest geduldig in de rij staan wachten tot hij aan de beurt was. Maar anders dan de honderden anderen zag Sanu daarin een kans. Terwijl hij in de rij stond, begon hij te denken over manieren om het Nepalese volk aan alternatieve, duurzame bronnen van huishoudelijke energie te helpen. Hoe meer hij erover nadacht, des te enthousiaster werd hij.

De volgende vijf jaar deed Sanu onderzoek naar alternatieve vormen van brandstof en in 2001 zei hij zijn baan bij de Wereldbank op om al zijn tijd te wijden aan het doel dat hem voor ogen stond. Hij reisde naar Amerika en Europa om zich op de hoogte te stellen van de nieuwste technologieën en in april 2002 richtte hij de Foundation for Sustainable Technologies (FoSt) op, een onafhankelijke organisatie zonder winstbejag. Sinds de oprichting heeft FoSt meer dan duizend huishoudens in arme boerendorpen in Nepal duurzame technische oplossingen verschaft, en de stichting gaat nog steeds door met zoeken naar nieuwe technologieën. Op de website van FoSt staat dat 'Nepal te kampen heeft met ernstige problemen vanwege de wijdverspreide ontbossing, verslechtering van het milieu, een hoge mate van vervuiling ... tekort aan schoon drinkwater en mismanagement bij het verwerken van afval'. De voorspelling is dat deze trend ertoe zal leiden dat de meeste beboste gebieden in Nepal zullen veranderen in dorre woestijnen en dat dit onvermijdelijk zal leiden tot milieurampen waaraan 'wij een harde dobber zullen hebben'. Maar FoST vecht terug ten behoeve van de bevolking van Nepal. Het voedt mensen op en overreedt hen om hun natuurlijke hulpbronnen zodanig te beheren, dat er geen problemen ontstaan voor toekomstige generaties. Sanu Kaji Shreshta heeft een beweging in het leven geroepen om Nepal te redden van de ondergang en dat hij dat deed was het gevolg van de frustratie die hij voelde toen hij achteraan in een heel lange rij dagenlang stond te wachten.

Op 17 augustus 2008 publiceerde de *Mail on Sunday* in Engeland een artikel met als kop: 'De boer die uitlaatgassen omzet in kunstmest'. Dat klonk als een volmaakt voorbeeld van de keerzijde in de praktijk. Een probleem en, naar later bleek, een probleem waaraan allerlei kanten zaten, zowel qua geld als qua milieu, bood een geweldige kans.

Het artikel vertelde het verhaal van Steve Heard, een boer uit Leicestershire in Engeland die de uitlaatgassen van zijn dieseltractor – die wanneer ze in de lucht terechtkomen worden beschouwd als schadelijk voor mens en milieu – letterlijk had omgezet in een met mineralen verrijkte kunstmest om de grond van zijn boerderij te verbeteren.

Met het voortdurend stijgen van de kosten van kunstmest wist Heard al enige tijd dat hij zich daar niet langer op kon verlaten. In 2008 bedroegen de kosten voor kunstmest voor zijn boerderij meer dan 250.000 pond per jaar. De prijs van kunstmest hangt nauw samen met de olieprijs en olie kostte in juli 2008 op de internationale markt maar liefst 148 dollar per vat. Gelukkig had Heard een plan uitgewerkt.

Hij had al in 2007 besloten dat het tijd werd om op zoek te gaan naar nieuwe manieren om zijn 2500 hectare land te bemesten. Als amateur-ingenieur spendeerde hij een halfjaar en meer dan 10.000 pond aan een revolutionair systeem waarbij hij de uitlaatgassen van zijn tractor gebruikte om de grond te verrijken. Dieselgassen zijn rijk aan mineralen en ook al zijn ze in aanleg gevaarlijk voor de mens, voor de grond zijn ze buitengewoon goed. Een soortgelijk iets was op een honderdtal boerderijen in de Verenigde Staten en Canada uitgeprobeerd, maar Heard vond het opnieuw uit voor de Britse markt.

Heards vernieuwing houdt in dat je de uitlaatgassen van de tractor naar een grote doos aan de zijkant van de tractor leidt, waar je ze laat afkoelen voordat je ze via zevenentwintig pijpen diep de grond in pompt. ‘We zetten’, zo zegt hij, ‘een analysator achter op de tractor, die aantoont dat 98 procent van het uitgestoten gas de grond in gaat.’ Door deze techniek raakt volgens Heard de bodem minder verzuurd, maken planten hun eigen nitraten aan, ontwikkelen ze een beter wortelstelsel en zijn ze veel minder afhankelijk van kunstmest. Al met al gelooft Heard dat het systeem zijn kosten voor kunstmest met een derde heeft teruggebracht en dat dit betere voorwaarden schept voor de oogst en een hogere opbrengst oplevert. Zijn gepatenteerde systeem, BLISS (Breathing Life Into Soils System) lijkt de bodem en het milieu ten goede te komen terwijl het tegelijkertijd de boeren veel kosten bespaart. Wat Heard zelf aangaat, hij is er met zijn uitvinding niet alleen in geslaagd de kosten terug te dringen, het heeft hem ook een nieuwe en in aanleg grote zakelijke kans opgeleverd, die een grote verandering teweeg zou kunnen brengen in de landbouw in het Verenigd Koninkrijk.

Trevor Bayliss is een bekende Britse uitvinder die zijn naam heeft gevestigd met een uitvinding in antwoord op de hiv/aids-crisis in Afrika. Het eerste geval van aids deed zich voor in 1982. Tegen 1989 greep de ziekte onstuitbaar om zich heen en breidde zich als een bosbrand uit over het continent. Het dreigde een van de ergste epidemieën van de eeuw te worden. Bayliss zat thuis in Engeland voor zijn tv toen de problemen rond de aids-epidemie voor het eerst onder zijn aandacht kwamen. 'Ik zat met mijn voeten omhoog, mijn pijp in mijn mond voor de tv, en de afstandsbediening was buiten handbereik', zei hij. 'Ik zat naar dat programma over de verspreiding van hiv/aids in Afrika te kijken. Ik had net zo goed naar *Come Dancing* of zoiets kunnen zitten kijken, maar bij toeval keek ik naar dit programma, waarin werd gezegd dat de enige manier waarop deze verschrikkelijke ziekte een halt kon worden toegeroepen was door voorlichting en informatie en dat je die zaken het best naar Afrika kon brengen met behulp van de radio.' Maar er was een groot probleem: het grootste deel van Afrika had geen elektriciteitsvoorziening en de enige andere vorm van elektriciteit was in de vorm van batterijen, die duur en nauwelijks te krijgen waren.

Dit zette Bayliss aan het denken. 'Ik verzonk', zegt hij, 'in een soort droom, waarin ik in koloniaal Afrika ben. Ik draag een monocle, heb een gin en tonic in mijn ene en een vliegenmepper in mijn andere hand en zit te luisteren naar een ordinair deuntje op mijn koffergramofoon met een grote hoorn erop. En ik denk: "Kom op, als je al dat lawaai kunt krijgen door een roestige naald over een stuk geperst papier te laten gaan met behulp van een opgewonden veer, moet er in die veer genoeg kracht zitten om een kleine dynamo aan te drijven, die op zijn beurt een radio in werking kan zetten." Terwijl de tv nog aan stond, ging ik naar mijn werkplaats – het kerkhof waar wel duizend huishoudelijke apparaten rustten – en stelde het ding samen.'

De opwindbare radio zou Bayliss' belangrijkste uitvinding worden. Het prototype bestond uit een kleine transistorradio, een elektrische motor van een speelgoedauto en het klokwerkmechanisme van een speeldoos. Bayliss vroeg patent aan voor het idee, maar het werd pas in 1994, toen hij een uitnodiging had ontvangen om het in het televisieprogramma *Tomorrows World* van de BBC te laten zien, door de mensen opgemerkt. Trevor Bayliss had het eerste van allerlei opwindbare apparaten die zelf energie opwekken in het leven geroepen en reikte daarmee in z'n eentje een oplossing aan voor het probleem van het verstrekken van informatie en voorlichting aan mensen in heel Afrika.

Sanu Kaji Shrestha, Steve Heard en Trevor Bayliss zijn, net als Edison, geen wetenschappers. Ze leven en werken in de gewone wereld en niet in laboratoria en benaderen de problemen en obstakels waarvoor het leven ons stelt op edisoniaanse wijze, een benadering die in sterk contrast staat tot de houding van de doorsneemens. De meesten van ons raken gefrustreerd door de problemen en obstakels waarmee we te maken krijgen, maar uitvinders als Thomas Edison worden van die problemen juist enthousiast, omdat ze weten dat problemen kansen bieden. Edison werd in zijn werk en in zijn persoonlijke leven gedreven door problemen. Als iets Edison, op welk gebied ook, niet lekker zat, werd hij, in plaats van gedeprimeerd en boos te worden, juist heel energiek en ging op zoek naar de keerzijde. 'Rusteloosheid is onvrede en onvrede is de eerste vereiste voor vooruitgang', zei hij. 'Laat me een volslagen tevreden mens zien en ik zal je laten zien wat er mis is.'

Thomas Edison mag dan bekend zijn geworden om zijn uitvindingen, zijn overtuiging dat een gebrek een voorsprong kan geven, dat problemen altijd kansen bieden en dat fouten niet meer zijn dan leerervaringen, bracht in de wereld evenveel veranderingen teweeg als zijn uitvindingen zelf. Zijn levensfilosofie blijft mensen inspireren om te vernieuwen en uitvindingen te doen en, wanneer ze worden geconfronteerd met een uitdaging, op zoek te gaan naar de keerzijde. Dit was ongetwijfeld de grootste erfenis die hij ons heeft nagelaten.

13

De kunst van het zien: Het onmogelijke doen

Het heeft wel iets om het onmogelijke doen.
WALT DISNEY (1901-1966)

Toen een van zijn generaals tegen hem zei dat een bepaald plan niet mogelijk was, antwoordde Napoleon Bonaparte: 'Onmogelijk is een woord dat enkel voorkomt in het woordenboek van dwazen!' Een vluchtige blik op het verleden laat zien dat Napoleon zijn woordenboeken goed kende. Zo nam men aan het begin van de twintigste eeuw nog algemeen aan dat de mens nooit zou kunnen vliegen, maar twee broers, Wilbur en Orville Wright, lieten in 1903 zien dat een mens in een machine kon gaan zitten die zwaarder was dan lucht en toch kon vliegen. En ook al werd de telefoon al in 1876 officieel door Alexander Bell en Elisha Gray uitgevonden, slechts weinig mensen zouden toen hebben geloofd dat het ooit mogelijk zou zijn om met behulp van een draadloze telefoon met iemand aan de andere kant van de wereld te praten. En als je vóór 1969 had beweerd dat het de mens zou lukken voet op de maan te zetten, zou iedereen je voor gek hebben versleten. Als we terugkijken in de tijd, zien we dat de onmogelijkheden van gisteren de mogelijkheden zijn van vandaag. Dit leidt zonder meer tot de conclusie dat veel van de onmogelijkheden van vandaag de mogelijkheden kunnen worden van morgen, en vaak zijn de mensen die dát begrijpen nu juist degenen die de keerzijde vinden.

In 1988 werd Radi Kaiof, terwijl hij in het Israëlische leger diende, gewond en raakte vanaf zijn middel verlamd. Radi was twintig jaar lang veroordeeld tot een rolstoel. Zijn ruggengraat was onherstelbaar beschadigd en hij had te horen gekregen dat hij nooit meer zou kunnen lopen. Maar 'nooit' is nog zo'n woord dat alleen in het woordenboek van dwazen staat. Radi loopt weer. Hij kan opstaan en zich uit zijn rolstoel omhooghijsen. Hij kan traplopen en in en uit een auto stappen. Als je weet hoe het Radi in het leven is vergaan, is het zeer inspirerend hem die dingen te zien doen. Vergeet de eerste stappen die Neil Armstrong op de maan zette. Dat Radi weer kan lopen en zich zonder rolstoel kan bewegen is een even groot wonder!

Het wonder waardoor Radi Kaiof weer kon lopen nadat hij twintig jaar lang aan zijn rolstoel gekluisterd was geweest, is in feite het gevolg van de keerzijde van een ongeluk waarbij iemand anders verlamd raakte. In 1997 was Amit Goffer CEO van Odin Technologies, een bedrijf dat apparatuur voor beeldvormend medisch onderzoek ontwikkelde, zoals de MRI-scan. Na een ongeluk was Amit veroordeeld tot zijn rolstoel en juist daardoor zag hij een kans. Het verbaasde hem dat in de in technisch opzicht opzienbarende tijd waarin wij leven een rolstoel de enige oplossing was voor mensen die verlamd waren. Hij zag om zich heen dat het enige waarmee verlamde mensen zich konden bewegen een rolstoel was en hij bleef zich afvragen 'Waarom?'

Dat was het begin van een nieuw revolutionair apparaat, dat de naam ReWalk™ kreeg, het apparaat waardoor Radi Kaiof kon leven zonder de beperkingen van zijn rolstoel.

De ReWalk™ bestaat uit mechanische beensteunen, lichaamssensoren en een rugzak met daarin een door een computer aangestuurd besturingsysteem en oplaadbare batterijen. De gebruiker moet gebruikmaken van krukken om zich in evenwicht te houden en kan het apparaat besturen door een polsband met afstandsbediening met verschillende standen – staan, zitten, lopen, naar boven of naar beneden. Je stelt de sensoren in werking door voorover te buigen en de robotbenen reageren daarop.

Het verschil dat de ReWalk™ maakt in het leven van mensen met verlamde armen of benen is oneindig groot. Volgens Kate Parkin – zij is hoofd fysio- en bezigheidstherapie aan het Universitair Medisch Centrum van New York – kan het de gezondheid van de gebruiker op twee manieren verbeteren: 'Het lichaam werkt, fysiek gezien, anders wanneer het rechtop staat. Je stelt andere spieren voor een uitdaging en geeft de longen de kans zich volledig uit te zetten', zegt Parkin. 'Psychologisch gezien is het voor mensen belangrijk dat ze rechtop staan en oogcontact kunnen maken, en dit apparaat helpt daarbij.'

Toen ik Amit vroeg hoe het volgens hem kwam dat hij in zijn ongeluk een kans had gezien, antwoordde hij heel vanzelfsprekend en in alle bescheidenheid: 'Dat is voor mij iets heel natuurlijks. Ik ben ondernemer en ik zag gewoon een kans.' Hij zei vervolgens dat het zien van een kans net zoiets is als het bereiden van soep. Het gaat daarbij niet om één enkel magisch ingrediënt, er is sprake van een aantal ingrediënten en zeker niet de minste daarvan was het feit dat hij een groep mensen om zich heen had die hem ongelooflijk steunden, onder wie een geweldige familie, te weten zijn vrouw en drie volwassen kinderen. Amit zegt echter wel dat hij een positieve, optimistische kijk op het leven heeft en dat hij, naar hij zelf zegt, een geboren ondernemer is. Hij kijkt instinctief naar kansen en heeft dat ook altijd gedaan. Denkt hij dat hij de ReWalk™ zou hebben ontwikkeld als hij niet zelf dat ongeluk had gehad? Zijn antwoord is een categorisch 'Nee'. 'Het ongeluk bracht me ontegenzeglijk tot het ontwikkelen van de ReWalk™', zegt hij, en dat is een tamelijk indrukwekkende keerzijde.

De ReWalk™ is een opmerkelijk succes waardoor honderdduizenden mensen over de hele wereld weer kunnen lopen en een totaal andere kwaliteit van leven hebben gekregen. Helaas is Amit, die het apparaat heeft bedacht, er zelf niet bij gebaat omdat hij niet de volledige beschikking heeft over zijn armen. Maar volgens mij duurt het zolang er mensen als Amit op de wereld zijn niet lang meer of er wordt een uitvoerbare oplossing gevonden waardoor iedereen die verlamd is weer kan lopen.

Wat is onmogelijker dan dat iemand die verlamd is weer kan lopen? Ik wil je graag laten kennismaken met een jonge tiener uit Sacramento, Californië. Zijn verhaal is echt ongelooflijk.

Ben Underwood is in elk opzicht een normale, gezonde tiener. Tenminste, dat lijkt zo op het eerste gezicht. Hij vindt het heerlijk om de dingen te doen die tieners doen. Hij holt door het huis, stoeit met zijn broers en zijn vrienden, hij fietst, skateboardt en rolschaatst, hij speelt basketbal en doet ook graag spelletjes op zijn Nintendo Gameboy. De kans dat je er alleen door hem gade te slaan achter komt dat hij een ongelooflijk geheim bij zich draagt is miniem. Het is een geheim dat, als je het eenmaal weet, al je vooropgezette ideeën over wat wel of niet mogelijk is op losse schroeven zet. Hij heeft geen ogen, de ogen die je ziet zijn glazen ogen, kunstogen, ze zijn niet echt. Maar hoe ongelooflijk het ook klinkt, Ben Underwood heeft zichzelf leren zien.

Ben woont met zijn familie in de buitenwijken van Sacramento. Toen hij twee was, merkte zijn moeder, Aquanetta, dat de pupillen van zijn ogen lichtgevend werden. Binnen een paar dagen waren de pupillen wit. Ben bleek een zeldzame, kwaadaardige tumor te hebben, die maar bij zes op de één miljoen kinderen voorkomt. De naam is retinoblastoma. Bens oogchirurg, dokter James Ruben, legt uit: ‘Laat je de tumor zijn gang gaan, dan is hij dodelijk. Het zou Bens dood hebben betekend. De ziekte zou zich plaatselijk hebben verspreid en dat had hij niet overleefd.’ Als Ben niet behandeld zou zijn geworden, had de kanker zich via de oogzenuw uitgebreid naar zijn hersenen.

Ben kreeg meteen zware chemotherapie en radiotherapie in een poging zijn ogen te redden, maar na tien maanden was de tumor nog steeds niet helemaal verdwenen. Bens moeder moest de moeilijkste beslissing van haar leven nemen: doorgaan met de behandeling met het risico dat de tumor zich desondanks naar Bens hersenen zou uitbreiden, wat zonder meer zijn dood zou betekenen, of Bens ogen door een chirurg laten verwijderen, wat hem weliswaar het leven zou redden maar hem zou veroordelen tot een leven in volslagen duisternis. Ze koos voor het laatste.

Toen Ben bijkwam uit de operatie, hoorde hij zijn moeders stem naast zich. Hij zei: 'Mam, ik zie niks, ik zie niks meer, mamma, ik kan niet zien.' Maar Aquanetta stelde hem gerust: 'Je kunt wel zien, Ben. Je kunt zien met je handen', en ze legde zijn handen tegen haar gezicht. 'Je kunt zien met je neus', en ze bracht haar handen naar zijn neus. Ze zei ook: 'Je kunt me zien met je oren. Schatje, je kunt me horen.' Vanaf dat moment verbood Aquanetta haar zoon zichzelf als blind te zien. 'Je hebt je ogen dan misschien wel niet meer', zei ze, 'maar je hebt je handen, je neus en je oren nog ... je kunt nog steeds zien!' Bens moeder stond erop dat haar zoon een zo normaal mogelijk leven leidde. Bij tijd en wijle sloot ze zich op in haar slaapkamer en huilde, maar als ze weer tevoorschijn kwam, liet ze Ben nooit merken hoe erg ze het voor hem vond. 'Omdat ik niet wilde dat hij medelijden met zichzelf kreeg', zegt ze. 'Ik bleef hem vertrouwen, moed en kracht geven. Dat is het enige wat ik heb gedaan.'

Een jaar nadat Ben zijn ogen was kwijtgeraakt, gebeurde er iets waardoor zijn moeder met stomheid was geslagen. Ze zaten in de auto toen Ben opeens zei: 'Mam, zie je dat grote gebouw daar?' Aquanetta wist niet wat ze hoorde. Ze reden inderdaad net langs een groot gebouw. Ze zei: 'Ja, *ik* zie dat gebouw daar wel, maar zie *jij* het ook?' Ben had iets voor elkaar gekregen waarvan de meeste wetenschappers tot dat moment dachten dat het onmogelijk was: hij had zichzelf leren zien zonder ogen. Precies zoals zijn moeder gezegd had, kon hij de wereld om zich heen waarnemen ... door geluid.

Ben is de enige in de hele wereld die kan zien door gebruik te maken van wat bekendstaat als 'echolocatie'. Hij oefende zich in het lokaliseren van voorwerpen door met zijn tong een scherp, klikkend geluid te maken en daarvan de echo's op te pikken. Door middel van echolocatie kan hij bepalen waar dingen zich in de ruimte bevinden. Hij kan hun grootte en vorm 'zien' en precies vaststellen waar ze zich bevinden. Je moet wat Ben bereikt heeft met eigen ogen zien om het te kunnen geloven. Niemand zou zich in zijn stoutste dromen hebben kunnen voorstellen dat het voor een mens mogelijk was om te zien zonder ogen ... op één man na, een briljant neuroloog, die talloze blinde mensen weer heeft leren zien zonder dat ze daarbij hun ogen gebruiken.

In 1969 publiceerde het wetenschappelijke tijdschrift *Nature* een artikel van een wetenschapper die beweerde dat hij iets had ontworpen waardoor mensen die vanaf hun geboorte blind waren konden zien. Paul Bach-y-rita had een apparaat ontworpen dat bestond uit een grote videocamera die elektrische signalen zond naar een metalen plaat aan de achterkant van een stoel. Die plaat bevatte 400 vibrerende stimulatoren die tegen de huid van de blinde rustten. Elke stimulator functioneerde zo'n beetje als een pixel op een tv-scherm, die de verschillende tinten zwart en wit weergeeft. Het werd *tactile vision* oftewel 'tastzien' genoemd en de blinden die werden getraind om er gebruik van te maken konden ermee lezen, gezichten onderscheiden, voorwerpen zien en afstanden inschatten. Als ze de camera bedienden en beschreven wat ze zagen, konden ze er bepaalde mensen uitpikken, konden ze zeggen of iemand in de kamer stond of zat, of hun haar loshing of dat het was opgestoken. Ze konden vertellen of iemand een bril droeg, of zijn mond openstond, en ze wisten zelfs of iemand zijn linker- of rechterhand bewoog.

Bach-y-rita's uitvinding werd door de wetenschappelijke wereld vrijwel geheel genegeerd omdat het te fantastisch leek om waar te kunnen zijn. Vanwege de exponentiële sprongen in de computertechnologie heeft Bach-y-rita zijn uitvinding thans zozeer kunnen verfijnen, dat hij gebruikmaakt van kleine camera's die in de bril van de blinde zitten en die informatie overbrengen naar een computergestuurde chip op de tong. Men is er namelijk achter gekomen dat de tong een veel betere geleider is dan de rug, omdat hij veel gevoeliger is en speeksel een veel betere geleider is dan de huid.

Terwijl de meeste wetenschappers sterk onder de indruk zijn van Bach-y-rita's uitvinding, zijn er ook velen die weigeren toe te geven dat je dit 'zien' kunt noemen. 'Het netvlies wordt niet gestimuleerd, hier is dus, volgens mij, geen sprake van zien', zei een neuroloog, naar verluidt. Maar Bach-y-rita heeft aangetoond dat dat deel van de hersenen waar zich het gezichtsvermogen bevindt, door zijn apparaat wel degelijk wordt gestimuleerd. Volgens hem zien we eigenlijk niet met onze ogen. De ogen geven de informatie alleen maar door aan de hersenen, waar deze wordt verwerkt. Daar vindt het werkelijke 'zien' plaats. 'De oogzenuw is helemaal niet zo bijzonder', zegt Bach-y-rita. 'Het maakt de hersenen niet uit waar de informatie vandaan komt. Heb je visuele input nodig om te zien? Natuurlijk niet. Reageren op licht en kunnen waarnemen, dat is zien.'

Wat Bach-y-rita doet, verklaart tot op zekere hoogte hoe Ben Underwood zichzelf heeft leren zien. Hij heeft zijn oren getraind om via echopeiling te ontdekken welke voorwerpen zich om hem heen bevinden en waar ze zich precies bevinden. 'Ik kan de muur daar, de bank, de muur achter me, de tv en de computer *horen*', zegt Ben terwijl hij wijst. Dit is een opmerkelijk succes, dat een verschuiving teweeg heeft gebracht in de medische wetenschap. Hij heeft aangetoond dat de menselijke geest zich niets aantrekt van onmogelijkheden. Ben is op nieuwszenders en in documentaires over de hele wereld te zien geweest. Hij is een heldere, geestige, knappe jonge knul met een heerlijk gevoel voor humor en een grote liefde voor het leven. Hij heeft grote verwachtingen en grote dromen. 'Ik wil schrijver worden, ik wil videogames ontwerpen', zegt hij. En wie hem kent, twijfelt er niet aan dat hij zal slagen in datgene waarop hij zijn zinnen heeft gezet.

Er zullen maar weinig mensen zijn die zullen tegenspreken dat Ben in de wieg is gelegd voor iets bijzonders. Dat hij heeft bereikt wat hij bereikt heeft, is grotendeels te danken aan de steun, het vertrouwen en de liefde die hij krijgt van zijn familie en vrienden en met name aan de niet-aflatende zorg van zijn moeder, Aquanetta. Het verhaal van zijn leven tot nu toe laat zien dat je met de juiste instelling vrijwel alles kunt bereiken. En meer dan dat ... Ben Underwood is voor de honderdduizenden die hem hebben gezien of zijn verhaal hebben gehoord een symbool van hoop en een bron van inspiratie. Ondanks de tegenslag waarmee hij te maken kreeg heeft Ben, doordat hij weigerde de beperkingen te aanvaarden die anderen, die niet tot zijn familie- en vriendenkring behoorden, hem misschien zouden hebben opgelegd, iets bereikt dat slechts een handjevol mensen in de geschiedenis bereikt heeft: hij heeft het onmogelijke mogelijk gemaakt. En daarmee heeft hij een monumentale keerzijde gevonden.

Er was eens een jongen die niets liever wilde dan honkbal spelen in de eredivisie. Een onmogelijke droom, want hoe zou een jongen die bij een ongeluk op de boerderij van zijn familie zijn rechterarm had verloren ooit een professionele honkbalspeler kunnen worden? Dat kon echt niet. Maar dat zei niemand natuurlijk met zoveel woorden tegen de jongen in kwestie.

Peter Gray was twaalf toen hij uitgleed en van de treeplank van zijn vaders kleine pickup truck viel. Hij kwam onder de auto terecht en twee van de wielen reden over zijn rechterarm heen en verbrijzelden die. De dokters konden niet anders doen dan de arm bij de schouder amputeren. Peter was er uiteraard helemaal kapot van dat hij zijn arm kwijt was, maar hij weigerde ook om zijn droom op te geven. Mettertijd leerde hij met zijn linkerhand werpen en vangen en hij sloeg ook met maar één arm. Hij leerde terugspelen met zijn honkbalhandschoen in eerste instantie nog aan. Hij ving de bal in één vloeiende beweging op in zijn gehandschoende linkerhand, stopte die onder de stomp die nog over was van zijn geamputeerde arm, schudde de handschoen van zijn linkerhand, greep de bal en gooide.

Na zijn eindexamen speelde Peter honkbal bij amateurclubs tot hij in 1942 de kans kreeg om bij de Memphis Chicks in de Southern League te spelen. Binnen twee jaar had hij drieënzestig homeruns gemaakt en had hij een battinggemiddelde van .333. Hij werd uitgeroepen tot de meest waardevolle speler van de League en vóór het begin van het volgende seizoen werd hij aangekocht door de St Louis Browns, een honkbalteam uit de eredivisie. Het volgende seizoen zag Peter Gray zijn jongensdroom in vervulling gaan en speelde hij als prof, met als hoogtepunt de wedstrijd tegen de New York Yankees. The Browns werden kampioen door drie keer achter elkaar te winnen en Gray speelde daarbij een belangrijke rol; hij droeg namelijk vijf hits bij, waarvan twee leidden tot homeruns voor zijn ploeggenoten.

Hoewel hij nooit werd opgenomen in de Baseball Hall of Fame, deed Peter Gray meer dan alleen zijn jongensdroom – professioneel honkballer worden – verwezenlijken. Hij werd een bron van inspiratie voor Amerikaanse soldaten die uit de Tweede Wereldoorlog terugkwamen, met name voor degenen die bij de gevechten ledematen hadden verloren. Hij kwam op het bioscoopjournaal en bezocht vaak militaire hospitalen en revalidatiecentra, waar hij mensen met geamputeerde ledematen moed insprak en hun verzekerde dat hun leven nog steeds de moeite waard was.

Wat Peter Gray in de jaren veertig van de vorige eeuw bereikte, doet de vraag rijzen of iemand met maar één arm ook in de sportwereld van vandaag, die zo competitief is, honkbal in de eredivisie kan spelen. Het antwoord is een volmondig 'Ja'. Niet alleen kan een man met één arm eredivisiehonkbal spelen, iemand met maar één arm kan een belangrijke speler in het team worden, namelijk pitcher, werper.

Op 4 september 1993 stapte een jongeman op de werpheuvel om te werpen voor de New York Yankees tegen Cleveland. Aan het eind van de wedstrijd kwamen de Yankees als overwinnaars uit de bus met 4-0. Het was de hele wedstrijd niet één van de spelers van Cleveland gelukt de bal te raken. Het was de eerste keer in meer dan tien jaar dat een Yankee-pitcher op deze manier de tegenstander een veeg uit de pan gaf. Niet veel honkbalfans die die wedstrijd zagen zullen ooit de man vergeten die die dag voor de Yankees wierp. Zijn naam was Jim Abbott en hij had maar één arm.

Of liever gezegd, Jim Abbott had wel twee armen, maar hij was geboren met alleen een linkerhand; zijn rechterarm was eigenlijk niet meer dan een stomp waarop hij zijn handschoen kon leggen als hij wierp. Ik zag Jim Abbott in actie toen ik een bezoek bracht aan mijn vader in Canada en ik herinner me dat ik gefascineerd was door de manier waarop hij in staat bleek als werper aller ogen op zich gericht te krijgen. Op een bepaald moment werd de bal naar hem toegegooid, hij ving die ongelooflijk snel maar in één vloeiende beweging op, trok zijn handschoen uit en gooide de bal naar het eerste honk om de slagman af te gooien. Telkens wanneer hij pitchte, moest hij de handschoen waarmee hij ving pijlsnel – binnen één of twee seconden nadat hij de bal had gegooid – aan zijn linkerhand doen zodat hij klaar was om de bal te vangen wanneer die zijn kant uit kwam. Af en toe probeerden teams die niet beter wisten dat inderdaad, maar dat zat hun niet glad, want Abbott kon de handschoen aan zijn linkerhand bliksemsnel aan- en afdoen en hij wierp met dodelijke precisie.

Jim Abbott was een van de weinige profs die het amateurhonkbal nooit officieel de rug heeft toegekeerd. Hij werd als amateurspeler opgemerkt door de scouts van zijn tijd. Hij won de Sullivan Award, die hem uitriep tot de beste amateuratleet van de Verenigde Staten, en hij kreeg van de US Baseball Federation de Golden Spike award als de beste amateurspeler van het land. In 1988 leidde hij de Verenigde Staten naar een 5-3 overwinning op Japan en sleepte zo de gouden medaille in het honkbaltournooi van de Olympische Spelen in de wacht. Het was de eerste keer dat de Verenigde Staten daarmee bij de Olympische Spelen goud won.

In de tien jaar tussen 1989 en 1998 speelde Abbott voor vier verschillende teams in de major league en kreeg in die tijd de nodige onderscheidingen en eerbewijzen. Nu is hij een inspirerend spreker, die veel gevraagd wordt door organisaties die hun leden ervan willen overtuigen dat met de juiste instelling niets tot de onmogelijkheden behoort. Het is dit voorbeeld van mogelijkheden dat hoop geeft voor de toekomst en dat leidt tot de keerzijde.

14

Een wereld van mogelijkheden: Hoop voor de toekomst

> Luister niet wanneer iemand tegen je zegt dat dit of dat niet kan. Dat is onzin. Weet wat je wilt – ik ga nooit gebruikmaken van krukken of een stok – en laat je niet kisten. Ga naar school, doe mee met alle sportwedstrijden. Ga waarheen je wilt. Maar laat je nooit wijsmaken dat iets te moeilijk is of niet mogelijk zou zijn.
>
> GROUP CAPTAIN SIR DOUGLAS BADER CBE

Op 13 juli 2007 stonden acht van de snelste mannen ter wereld op een rij in het Stadio Olympico in Rome klaar om de 400 meter te gaan lopen. Ze waren daar om te strijden voor een deel van de prijs van één miljoen dollar, die was uitgeloofd door de IAAF Golden League. Het was een formidabele rij, onder wie Angelo Taylor, de winnaar van de 2007 US 400 meter, en LaShawn Merritt en Darold Williamson, die in de World Outdoor 2005 goud hadden gewonnen op de 4×400 meter. Maar in de buitenste baan stond een man opgesteld die geschiedenis zou maken. Hij viel op tussen de andere hardlopers, maar niet vanwege zijn knalgele hemdje of omdat hij een zonnebril op had. Waardoor trok hij de aandacht, waardoor vielen de monden open van verbazing en weerklonken er luide toejuichingen vanaf de tribune toen hij zich startklaar maakte voor deze hardloopwedstrijd? De man in baan acht had geen voeten!

Oscar Pistorius werd op 22 november 1986 in Pretoria in Zuid-Afrika geboren. Hij was de tweede zoon van Henke en Sheila Pistorius. Oscars vader herinnert zich als de dag van gisteren hoe hij schrok toen zijn zoon geboren werd. 'Ik zag het meteen. De verpleegsters en de artsen zagen het niet. Ik hield hem in mijn armen toen de navelstreng werd doorgeknipt en zei tegen de dokter dat er iets vreemds was met zijn voetjes.' Er was inderdaad iets heel vreemds, zijn onderbeentjes en voetjes waren zwaar misvormd. De botten in zijn beide onderbenen en voeten ontbraken. Oscar had geen kuitbeenderen. De enkels waren er wel, maar aan elke voet zaten maar twee tenen en de laterale beentjes ontbraken.

Na Oscars geboorte stonden zijn ouders voor een heel groot dilemma: hem zien opgroeien zonder dat hij kon lopen, gekluisterd aan een rolstoel, of zijn beide voeten laten amputeren in de hoop op een betere toekomst en de kans dat hij zou kunnen lopen met behulp van prothesen. Henke herinnert zich hoe moeilijk hij die keus vond. Oscar had heel gevoelige voetjes. 'Die voetjes eraf laten halen en ze in het vuilnisvat gooien, dat was bepaald geen fijn gevoel', zegt Henke. 'Dat valt niet mee.' Wat als hun zoon opgroeide en het later niet zou kunnen verkroppen dat zijn voeten geamputeerd waren? Maar Henke en Sheila namen het besluit en gokten erop dat hun zoon op een dag zou kunnen lopen, zij het met behulp van protheses. Vóór Oscar één jaar oud was, waren zijn beide voeten geamputeerd.

Geen spijt

Wil ik mijn benen terug? Daar moet ik eens even voor gaan zitten en over nadenken.
OSCAR PISTORIUS

'Ik heb mijn ouders nooit gevraagd: "Waarom heb ik geen benen?" of "Wat is er met mijn benen gebeurd?" of zo', zegt Oscar. 'Mijn vader en moeder hebben ons altijd voorgehouden dat het zinnetje "Ik kan niet" niet bestaat.' Dat is zijn levensfilosofie en zijn handicap heeft hem er niet van weerhouden iets te doen. Of het nu ging om waterskiën, tennissen, schaatsen, rolschaatsen of quad biking, Oscar probeerde altijd alles uit. Hoewel hij vrijwel elke sport die er was uitprobeerde, was atletiek daar, interessant genoeg, niet bij. 'Ik vond atletiek eigenlijk nooit echt leuk', zegt hij.

Op school droeg Oscar standaardprotheses voor zijn benen en toch blonk hij ondanks dat in de meeste sporten uit. Hij werd in alle opzichten een talentvol waterpolo- en rugbyspeler. Maar aan zijn droom om rugby te spelen kwam abrupt een einde toen hij bij een rugbywedstrijd op school gewond raakte. Hij kreeg een voorzet van een van zijn eigen buitenspelers toen een van de tegenspelers van de andere kant tegen hem aan knalde en een ander van de andere kant op zijn been terechtkwam. Het letsel aan zijn knie dwong Oscar te stoppen met het spel waar hij zoveel van hield. Maar die knieblessure, die een eind maakte aan zijn rugbytijd, was de eerste katalysator voor de buitengewone successen die zouden volgen.

Dokter Gerry Versveld, de chirurg die Oscar vanaf zijn geboorte behandelt, zegt: 'Ik was met stomheid geslagen toen hij me vertelde dat hij rugby speelde.' Dat Oscar die sport speelde met gewone, stijve protheses maakt het nog opmerkelijker. Maar het verlies voor de rugby betekende winst voor de atletiek. Terwijl Oscar werd aangeraden te stoppen met contactsporten, althans tot zijn knie hersteld was, kon hij nog wel hardlopen. Oscar zocht zijn weg naar de atletiekbaan, terwijl hij zich er niet van bewust was dat hij de wereld van de atletiek volledig op zijn kop zou zetten en gaandeweg een internationaal sportfenomeen zou worden.

Wereldrecords breken

'Ik had niet de juiste uitrusting of zo toen ik voor het eerst op de atletiekbaan stond', herinnert Oscar zich. 'Ik brak op de Paralympics voor dubbel geamputeerden volkomen onvoorbereid het wereldrecord, in een rugbybroekje en een T-shirt.' Op 5 januari 2004 – hij was toen net zeventien – liep Oscar de 100 meter in een open competitie in het Pilditchstadion in zijn geboortestad Pretoria nadat hij slechts twee maanden had getraind. Hij liep die wedstrijd in 11.51. Het paralympisch wereldrecord stond op dat moment op 12.2.

Acht maanden later was Oscar het gesprek van de dag toen hij Zuid-Afrika vertegenwoordigde op de Paralympics in Athene. Hij behaalde zilver op de 100 meter, maar goud op de 200 meter finale. Ondanks een desastreuze start, waarbij Oscar na vier valse starts 1,8 seconden lang als aan de grond genageld stond terwijl alle andere deelnemers al uit de startblokken waren, won hij toch de wedstrijd en brak daarmee het wereldrecord met een tijd van 21,97 seconden. Daardoor werd hij de eerste geamputeerde die ooit de 200 meter in minder dan 22 seconden liep. Verdrietig genoeg, stierf Oscars moeder voordat hij voor de atletiek koos, maar vanaf de tribune keek zijn vader toe, met naast zich dokter Gerry Versveld, de chirurg die Oscars voeten had geamputeerd. Beide mannen waren tot tranen toe bewogen.

Voor het eind van de Olympische Spelen voor lichamelijk gehandicapten in Athene dat jaar had Oscar vier wereldrecords gebroken en dat terwijl zijn atletiekcarrière nog maar nauwelijks een aanvang had genomen. Hij brak daarna nog 26 wereldrecords in zijn categorie, waaronder de 100, de 200 en de 400 meter. Maar Oscar had zijn blik gevestigd op een nog grotere uitdaging – hij had zich ten doel gesteld op het hoogste niveau de strijd aan te gaan met hardlopers zonder handicap.

Het geheim van zijn succes

Toen Oscar harder ging trainen en sneller ging lopen, begonnen hardlopers zonder handicap hem te zien als een echte uitdaging. Zijn opmerkelijke vooruitgang maakte echter sommige mensen achterdochtig. Was het feit dat hij won te danken aan zijn atletisch vermogen of was hij in het voordeel vanwege zijn Cheetahs, de protheses van koolstofvezel die speciaal voor hem gemaakt waren?

Dokter Elio Locatelli, de woordvoerder van de IAAF, de wereldorganisatie van atleten, was de eerste die hierover zijn bezorgheid uitsprak. 'Zijn prestatie op de 400 meter vervulde mij met achterdocht, want hij eindigde wel erg snel', zei dokter Locatelli. Alle hardlopers die de 400 meter rennen worden moe naarmate de race vordert, maar Oscar werd juist sneller.

In maart 2007 veranderde de IAAF de regels en bande alle 'technische hulpmiddelen' in de atletiek uit. Of dat te maken had met het succes van Oscar op de renbaan, daar kunnen we alleen maar naar gissen. Oscar en zijn team ontkenden dat zijn Cheetah-blades konden worden beschouwd als een technisch hulpmiddel en zeiden dat Oscar altijd in het nadeel zou zijn vergeleken bij hardlopers zonder handicap, omdat de blades nooit een equivalent voor echte benen konden zijn of deze konden vervangen.

Na rigoreuze tests concludeerde de IAAF op 10 januari 2008 dat de blades Oscar in het voordeel stelden en dus mocht hij niet langer deelnemen aan 'open' hardloopwedstrijden. Oscar en zijn team deden een beroep op het hoogste orgaan in de atletiek, het Hof van Arbitrage voor sportzaken in Lausanne, en dat besliste op 16 mei 2008 dat het aanvankelijke wetenschappelijke onderzoek waarop de IAAF zijn beslissing had gebaseerd, 'was ontspoord' en getuigde van enorme bevooroordeeldheid. Het IAAF had dus niet overtuigend aangetoond dat de prothesen van Oscar Pistorius hem een voordeel opleverden boven atleten zonder lichamelijke beperking.

Oscar had zijn hoger beroep gewonnen en mocht meedoen aan open competities, waaronder de Olympische Spelen, ook al lukte het hem helaas niet zich te plaatsen voor de Spelen in Beijing. Maar de beslissing van het Hof liet één vraag onbeantwoord: als het niet lag aan Oscars protheses, wat was dán het geheim van zijn succes?

Ironisch genoeg is voor veel mensen de sleutel tot Oscars opmerkelijke successen in de atletiekwereld juist gelegen in zijn invaliditeit. Volgens zijn chirurg en zijn coach was het dramatische feit dat Oscar werd geboren met misvormde voeten, die geamputeerd moesten worden vóór hij kon lopen, de voornaamste reden dat hij zo'n uitzonderlijke atleet werd.

Dokter Versveld twijfelt er niet aan dat Oscars geboortegebrek hem op een unieke manier toerustte voor snelheid, want hij moest een heel natuurlijke, snelle beenbeweging ontwikkelen om de rest van de jongens te kunnen bijbenen. Oscars broer Carl ziet dat ook zo: 'Oscars beenbewegingen moesten in feite zoveel sneller zijn om dezelfde snelheid te bereiken als ieder ander – of ik dat nu was of iemand anders met wie hij in de tuin speelde of om het hardst liep op het strand.' Het is duidelijk dat Oscars invaliditeit betekende dat hij, zonder dat hij dat zelf wist, in zijn jeugd een unieke atletische lichaamsbouw ontwikkelde.

Oscars coach, Ampie Louw, twijfelt er niet aan dat het Oscars unieke beenbewegingen zijn die hem tot zo'n uitzonderlijke atleet maakten. 'De eerste keer dat ik hem zag, dacht ik: Hé, met die kerel wil ik wel werken. En weet je waarom? Als sprintcoach lette ik op zijn beensnelheid. Oscar is een bijzondere jongen', zegt hij met ferme overtuiging.

Een van Oscars belangrijkste karaktertrekken is een trek die alle kampioenen met elkaar gemeen hebben. Hij staat niet stil bij het verleden, hij houdt zich niet bezig met wat had kunnen zijn en hij zoekt niet naar excuses, hij richt zich alleen op de mogelijkheden die voor hem liggen.

'Je kunt alles wat er gebeurd is gebruiken als reden om te falen – dat zouden de mensen heus wel begrijpen', zegt Oscar. 'Je hebt geen benen. Je moeder is gestorven. O, wat erg. Maar ik heb geen zin om te leven met mensen die zeggen: "O, wat verschrikkelijk" en mijn leven te vullen met al dat negatieve gedoe.'

Het regende in Beijing op 17 september 2008. Maar het slechte weer weerhield de meer dan 91.000 toeschouwers er niet van om naar het prachtige stadion het Vogelnest te komen om de laatste dag van de dertiende Paralympics bij te wonen. Het laatste evenement was de T44 400 meter wedstrijd en de atleet op wie de meeste ogen gericht waren was Oscar Pistorius. Hij had al goud behaald op de 100 en de 200 meter, maar kon hij een derde gouden medaille in de wacht slepen op de 400 meter en de titel behouden die hij vier jaar eerder in Athene had behaald?

Oscar lag toen hij over de eindstreep kwam tien meter voor op zijn eerste rivaal. Hij had zijn zevenentwintigste wereldrecord gebroken en drie gouden medailles behaald, maar na die wedstrijd gingen Oscars gedachten – kampioen als hij is – uit naar het Wereldkampioenschap atletiek 2009.

Toen ik Oscar de 400 meter zag winnen, kon ik niet anders dan denken aan een rado-interview dat zijn moeder in 1999 in Zuid-Afrika gaf. Ze zei daarin dat ze hoopte dat het verhaal van haar zoon 'een boodschap van hoop en bemoediging zou zijn voor luisteraars die in hun eigen leven traumatische dingen hebben meegemaakt'. Maar volgens mij zijn alle 91.000 toeschouwers die haar zoon in het Vogelnest zagen en de miljoenen televisiekijkers over de hele wereld het er unaniem over eens dat het zien van Oscar Pistorius veel meer bracht dan een boodschap van hoop en bemoediging – het bracht inspiratie.

Geschiedenis schrijven

Sevilla, Spanje, 3 mei 2008. Eenenvijftig vrouwen staan op een rij om de tien kilometer te gaan zwemmen in open, smerig water. Het is het begin van de wereldkampioenschappen World Open Water Swimming. Ze staan op het punt deel te nemen aan een van de meest afmattende en moeilijke zwemwedstrijden ter wereld. Het is bepaald niet iets voor mensen met een klein hartje. Deelnemers aan vorige wedstrijden zijn gestoken door kwallen en werden zeeziek. Eén zwemster in Sevilla, Cassie Patten uit Groot-Britannië, meldde later dat ze tijdens de eindspurt resten in haar mond kreeg van wat, volgens haar, vanwege de smerige geur en smaak, niets anders kon zijn dan eendenpoep. Maar sportvrouw als ze is liet Cassie zich daar niet door weerhouden en eindigde ze als tweede in de wedstrijd, slechts 3,1 seconde achter de winnares, de Russische Larissa Ilchenko.

Maar alle toeschouwers keken naar de vrouw die als vierde eindigde, precies twee seconden na Cassie Patten en vijf seconden na de winnaar. Natalie du Toit is een vrouw van vierentwintig uit Zuid-Afrika. Pas toen zij uit het water kwam, konden de mensen zien hoe groot het succes dat ze behaald had eigenlijk was: haar linkerbeen ontbreekt onder de knie. Ze had gestreden tegen zwemsters zonder lichamelijke beperking, zwemsters zonder prothese als hulpmiddel, en ze schreef geschiedenis door te eindigen bij de eerste tien. Natalie du Toit had haar jeugddroom verwezenlijkt en mocht haar land later dat jaar vertegenwoordigen op de Olympische Spelen in Beijing. Ze was de eerste geamputeerde in de geschiedenis die mocht deelnemen aan een Olympische wedstrijd voor mensen zonder lichamelijke beperking.

Natalie du Toit werd op 29 januari 1984 geboren. Ze vond het als kind al heerlijk om te zwemmen en toen ze nog maar zes jaar oud was, droomde ze er al van om op een dag mee te doen aan de Olympische Spelen. De volgende tien jaar trainde ze hard om haar doel te bereiken en drong het tot de zwemgemeenschap in Kaapstad door dat ze in Natalie een potentiële superkampioen hadden. Ze had in gemengde wedstrijden talloze nationale records in haar leeftijdsgroepen behaald en zat bij wedstrijden vrijwel altijd bij de eersten. Nauwelijks zestien jaar oud, wist ze zich net niet te plaatsen voor de spelen van 2000 in Sydney.

En toen werd ze in februari 2001, terwijl ze na het zwemmen op haar scooter naar huis reed, geschept door een nonchalante autobestuurder die vanaf een parkeerplaats zonder te kijken de weg opreed. Daarbij werd Natalies linkerbeen volledig verbrijzeld. Het tafereel werd beschreven als ‘afgrijselijk’. Natalie herinnert zich dat ze schreeuwde: ‘Ik ben mijn been kwijt. Ik ben mijn been kwijt.’ Ook al deden de artsen vier dagen lang hun uiterste best om haar been te behouden, uiteindelijk bleef hun niets anders over dan het onderbeen te amputeren.

Hoe ongelooflijk het ook mag klinken, honderdvierentintig dagen na het ongeluk en terwijl ze nog niet kon lopen, was Natalie alweer terug in het zwembad. ‘Terwijl ik in het ziekenhuis lag, twijfelde ik er geen seconde aan dat ik weer zou gaan zwemmen’, zegt ze. ‘Zwemmen was mijn lust en mijn leven, het was mijn passie.’ Nu ze erop terugkijkt, zegt ze dat ze toen eigenlijk alleen maar het water inging om te zien wat ze nog kon. Weinig kon ze toen vermoeden dat ze de keerzijde zou vinden en daardoor haar jeugddromen zou verwezenlijken, en meer dan dat. Het zou niet lang duren of ze zou een sportlegende worden.

In 2002, een kleine twee jaar na het ongeluk, plaatste Natalie zich voor de finale van de 800 meter op de Commonwealth Games. Een groot succes! Het was de eerste keer dat iemand bij wie een ledemaat geamputeerd was zich plaatste voor de finale van de Commonwealth of welke internationale zwemwedstrijd voor mensen zonder lichaamsgebreken ook. Ook al kon ze het op die wedstrijden bij lange na niet winnen van zwemmers zonder gebreken, ze won twee keer goud op de 50 en 100 meter vrije slag voor zwemmers met een meervoudige handicap en kreeg de ‘David Dixon Award for Outstanding Athlete of the Games’, vóór de Australische zwemmer Ian Thorpe, die zes keer goud en één keer zilver had gewonnen en ook een nieuw wereldrecord had gevestigd.

In 2003 nam Natalie deel aan de Afro-Asian Games, waar ze zilver en brons won op de 800 en de 400 meter vrije slag. In datzelfde jaar won ze op de All-Africa Games goud op de 800 meter vrije slag. Het is ongelooflijk dat ze die overwinningen behaalde terwijl ze zwom tegen medestanders zonder lichamelijke beperking. Het jaar daarop, in 2004, behaalde Natalie in totaal zes medailles, vijf keer goud en één keer zilver, op de Olympische Spelen voor lichamelijk gehandicapten in Athene.

Maar in de zomer van 2008 verwezenlijkte Natalie du Toit in Beijing haar droom: haar land vertegenwoordigen op de Olympische Spelen. In de open-waterrace van 10 kilometer eindigde ze samen met vierentwintig zwemsters van wereldklasse die geen lichamelijke gebreken vertoonden op de zestiende plaats. Een uitzonderlijke prestatie! Aan haar de eer om de vlag van Zuid-Afrika te dragen bij de openingsceremonie – nog een record, want dit was de eerste keer dat een invalide atleet op de Olympische Spelen voor mensen zonder lichamelijke beperking een vlag mocht dragen. Dezelfde eer werd haar gegund op de daaropvolgende Paralympics waar Natalie op verbluffende wijze vijf keer goud won.

Nu studeert Natalie du Toit naast het zwemmen sportmanagement en is ze een geïnspireerd en inspirerend spreekster. Haar jeugddroom – mogen zwemmen op de Olympische Spelen – was in vervulling gegaan. Het was een groot succes dat ze zich plaatste wanneer je bedenkt dat ze in fysiek opzicht echt in het nadeel is vergeleken bij zwemmers zonder lichamelijk gebrek. Dat ze zich voor de Olympische Spelen kon plaatsen is werkelijk verbluffend. Het is net zoiets als dat iemand een wereldwedstrijd kayakracen doet met slechts één roeispaan aan één kant. Maar nu ze haar droom heeft verwezenlijkt, heeft ze haar ogen gericht op een nieuwe droom, ze kijkt uit naar de Olympische Spelen van 2012 in Londen, waar ze zich niet alleen hoopt te plaatsen, maar misschien zelfs het onmogelijke wil doen: een medaille behalen.

Natalie du Toit vertegenwoordigt het Olympisch ideaal: niet het winnen is belangrijk, maar het deelnemen. De overwinning zit hem niet alleen in het moment dat je wint, maar in de worsteling om te bereiken wat je je ten doel hebt gesteld. Natalie du Toit is, net als haar landgenoot Oscar Pistorius, een voorbeeld bij uitstek van wat tot de mogelijkheden behoort. Ze laat zien dat met de juiste instelling alles mogelijk is – zelfs na een tragische tegenslag. Juist in het aanzicht van tegenslagen kunnen we iets groots bereiken.

Het waren niet alleen Oscar Pistorius en Natalie du Toit die een bron van inspiratie vormden voor de mensen die in Beijing naar de Paralympics keken. Elk van de 4000 deelnemers herinnert ons eraan dat het leven zelfs na grote tegenslagen vol mogelijkheden kan zijn. Iedere atleet heeft een persoonlijk verhaal over het overwinnen van tegenslagen, en hun aanwezigheid op de Paralympics is op zich al een keerzijde van groot belang. Hun bereidheid om te vechten en het beste uit zichzelf te halen, gaf hun leven zin en betekenis. En wat nog belangrijker is, ieder van hen wist uit de tragedies en ongelukken die hen in het verleden troffen de keerzijde te halen door zich te richten op de mogelijkheden die de toekomst hun bood.

Drie vingers, drie tenen en een positieve instelling

Ik zou liever één been en een positieve instelling hebben dan twee benen en telkens weer een negatieve houding.
ROGER W. CRAWFORD II

Roger W. Crawford had bij zijn geboorte een aangeboren afwijking die bekendstaat als ectrodactylie. Alle vier zijn ledematen waren aangetast. Hij kwam ter wereld met twee vingers aan zijn linker- en één vinger aan zijn rechterhand. Hij had drie tenen aan zijn rechtervoet en zijn linkerbeen werd geamputeerd toen hij nog maar vijf jaar was. Maar Roger is nu een alom bekend en veel gevraagd, inspirerend spreker en, net zoals dat bij Oscar Pistorius het geval is, is zijn succes te herleiden tot zijn invaliditeit.

'Ik kan me zo voorstellen dat u ervan opkijkt wanneer ik zeg dat mijn handicap me voor mijn gevoel op allerlei manieren heeft geholpen', zegt hij. 'Is het niet ongelooflijk boeiend dat we door te worstelen met onze zwakke kanten onze sterke kanten vinden?'

Ondanks zijn invaliditeit kreeg Roger van de United States Professional Tennis Association zijn diploma als tenniscoach. Hij heeft een bachelor's degree in communicatie van de Loyola-Marymount-universiteit in Los Angeles en werd de eerste zwaar gehandicapte die op de middelbare school in de eerste divisie van de NCAA speelde.

Roger vond de keerzijde van zijn invaliditeit doordat hij koos voor een carrière als professioneel spreker. 'Ik heb het gevoel', zegt hij, 'dat ik door mijn werk echt iets doe. Ik houd van mijn werk en ik geloof in mijn werk. Dus voor mij is wat ik doe geen werk, maar gewoon iets wat ik heerlijk vind.' Zijn advies aan mensen die hem dat vragen is eenvoudig, maar gaat heel ver: 'Concentreer je op wat je kunt en blijf niet vastzitten aan wat je niet kunt.' Oscar Pistorius stelde dat als volgt: 'Ik heb een paar beperkingen, maar ik heb miljoenen vermogens. Ik laat wat ik kan niet overschaduwen door wat ik niet kan.'

Er zijn daarboven een paar grote rotsen!

In de hitte van de Texaanse zomer daalt een oude, ervaren klimmer af van Guadelupe Peak. Hij kijkt voor zich en is met stomheid geslagen. Voor hem is een groep mannen op weg naar de top. Hij kijkt ze vol ongeloof aan. Ze kunnen volgens hem op geen enkele manier de top van de berg bereiken. De oude man doet zijn best hen te waarschuwen: 'Jongens, weten jullie dat er daarboven een paar grote rotsen zijn?' De mannen glimlachen alleen maar en antwoorden: 'Ja, dat idee hadden we al.' Alle mannen in het gezelschap waren zich ervan bewust dat klimmen naar de top van de berg niet eenvoudig zou zijn, maar geen van hen twijfelde er ook maar één moment aan dat ze het zouden halen.

Guadelupe Peak is de hoogste berg in Texas, zo'n zestien kilometer van de grens met New Mexico. De top is zo'n 2625 meter hoog en kenmerkt zich door een obelisk van roestvrij staal, die daar in 1958 door American Airlines is neergezet ter herinnering aan het honderdjarig bestaan van de Butterfield Overland Mail, een postkoetsroute die ten zuiden van de berg liep. Vanaf de top heb je een prachtig uitzicht van 270 graden. Naar het westen strekken zich zover het oog reikt de zoutvlakten uit en naar het zuiden en oosten ligt de Chihuahuawoestijn. De volledige cirkel van de horizon wordt alleen aan de noordkant belemmerd door de lagere bergtoppen.

De beklimming is in alle opzichten een ongelooflijke ervaring. Het is een pad van bijna zeven kilometer, dat begint op het kampeerterrein van het National Park, over allerlei soorten terrein loopt en onderweg een stel schitterende vergezichten biedt. Klimmers zien de centrale Pine Springs Canyon, de woestijnvlakten naar het zuiden, dan het vlakkere land binnen de bergen vóór ze ten slotte bij de piek zelf aankomen, die pas tegen het eind van het pad opdoemt. Tegen de tijd dat de klimmers de top bereiken, hebben ze meer dan 1000 meter geklommen.

De meeste klimmers bereiken de top in minder dan vijf uur, maar het kostte die groep van vijf man vijf hele dagen om de top te bereiken. Maar het belangrijkste was dat de mannen er, ondanks de waarschuwing van de oude man en de twijfels van een heleboel anderen, in slaagden de top te bereiken. Ze hadden iets gedaan wat volgens veel mensen onmogelijk was. Ze hadden de hoogste berg in Texas beklommen in hun rolstoel!

Een van de rolstoelklimmers die dag was een man die Don Rogers heette. Rogers was net eenentwintig toen hij betrokken raakte bij een motorongeluk, waarbij hij vanaf zijn middel verlamd raakte. Het was een vreselijk drama, maar het was tegelijkertijd ook de katalysator voor een verandering die hem voor nieuwe uitdagingen stelde en zijn leven in een nieuwe richting stuwde.

'Ik had na het ongenluk grote moeite met mijn motoriek en mijn gevoelszintuigen functioneerden een stuk minder goed', zegt Rogers. 'Ik heb mijn benen nog steeds vrij goed onder controle, maar net niet goed genoeg om te kunnen lopen zonder beugels en krukken, en dat is knap vervelend. Ik merkte al vrij gauw dat ik me met de rolstoel echt het beste kon bewegen.' En in zijn rolstoel vond Rogers een nieuw leven.

'Het is wel een beetje ironisch', zegt Rogers, 'want volgens mij kreeg ik door dat ongeluk de kans om bepaalde dingen te doen, dingen die meer passen bij mijn kijk op het leven en die ik anders misschien niet zou hebben gedaan.' Eén van die kansen was het doen van rolstoelsporten. 'Nadat ik mijn eindexamen had gedaan', zegt hij, 'dacht ik echt dat het competitie-element van de wedstrijdsport voor mij voorbij was.' Maar door zijn betrokkenheid bij de rolstoelsport vond Rogers niet alleen een nieuwe wereld vol kansen, hij vond ook een nieuwe loopbaan die hem werd aangereikt in de vorm van de sport- en speltherapie.

Rogers ging zich een paar weken nadat hij van zijn ongeluk hersteld was op de rolstoelsporten toeleggen en merkte dat hij geschikt was voor rolstoelparcoursen en veldwedstrijden. Hij werd uiteindelijk de wereldrecordhouder voor de 100 meter sprint. Hij vond het heerlijk om basketball en tennis te spelen en zelfs te voetballen. Doordat Rogers steeds meer bij de rolstoelsporten betrokken raakte, realiseerde hij zich dat dit nu een heel nieuwe passie in zijn leven was, waardoor hij de brui gaf aan zijn baan als technisch tekenaar en ontwerper om door te gaan in de sport- en speltherapie. 'Het drong al heel snel tot me door dat ik niet elke dag op kantoor achter een computer en een tekenbord wilde zitten. Ik diende mijn ontslag in en vertrok.'

Nu is Don Rogers hoofddocent rehabilitatie en sport- en speltherapie aan de universiteit van de staat Indiana en zet hij zich met hart en ziel in voor mensen met een lichamelijke beperking. Die mensen worden door hem opgeleid om beter om te gaan met dat wat voor hen een uitdaging vormt. Ze maken daarbij gebruik van parcoursen in de vrije natuur, waar ze met elkaar moeten onderhandelen over de te volgen route en onderweg allerlei hindernissen moeten nemen. Hij toont aan dat wanneer je een doel benadert met een positieve instelling, je dingen kunt bereiken die je daarvoor niet voor mogelijk had gehouden. En dat is de hoeksteen van de keerzijde. Wanneer je je tegenslagen overwint, word je je vaak voor het eerst in je leven bewust van je eigen potentieel. Moeilijkheden overwinnen kan een verschuiving in je wereldbeeld teweegbrengen, waarbij je er juist door je worsteling en strijd van overtuigd raakt dat, ook al heb je een verlies geleden, het leven toch vol mogelijkheden zit.

15

De drie wegen: De zoektocht naar betekenis en zingeving

Zelfs al worden we geconfronteerd met een uitzichtloze situatie, ook al moeten we iets vreselijks onder ogen zien waaraan niets te veranderen valt, we mogen nooit vergeten dat we toch betekenis aan het leven kunnen geven. Dan komt het eropaan dat we getuigenis afleggen van het unieke vermogen van de mens, namelijk, dat je een persoonlijk drama weet om te zetten in een overwinning, dat je een hachelijke situatie tot een succes weet te maken.

VIKTOR FRANKL, *MAN'S SEARCH FOR MEANING*

Ze kwamen hem op 25 september 1942 halen. Viktor Frankl werd samen met zijn vrouw Tilly en zijn ouders afgevoerd naar het concentratiekamp Theresienstadt in het noordwesten van de huidige republiek Tsjechië. Het was het begin van een onvoorstelbare nachtmerrie, die drie jaar zou duren en waarin dokter Frankl alles kwijtraakte en vrijwel iedereen verloor die hem dierbaar was. Met uitzondering van zijn enige zuster, die aan dit alles ontkwam door naar Australië te emigreren, werd zijn hele familie uitgemoord. Dokter Frankl overleefde een van de meest duistere en beschamende episoden uit de geschiedenis van Europa en was getuige van ontbering en uitroeiing op een schaal die nooit eerder was vertoond. Maar zelfs in die barre omstandigheden, waarbij hij extreme ellende en de voortdurende dreiging van de dood onder ogen moest zien, lukte het hem in zijn lijden en ervaringen iets te vinden dat niet alleen zíjn leven zou veranderen, maar waarmee hij letterlijk honderdduizenden anderen hielp. Dokter Frankl overleefde niet alleen de vervolging door de nazi's, hij vond daarin ook een keerzijde.

De vesting Terezín werd aan het eind van de achttiende eeuw gebouwd en ontleende zijn naam aan de moeder van de Oostenrijkse keizer Jozef II, die opdracht gaf tot de bouw ervan. Het werd in de Eerste Wereldoorlog gebruikt als gevangenis, maar werd in 1941 door de Gestapo veranderd in een concentratiekamp, dat bekend werd onder de Duitse naam Theresienstadt. De hoofdvesting was voor de oorlog een Tsjechisch stadje geweest dat 7000 mensen kon herbergen. Nadat de nazi's er een concentratiekamp van hadden gemaakt, werden er telkens meer dan 50.000 joodse mannen, vrouwen en kinderen ingepropt.

In zijn boek *Man's Search For Meaning* beschrijft Viktor Frankl de afgrijselijke omstandigheden in Theresienstadt.

Vijftienhonderd gevangenen werden in een schuur gepropt waarin je hoogstens tweehonderd mensen kon huisvesten. We hadden het koud, we hadden honger en er was niet genoeg ruimte voor iedereen om op de grond te hurken, laat staan te liggen. Een stuk brood van 155 gram was het enige wat we te eten kregen en daar moesten we vier dagen mee doen.

Alle gevangenen van Theresienstadt moesten slavenarbeid verrichten en wie te zwak was om te werken, werd afgevoerd naar Auschwitz om te worden vergast. Het eten was schaars, medicijnen en tabak waren niet toegestaan en de kampregels verboden mannen en vrouwen zelfs om elkaar te ontmoeten. Wie werd betrapt op het overtreden van de regels of volgens de bewakers niet hard genoeg werkte, stond een pak slaag of erger te wachten. Maar waar ze het allerbangst voor waren, was de constante dreiging om te worden afgevoerd naar een vernietigingskamp als Auschwitz of Bergen-Belsen.

Uit de archieven blijkt dat toen Theresienstadt aan het eind van de oorlog op 9 mei 1945 door het Russische leger werd bevrijd, ze daar in totaal slechts 17.247 overlevenden aantroffen. Van de 144.000 joden die naar Theresienstadt werden gestuurd, stierven er 33.000 in het kamp, voor het overgrote deel door honger, stress en ziekte, met name de tyfusepidemie die de bewoners van het concentratiekamp aan het eind van de oorlog trof. Meer dan 88.000 mensen werden gedeporteerd naar Auschwitz en andere vernietigingskampen en van de om en nabij 15.000 kinderen die in het kindertehuis van het kamp verbleven, overleefden slechts drieënnegentig het.

Wanneer je dat tot je laat doordringen, is het moeilijk voor te stellen hoe het iemand lukt enig soelaas of enige betekenis te vinden in het lijden dat hij in een concentratiekamp van de nazi's te verduren kreeg. Maar dat is nu precies wat Frankl deed, en meer dan dat. Zijn ervaringen brachten hem ertoe te doen wat volgens veel psychologen een van de belangrijkste ontdekkingen is op het vlak van de klinische psychologie van de twintigste eeuw. Het was een ontdekking die mensen in de meest duistere periode van hun eigen leven heeft geholpen en die gevolgen heeft voor iedereen die te maken krijgt met een vorm van tegenslag, ramspoed, trauma of lijden. Die ontdekking was een nieuwe benadering in de psychotherapie, die berustte op datgene waarnaar door dokter Frankl werd verwezen als de Drie Wegen naar de betekenis van het leven.

De Drie Wegen

Viktor Frankl werd op 26 maart 1905 in een joods gezin in Wenen geboren. Zijn vader was rijksambtenaar, maar Viktor ontwikkelde een passie voor de geneeskunde en met name voor de psychologie. Hij specialiseerde zich in het behandelen van depressiviteit en het voorkomen van zelfdoding. Van 1933 tot 1937 was hij hoofd van het 'zelfmoordpaviljoen' van het Algemene Ziekenhuis in Wenen, dat probeerde mensen te helpen die met plannen tot zelfdoding rondliepen.

Door de observaties en ervaringen die hij opdeed in de concentratiekampen van de nazi's kwam Frankl steeds weer uit bij één vraag: hoe kun je ondanks tragedie en lijden 'ja' blijven zeggen tegen het leven? Het antwoord op die vraag vormde de grondslag van een volkomen nieuw terrein binnen de psychotherapie, dat door Frankl werd ontwikkeld en bekend kwam te staan als 'logotherapie'. Het begrip *logo* is afkomstig van het Griekse woord voor 'zingeving, betekenis'. Logotherapie verschilt daarin van andere scholen binnen de psychologie dat het patiënten en cliënten wil helpen zin en betekenis te vinden in hun ervaringen, met name in tijden van tegenslag. Dokter Frankl was tot de conclusie gekomen dat mensen niet in de eerste plaats worden gedreven door genot of macht. Volgens hem is wat ons bovenal motiveert de wil om zin en betekenis aan ons leven te geven.

Logotherapie gaat ervan uit dat er drie belangrijke wegen zijn waardoor een mens zin en betekenis kan vinden. De Eerste Weg is de zin of voldoening die we vinden door iets te scheppen of een daad te stellen. Dit kan letterlijk zijn dat we iets doen waarvan we geloven dat het waarde heeft of dat door ons gezien wordt als waardevol – van het schrijven van een gedicht, het zorgdragen voor een medemens of een huisdier, tot het aanleggen en bijhouden van een tuin of het bouwen van een huis.

De Tweede Weg tot betekenis in het leven vind je wanneer je iets meemaakt of iemand ontmoet. Logotherapie helpt mensen te zien dat het bij zingeving en het vinden van betekenis niet gaat om winnen of slagen in het bereiken van je doelstellingen. De Tweede Weg schraagt het Olympisch ideaal. Niet het winnen is belangrijk, maar het deelnemen. Frankl gaf aan dat de ervaring zelf – het deelnemen – even waardevol is en soms zelfs waardevoller kan zijn dan het winnen van een medaille.

Voor mijzelf was een van de beste voorbeelden van de Tweede Weg om het leven zin en betekenis te verlenen een prachtig verhaal in de *Chicago Tribune* in mei 2008. De vrouwensoftbalteams van de universiteit van Western Oregon en die van Central Washington speelden tegen elkaar in een beslissende wedstrijd in de eerste divisie.

Het kleine figuurtje van Sara Tucholsky – ze meet maar 1 meter 55 – stapte op de plaat. Twee van haar ploeggenoten stonden op de honken. Sara sloeg en miste de eerste worp van de pitcher. Ze zette zich schrap voor de tweede worp en sloeg met de beste zwaai van haar hele leven de bal uit het veld. Het was de eerste keer dat ze in wedstrijdverband een homerun sloeg, wat betekende dat van haar team drie mensen binnen konden komen, waardoor ze op voorsprong kwamen te staan.

Sara was buiten zichzelf van blijdschap, maar die vreugde was van korte duur. Toen ze langs het eerste honk rende, vergat ze het aan te tikken en toen ze op haar schreden terugkeerde om dat alsnog te doen, verdraaide ze haar knie en kwam ten val. Het enige wat ze kon doen was terug kruipen naar het eerste honk. Ze moest langs alle honken, anders was haar homerun niet geldig. De coach bij het eerste honk waarschuwde haar dat ze af zou zijn als een van haar ploeggenoten haar te hulp kwam. De scheidsrechter zei dat ze mocht vragen om iemand die in haar plaats zou lopen, maar dat dit slechts zou tellen als één enkele run. De drie runs waarop ze op gehoopt had, namelijk ook die van haar twee teamgenoten die op de honken stonden, zouden niet tellen.

Toen gebeurde er iets dat iedereen – de toeschouwers, de spelers en de scheidsrechters – met stomheid sloeg. Mallory Holtman, de speler van Central Washington die op het eerste honk stond, vroeg de umpire of zij en haar teamgenoten Sara Tucholsky mochten helpen. Ook al was zoiets nog nooit eerder vertoond, toch bevestigde de umpire dat er geen regel was die dat verbood. Dus legden Holtman en Liz Wallace, een van haar teamgenoten, hun armen onder Sara Tucholsky's benen, sloeg zij haar armen rond hun schouders en zo droegen ze haar rond alle honken zodat ze elk ervan met haar goede been kon aanraken. Toen ze de thuisplaat bereikten, rees de menigte in het stadion als één man in tranen op en juichte.

Mallory Holtman nam haar sport heel serieus. Ze had het grootste aantal homeruns gelopen in de Great North-West Athletic Conference League. Dat Holtman Sara Tucholsky die dag hielp haar drie runs te maken kostte haar en haar team de wedstrijd – ze verloren met 4-2 – met als gevolg dat ze ook hun kans verspeelden om de conference league te winnen en een plaats te behalen in de beslissende finale. Maar toen Holtman later werd geïnterviewd, zei ze: 'Uiteindelijk gaat het er niet om of je wint of verliest. Het ging om dat meisje. Zij sloeg de bal over de hindernis, ze verging van de pijn en verdiende gewoon een homerun.'

Ook al verloren Mallory Holtman en haar ploeggenoten die dag de wedstrijd, ze ontdekten iets dat veel belangrijker is dan het winnen van een prijs. Ze hadden de Tweede Weg naar betekenis in het leven gevonden. Misschien dat hun verhaal anderen inspireert om iets dergelijks te doen. Gary Frederick, de coach van Central Washington, zei later dat het een voorbeeld bij uitstek van sportiviteit was geweest. Het is iets dat iedereen die er die dag bij was zich zal herinneren en waarover ze de rest van hun leven niet uitgepraat zullen raken.

De Derde Weg naar zingeving in het leven is, zo schreef dokter Frankl, de allerbelangrijkste. Deze verwijst naar het gegeven dat er in het leven zelfs bij onvermijdelijk lijden en onoverkomelijke tegenslagen betekenis te vinden is. De Derde Weg biedt de hoop dat de mens zelfs bij de ergste persoonlijke tragedie en in het aanzicht van het onvermijdelijke en iets dat niet op te lossen valt en nooit meer hersteld kan worden, nog steeds een keerzijde kan vinden. 'Zelfs het hulpeloze slachtoffer van een uitzichtsloze situatie, die een lot onder ogen moet zien waaraan hij niets kan veranderen', zo schreef Frankl, 'kan boven zichzelf uitstijgen, boven zichzelf uitgroeien en zo een verandering in zichzelf bewerkstelligen. Zo kan hij een persoonlijk drama omzetten in een overwinning.'

In 1978 kreeg Frankl een brief van een jongeman – hij heette Jerry Long – die een jaar daarvoor bij een tragisch duikongeluk zijn nek had gebroken. Jerry was achttien toen hij aan dokter Frankl schreef, maar zijn woorden waren het begin van een vriendschap die een leven lang zou duren.

In die brief had Jerry Long geschreven: 'Ik zie mijn leven als iets boordevol betekenis en met een doel. De houding die ik op die noodlottige dag aannam is mijn persoonlijke geloofsovertuiging voor het leven geworden: ik brak mijn nek, maar dat heeft mij niet gebroken. Ik loop nu mijn eerste college psychologie. Ik geloof dat mijn handicap mijn vermogen om anderen te helpen alleen maar zal versterken. Ik weet dat de groei die ik heb doorgemaakt niet mogelijk zou zijn geweest zonder wat ik te verduren heb gekregen.'

Hoewel hij op dat moment nog maar achttien was, was Long ontroerd toen hij Frankl's boek *Man's Search For Meaning* las, en hij besloot een positieve draai aan zijn ongeluk te geven. In de jaren daarna leerde hij typen met behulp van een stokje in zijn mond en maakte hij zijn middelbare school af. Long woonde de lessen op school bij door een speciaal telefoonsysteem, waardoor hij de discussies in de klas kon volgen en eraan kon deelnemen. Door stug vol te houden en hard te werken behaalde Jerry Long later zijn doctoraal in de klinische psychologie en ontving hij talloze eerbewijzen en onderscheidingen op zijn vakgebied. Maar het grootste eerbetoon kwam misschien wel van zijn vriend en mentor dokter Viktor Frankl, die hem beschreef als een 'levend getuigenis voor de "kracht van de menselijke geest die alles weet te tarten"', een uitspraak waarnaar in de logotherapie wordt verwezen om de Derde Weg tot betekenis in het leven te verduidelijken.

De Derde Weg was een van de eerste stappen op het pad die leidde tot de ontdekking van het verschijnsel dat nu bekendstaat als posttraumatische groei (PTG). Maar terwijl andere psychologen aantoonden dat elk trauma kansen op groei bood, gaf dokter Frankl met zijn logotherapie mensen een recept in handen om daadwerkelijk zover te komen. De Derde Weg werd het pad naar de keerzijde, waarvoor in het trauma zelf geen tastbaar of duidelijk pluspunt te vinden was.

In hun werk als therapeut proberen beoefenaars van de logotherapie cliënten door bespiegelende vragen zover te brengen dat zij de zin in hun lijden kunnen ontdekken en een nieuwe betekenis aan hun leven kunnen geven. Na het lezen van de eerdere hoofdstukken klinken de stadia van herstel en verzoening in de logotherapie je hopelijk vertrouwd in de oren.

In eerste instantie proberen beoefenaars van de logotherapie de cliënt te helpen afstand te nemen van het probleem en het meer objectief te zien als een buitenstaander, die er vanaf een afstandje naar kijkt. Dan laten ze de cliënt het negatieve probleem in een ander kader zetten door het te zien als een positieve mogelijkheid, en helpen ze hen bij hun zoektocht naar nieuwe doelen en mogelijkheden in de toekomst. Ten slotte is de cliënt door die nieuwe doelstellingen en dat toekomstige potentieel in staat waardering op te brengen voor nieuwe positieve betekenissen in het leven.

Volgens dokter Frankl bestaat logotherapie uit fundamenteel graafwerk en maak je mensen zich zo meer bewust van iets dat altijd al in hen heeft gezeten. Hij verwijst hiernaar als 'de wijsheid van het hart'. Hij zegt verder dat ieder van ons intuïtief weet waar het in het leven echt om gaat. We hunkeren allemaal naar zingeving. Logotherapie herinnert ons aan die behoefte en helpt mensen die zingeving zelfs te vinden in wat op het eerste gezicht een uitzichtloze situatie lijkt te zijn. Alles waar wij in het leven mee te maken krijgen stelt ons voor de vraag 'Wat betekent dit voor mij?', maar dat is een vraag die alleen beantwoord kan worden door onze reactie op wat er gebeurd is.

Betekenis toekennen en de boze moeders

Fair Oaks, Californië. Een prachtige zonnige dag in mei. Cari Lightner, een meisje van dertien, is met een vriendinnetje op weg naar een plaatselijk carnaval. De meisjes lopen vrolijk te babbelen en hebben niet in de gaten dat er een auto op hoge snelheid en verschrikkelijk slingerend de hoofdstraat indraait. De auto gaat nog harder rijden en rijdt recht op Cari in. De klap komt zo hard aan dat ze letterlijk uit haar schoenen wordt geslagen en bijna veertig meter door de lucht vliegt. Haar vriendin staat er verstijfd van schrik bij. De bestuurder verliest het bewustzijn, maar als hij weer bijkomt, gaat hij er als de weerlicht vandoor en laat Cari dodelijk gewond op straat achter.

Als Candace Lightner later op de middag met de boodschappen naar huis terugkeert, treft ze haar vader en haar ex-man aan op het grasveld voor het huis, waar ze op haar zitten te wachten. Haar vader loopt naar haar toe en slaat zijn armen om haar heen. Als ze vraagt wat er aan de hand is, zegt Steve: 'We zijn Cari kwijt.' Candace begrijpt niet wat hij daarmee bedoelt. Dan kijkt hij haar recht in de ogen en zegt: 'Ze is dood. Ze is aangereden en ze is dood.' Candace zakt schreeuwend in elkaar.

De dag na Cari's begrafenis belt de politie om te zeggen dat ze de automobilist hebben gepakt en gearresteerd. Later die dag rijdt Candace langs de plek waar haar dochter is doodgereden en ziet ze dat de politie onderzoek verricht op de plek des onheils. Ze stapt meteen uit haar auto en vraagt of ze de dood van haar dochter aan het onderzoeken zijn. 'Dat bevestigden ze, waarop ik hun vertelde dat ik haar moeder was', zegt Candace, waarop een van de agenten zegt: 'Dan nemen we aan dat u de omstandigheden kent.' Ze wist niet waar ze het over hadden, maar wist een van hen die informatie te ontfutselen. De zevenenveertigjarige automobilist die haar dochter had doodgereden had dronken achter het stuur gezeten. Candace hoort tot haar ontzetting dat dit bepaald niet de eerste keer was. Dit zou zijn vijfde veroordeling in vijf jaar worden. Maar het ergste was dat de man op de dag dat hij Cari doodreed op borgtocht was vrijgelaten na een recent incident waarbij hij dronken achter het stuur had gezeten.

Candace was met stomheid geslagen en woedend over wat ze had gehoord. Ze vroeg hoelang de man de bak in zou draaien voor het feit dat hij Cari had doodgereden. Een van de agenten keek haar aan en wat hij zei was bloedstollend. De man zou helemaal niet achter de tralies belanden. 'Zo werkt het systeem nou eenmaal.'

'Ik voelde me zo hulpeloos. Zo verloren. Zo woedend', zegt Candace. Toen ze stilstond bij wat de politie haar had verteld, werd ze steeds bozer. Later op de dag besloot ze iets te doen om een eind te maken aan de zinloze tragedies die in heel Noord-Amerika door dronken automobilisten worden aangericht. Ze noemde haar kruistocht MADD – Mothers Against Drunk Drivers – en Cari's slaapkamer was het hoofdkwartier.

Cari Lightner werd het gezicht van de MADD-campagne. In oktober van dat jaar sloot Cindi Lamb, wier zes maanden oude dochtertje Laura vanaf de nek verlamd was geraakt bij een ongeluk, veroorzaakt door een dronken automobilist, zich bij de campagne aan. Bij 60 procent van de dodelijke auto-ongelukken in de Verenigde Staten is alcohol in het spel.

Op 1 oktober 1980 brachten Candace Lightner en Cindi Lamb op een persconferentie op Capitol Hill in Washington D.C. een geweldige verschuiving teweeg in de publieke opinievorming. Chuck Hurley, die toen voor de Nationale Veiligheidsraad werkte, zegt daarover: 'Op die dag veranderde de maatschappelijke tolerantie ten opzichte van mensen die dronken achter het stuur zitten voorgoed.' Sinds die dag heeft MADD door groots opgezette campagnes en politiek lobbiën geholpen veranderingen in de wetgeving teweeg te brengen. Volgens de statistieken van de US National Highway Safety Administration zijn er door toedoen van MADD sinds 1980 meer dan 300.000 levens gered.

Niets kan het verlies van een kind goedmaken. Er bestaat geen keerzijde voor het verlies van iemand die je dierbaar is, maar in zekere zin zijn dat nu juist de momenten waarop je die andere kant zo hard nodig hebt. Vandaar dat veel mensen zoals Candace Lightner en Cindi Lamb op die tragedie reageren door zin te geven aan hun verlies door het steunen of oprichten van een hulpverleningsorganisatie om anderen in soortgelijke omstandigheden bij te staan. Candace Lightner en Cindi Lamb riepen een keerzijde in het leven die zin gaf aan hun verlies en het leven redde van honderdduizenden mensen in heel Noord-Amerika.

16

Het relationele aspect: Je omringen met de juiste mensen

De kwaliteit van je leven komt tot uiting in de kwaliteit van je relaties.

TONY ROBBINS

Mark Pollock herinnert zich hoe hij in april 1998 'op wolken liep'. Het zat hem in alles mee. Het was zijn vierde en laatste jaar op het Trinity College in Dublin en hij moest over een paar weken zijn laatste examens doen voor zijn doctoraal bestuurskunde en economie. Als aanvoerder van een roeiteam van de universiteit keek hij ernaar uit om mee te doen aan de zomerregatta's, en in september zou hij een baan krijgen bij een investeringsbank in de stad. Het leven zag er rooskleurig uit, tot hij op een dag tijdens de training in de sportzaal merkte dat er iets niet in de haak was.

Het gebeurde van de ene seconde op de andere. Hij merkte dat zijn randvisie wazig werd. Toen hij een kind was, hadden zijn netvliezen losgelaten. Daar was toen iets aan gedaan en hij wist dat het terug kon komen, maar omdat het al die tijd zo goed was gegaan, zat hij daar niet mee. Toen de diagnose werd gesteld, was Mark dan ook niet voorbereid op de ernst van de zaak. Binnen een paar weken werd hij aan zijn ogen geopereerd, maar toen hij bijkwam, was hij volslagen blind. Een tweede operatie mislukte eveneens en Marks toekomst was nu volkomen onzeker. 'De schok van het blind worden was bijna ondraaglijk', zegt hij. 'Het ene moment was ik in de wolken en zat alles me mee, het volgende ogenblik kon ik niets meer zien. Ik dacht echt dat mijn leven voorbij was.'

Mark herinnert zich die tijd als een 'ware ramp'. 'Opeens viel alles waar ik mijn best voor had gedaan weg', zegt hij. Hij ging nog wel naar de Henley Regatta, maar dat hij er niet aan kon deelnemen en al zijn vrienden plannen hoorde maken om die zomer te gaan reizen en aan een nieuwe carrière te beginnen, maakte dat hij zich nog beroerder voelde. Het was het dieptepunt van zijn leven. Maar bij terugblik was dit nu juist de katalysator die onverwachte kansen bood. Het leidde Mark naar een nieuw leven dat hem naar plaatsen over de hele wereld voerde die hij anders nooit gezien zou hebben en die hem ervaringen bracht waarvan hij nooit had gedacht dat ze mogelijk waren vóór hij zijn gezichtsvermogen verloor.

Sinds hij blind is, is Marks leven allesbehalve de 'sleur' die zijn leven volgens hem zou zijn geweest als hij bij die investeringsbank was gaan werken. Hij is een internationaal gewaardeerd, inspirerend spreker, hij doet mee aan marathons in de vrije natuur en schrijft boeken. Hij heeft in heel Europa, Azië en Noord-Amerika inspirerende lezingen gegeven, waarbij hij zich richtte op kernpunten als het persoonlijk nemen van verantwoordelijkheid voor je daden, het onder ogen zien van de feiten en het behalen van succes.

Mark brengt wat hij verkondigt daadwerkelijk in praktijk en gebruikt wat hij meemaakt als model bij zijn bevlogen lezingen. In 2002 won hij op de Commonwealth Rowing Championships zilver en brons en op 10 april 2004, op de kop af zes jaar nadat hij blind was geworden, liep hij de moeilijkste marathon van de wereld op de noordpool.

Mark kan nu zien dat zijn blindheid hem nieuwe, opwindende mogelijkheden heeft geboden. 'Geen van de beroepskeuzeadviseurs die ik op de middelbare school raadpleegde had een carrière kunnen uitstippelen zoals ik die nu heb', zegt hij. 'Ik weet niet eens of ze wisten dat een carrière als de mijne überhaupt bestond.'

Wat beschouwt Mark als de belangrijkste factoren die ertoe hebben bijgedragen dat hij degene is geworden die hij vandaag de dag is? 'Er kwam een moment waarop ik me realiseerde dat ik nog steeds iets van mijn leven kon maken en dat ik kon blijven sporten, met name roeien.' Mark is altijd geweest wat hij zelf een 'positieve realist' noemt en dat speelt volgens hem ontegenzeglijk een rol bij zijn succes. Daar komt bij dat hij altijd doelgericht is geweest. 'Het is voor mij heel natuurlijk om me op een doel te richten', zegt hij, 'en van alles en nog wat te doen.' Daardoor kijkt hij altijd met spanning uit naar de uitdagingen waarvoor hij gesteld wordt. Maar zijn laatste opmerking is de weerklank van het gevoel dat heel veel mensen hebben die ik over de keerzijde heb geïnterviewd. 'Het allerbelangrijkste voor mij, dat wat er echt toe deed, was dat ik de juiste mensen om me heen had, die me hielpen. Het viel niet mee om opeens afhankelijk te zijn van anderen. Ik moest mijn trots wegslikken. Ik moest leren bereid te zijn anderen om hulp en steun te vragen en die dan ook echt te ontvangen. Maar de steun die ik ontving, die maakte het grote verschil.'

De wetenschap van geluk

Het goede nieuws moet verspreid worden: als je echt gelukkig wilt worden, is het belangrijk dat je werkt aan sociale vaardigheden en op zoek gaat naar hechte interpersoonlijke en maatschappelijke steun.

EDWARD DIENER

In januari 2005 publiceerde *Time*-magazine een artikel met de titel 'The New Science of Happiness' (De nieuwe wetenschap van het geluk). Hierin werd nagegaan waardoor mensen zich gelukkig voelen. Het is een onderwerp dat psychologen tientallen jaren heeft beziggehouden, maar pas de afgelopen tijd is de aandacht van wetenschappers op dit terrein niet meer gericht op de traditionele manier van het behandelen van mentale aandoeningen, maar richten zij zich op de gevoelens die gezondheid en welzijn bewerkstelligen. De bevindingen van dit onderzoek onder leiding van professor Martin Seligman noemt men 'positieve psychologie'.

Het artikel verwees naar een onderzoek uit 2002 van professor Edward Diener en professor Seligman, dat in tegenspraak leek met de gangbare aannamen over wat het is dat maakt dat we ons gelukkig voelen. Veel mensen nemen aan dat geld en materiële bezittingen ons een geluksgevoel geven. Professor Diener en professor Seligman observeerden en onderzochten studenten en uit de resultaten bleek dat, als eenmaal aan onze basisbehoeften is voldaan, nog meer inkomen weinig bijdraagt tot het verhogen van ons geluksgevoel. Ze kwamen erachter dat geluk geen verband houdt met jeugd, huwelijk of intelligentie en dat het niet in belangrijke mate wordt beïnvloed door het weer, ook al kan gebrek aan zonlicht wel degelijk Seasonal Affective Disorder (SAD) veroorzaken, iets dat ook wel bekendstaat als winterdepressie of winterblues, een stemmingsstoornis, veroorzaakt door gebrek aan zonlicht. De belangrijkste factor die tot het geluk van mensen bijdraagt is echter het hebben van relaties.

Je op een persoonlijk niveau met andere mensen verbinden is volgens de meeste, zo niet alle wetenschappelijke onderzoeken die hiernaar zijn gedaan, wat ons het gelukkigst maakt. Anderen helpen geeft zin en betekenis aan het leven. Dit verklaart hoe en waarom mensen die te maken krijgen met tegenslagen en tegenwerking vaak zeggen dat ze gelukkiger zijn dan ze daarvoor waren. De traumatische gebeurtenis wordt vaak gezien als een vonk waardoor hechtere relaties ontstaan met mensen in ons sociaal netwerk, met name onze vrienden en familie. Dat leidt onveranderlijk tot diepere relaties met nieuwe mensen die we ontmoeten.

Vandaag de dag zijn de meeste geluksoefeningen die door 'positieve psychologen' worden getest, erop gericht mensen te helpen zich met anderen verbonden te voelen. De wetenschap is eindelijk de wijsheid van de Dalai Lama gaan begrijpen:

Wij mensen zijn sociale wezens. We zijn op de wereld gekomen door wat anderen hebben gedaan. We kunnen hier overleven doordat we wederzijds afhankelijk van elkaar zijn. Of we dat nu leuk vinden of niet, er is amper een moment in ons leven waarop we niet profiteren van wat andere mensen doen. Het is dus nauwelijks verbazingwekkend te noemen dat ons geluk voor het grootste deel te maken heeft met onze relatie met anderen.

Op vrijdag 29 februari 2008 speelden de Wayne High School Badgers, het schoolbasketbalteam in Bicknell, de halve 1A finale van de staat Utah. Aanvoerder van het team was de achttienjarige Porter Ellett. In eerste instantie hebben toeschouwers die hem niet kenden zich misschien afgevraagd wat hij daar eigenlijk deed. Waarom zit er in een basketbalteam van een middelbare school een jongen met maar één arm?

Porter verloor de functie over zijn rechterarm toen hij nog maar vier jaar oud was na een ongeluk waarbij hij van een vrachtwagen met laadbak viel en zijn arm onder de wielen werd verbrijzeld. Zijn arm bleef zwak en nadat hij hem meer dan twaalf keer had gebroken, koos hij ervoor om zijn arm te laten amputeren. 'Dat scheelde een hoop gedonder', zegt hij. En wat nog opmerkelijker is, is dat Porter rechtshandig was en moest leren hoe hij alle sporten moest spelen met zijn veel zwakkere linkerarm.

Ondanks het feit dat hij maar één arm had, ontwikkelde Porter Ellett zich tot een uitmuntend atleet. Hij vertegenwoordigt zijn school niet alleen op het basketbalveld, hij komt ook uit voor de wieler-, veldloop- en honkbalteams van zijn school. En hij zit echt niet in die teams voor spek en bonen. Hij scoorde zestien van de vijftig punten van zijn team op de avond dat de halve finale van de staat gespeeld werd. Porter heeft 'de mentaliteit van een winnaar', zegt zijn coach en 'hij is een voorbeeld bij uitstek van hoe ver je daarmee kunt komen'.

Is de wedstrijd eenmaal begonnen, dan zijn de toeschouwers geboeid door Porters vaardigheden op het basketbalveld. Hij wordt altijd aan het begin van de wedstrijd opgesteld omdat hij een uitzonderlijke speler is, die een hoofdrol speelde bij het behalen van de halve finale. Als hem gevraagd wordt hoe hij zich voelt bij de reacties van de toeschouwers als ze hem voor de eerste keer het veld op zien komen, glimlacht hij alleen maar en zegt: 'Het is grappig om de reacties van de mensen te zien wanneer ze aan je twijfelen en ze je het veld op zien lopen en zich afvragen wat je daar doet. Dan kun je er echt tegenaan gaan en bewijzen wat je waard bent.'

Maar terwijl de schijnwerpers het grootste deel van het seizoen op Porter Ellett gericht waren, schrijft hij zelf zijn succes toe aan zijn ploeggenoten en vrienden. 'Zonder mijn maten, mijn vrienden, zou ik nergens zijn', zegt hij. 'Ik kan altijd op hen terugvallen. Als anderen me naar beneden halen, zijn zij er altijd voor me.' Toen Porter Ellett gevraagd werd op 3 maart 2008 op *Good Morning America* te verschijnen, stemde hij daarin toe op één voorwaarde, namelijk dat hij zijn ploeggenoten mocht meebrengen. 'Zij zijn de reden dat ik succes heb', zei hij.

Het belang van het hebben van een sterk netwerk van vrienden en familie die je steunen is iets dat in de verhalen van mensen over de keerzijde steeds weer opduikt. Bijna zonder uitzondering zwaaien mensen hun vrienden en familie lof toe voor het feit dat zij hen door die moeilijke tijden heen hebben geholpen. Je omringd te weten door positieve mensen blijkt meer dan wat ook een ondersteunende en stimulerende uitwerking te hebben.

Mike Jetter is ervan overtuigd dat het de onvoorwaardelijke liefde en steun van zijn familie en vrienden is die hem door de jaren heen heeft gesleept waarin hij de agressieve behandeling voor zijn chronische ruggenmergleukemie moest ondergaan. 'Als er iemand is zonder wie ik het beslist niet gered zou hebben', zegt hij, 'is het wel mijn vrouw, Bettina.' En hij voegde daar een interessant inzicht aan toe. 'Volgens mij is het niet zozeer het aantal mensen in je leven dat telt, het is de kwaliteit van de relaties die je hebt.' De mensen die de keerzijde hebben gevonden lijken het er in het algemeen over eens te zijn dat het in moeilijke tijden beter is één of twee toegewijde mensen naast je te hebben, dan honderd die er niet zijn als je ze juist het hardst nodig hebt.

Toen Amit Goffer tot de ontdekking kwam dat hij verlamd was en een onzekere toekomst in een rolstoel tegemoet ging – waardoor hij kwam tot het ontwerpen van de ReWalk™, een toestel waarmee mensen wier onderlichaam verlamd is weer kunnen leren lopen – was het volgens hem grotendeels te danken aan de steun van zijn gezin – zijn vrouw en kinderen – dat hij die tegenslag overwon en de keerzijde vond. Mark Pollock is het daar roerend mee eens. 'Bij het overwinnen van de problemen waar ik tegenaan liep toen ik net mijn gezichtsvermogen had verloren was het allerbelangrijkste dat ik de juiste mensen om me heen had.'

In Nieuw-Zeeland zei Anna Fitzpatrick dat haar familie en vrienden een 'heel belangrijke rol' hebben gespeeld om haar door de uitdagingen heen te helpen waarvoor ze zich gesteld zag toen haar haar uitviel. 'Ze hebben me zo fantastisch gesteund en me echt de kans gegeven mezelf te worden. Ze steunden me als ik dat wilde en ze deden een stapje terug wanneer ik daar geen zin in had. Proberen een remedie te vinden is wat alle ouders willen, maar toen ik op tienjarige leeftijd besloot dat ik al die medicijnen en middeltjes spuugzat was en zei dat ik niet langer mijn best wilde doen om mijn probleem op te lossen, respecteerden ze mijn wensen. Dat moet voor hen heel moeilijk zijn geweest als het enige wat je wilt is je tien jaar oude dochter helpen iets terug te krijgen dat ze is kwijtgeraakt.'

We hebben eerder besproken hoe onze relaties met vrienden en familie van essentieel belang zijn voor ons levensgeluk. Dit verklaart tot op zekere hoogte waarom onderzoeken waaraan ook mensen waren toegevoegd die niet de loterij hadden gewonnen, een zogenaamde controlegroep, hebben uitgewezen dat mensen na het winnen van de loterij niet gelukkiger worden. Dat verklaart misschien juist wel waarom het met velen van hen zo akelig afloopt. Het winnen van een bom duiten versterkt niet noodzakelijkerwijs onze relaties. In sommige gevallen verslechteren die er juist door. Het werpt ook licht op de vraag waarom mensen die bij een ongeluk het gebruik van hun ledematen verliezen – ook al zitten ze vlak na dat ongeluk vol woede en onzekerheid – acht weken na het ongeval het gevoel van geluk aanmerken als hun sterkste emotie. Relaties worden vaak veel hechter en intiemer na ziekte of letsel. Mensen voelen zich veeleer meer verbonden dan op zichzelf teruggeworpen en ontlenen vaak kracht en moed aan elkaar. Vandaar dat het ontwikkelen van sterke, hechte banden na een tegenslag of persoonlijk drama iemands kans op het vinden van de keerzijde vergroot. Zoals rabbijn Harold Kushner zegt in zijn bestseller *When All You've Ever Wanted Isn't Enough*: 'Vroeg of laat komt de golf voorbij en slaat alles tegen de vlakte wat we met zoveel wilskracht hebben opgebouwd. Als dat gebeurt, is alleen degene die de hand van een ander mens kan vasthouden in staat om te lachen.'

17

De geest richten: Innerlijke kracht vinden

Middenin de winter leerde ik eindelijk dat er zich in mij een onoverwinnelijke zomer bevond.

ALBERT CAMUS

Het is 1964. Een jongetje van net zeven zit voor een zwart-wittelevisie geboeid te kijken naar het meest spannende tv-programma dat hij ooit gezien heeft. Het heet *Maverick* en James Garner is de grote held, de cowboy-gokker, die elke klatsjer kan verslaan. De jongen droomt dat hij, als hij groot is, net zo zal zijn als Maverick. Hij zal iedereen aan de kaarttafel verslaan.

Het is het jaar 2008. In de wereld van professionele kaartspelers kan niemand ook maar aan hem tippen. Een tovenaar is hij niet, maar wat hij doet komt heel dicht in de buurt van echte magie. Heb je iemand ooit zoiets met een gewoon spel speelkaarten zien doen? Ik ben zelf amateur-goochelaar en hoorde al een paar jaar lang verhalen over Richard Turner. Hij kan vlak onder je neus een kaart pakken – of het nu gaat om de een na bovenste, de een na onderste of een kaart uit het midden van het pak – zonder dat iemand ook maar iets merkt. Bij hem vergeleken is Maverick, de held uit zijn eigen jeugd, een amateur. Richard wordt in de goochelwereld bewonderd en geëerd en liefdevol aangeduid als 'de Oplichter'.

Ik kreeg de Oplichter, alias Richard Turner, eindelijk te pakken in februari 2008 toen hij een lezing hield aan de Alicante-universiteit aan de Costa Blanca in Spanje. Ik zat samen met de andere toeschouwers vol ontzag te kijken toen hij liet zien wat hij met een pak kaarten kan doen. Je moet wat hij doet met eigen ogen gezien hebben om het te kunnen geloven. Op een bepaald moment overhandigde hij een pak kaarten aan iemand in het publiek met de vraag het goed te schudden en aan hem terug te geven. Hij vroeg toen aan iemand anders in het publiek zich voor te stellen dat ze samen met vier anderen een spelletje poker speelden met stapeltjes van vijf kaarten. 'Ik deel', zei hij. 'Wie wilt u dat ik laat winnen? Speler nummer één, twee, drie, vier of vijf?' Net als wij allemaal keek de man verbluft en enigszins skeptisch. 'Nummer vier', antwoordde hij. Maar hoe krijgt Richard het voor elkaar om met een pas geschud pak kaarten vijf keer rond te delen en er dan voor te zorgen dat degene die door een willekeurige toeschouwer is aangewezen wint?

Zonder ook maar een moment te aarzelen deelde Richard snel vijf keer rond – elke denkbeeldige speler vijf kaarten – en liet toen een voor een de kaarten die elk van die spelers had gekregen zien. De kaarten van de spelers één tot en met drie bevatten niets anders dan wat lage kaarten, maar toen de kaarten van de vierde speler werden getoond, bleek die tot stomme verbazing en ongeloof van iedereen in de zaal een full house in zijn hand te hebben!

Iedereen in die zaal was zelf goochelaar, maar geen van hen kon verklaren hoe Richard had kunnen doen wat hij deed. Niemand kon geloven wat hij zojuist met eigen ogen had gezien. Ik bestudeerde de kaarten zelf en kon niets ongewoons ontdekken, het leken de doodgewone standaardspeelkaarten te zijn die over de hele wereld in casino's gebruikt worden. Vóór we tijd hadden om stil te staan bij wat er net was gebeurd, gaf Richard een stel demonstraties die minstens even opmerkelijk waren. Iedereen die Richard in levenden lijve heeft gezien en heeft gadegeslagen wat hij doet, is het erover eens dat hij in de wereld van mensen die trucs met kaarten doen zijns gelijke niet kent. Maar wat dat wat Richard doet nog opmerkelijker maakt, is dat hij blind is!

Na de lezing ontmoette ik Richard in eigen persoon onder vier ogen. Hij is een innemende, aardige man, hij meet 1 meter 72 en heeft een middelmatig postuur. Hij heeft blond haar, heldere blauwe ogen en een kort geknipt baardje en snor. In zijn zwarte pak en met zijn keurig gesteven overhemd en vlinderdasje ziet hij eruit als een echte goochelaar. Afgezien van die das, die je buiten Noord-Amerika zelden ziet, is er niets ongewoons aan zijn uiterlijke verschijning. Maar toen ik met hem zat te praten, drong algauw tot me door dat Richard helemaal niet zo gewoon is.

Hij vertelde me dat hij zijn gezichtsvermogen begon te verliezen toen hij nog maar negen jaar oud was. Het gebeurde zomaar opeens. De ene dag merkte hij dat hij het schoolbord niet kon zien en niet lang daarna werd bij hem vastgesteld wat bekendstaat als birdshot chorioretinopathie. Vandaag de dag is daar, mits het maar vroeg genoeg wordt geconstateerd, wel degelijk iets aan te doen, maar in de jaren zestig van de vorige eeuw was het niet te behandelen. Het was niet te genezen en Richard werd gaandeweg volslagen blind.

Toen hij midden in zijn tienertijd zat, was Richards gezichtsvermogen bij benadering 20/400. Dat wil zeggen dat hij niet meer dan zes meter (20 voet) van iets verwijderd moest zijn om het nog te kunnen zien, terwijl iemand met een normaal gezichtsvermogen voorwerpen kan onderscheiden op een afstand van 120 meter (400 feet). Dit overschrijdt twee keer het criterium van wat officieel wordt aangemerkt als blindheid. Op zijn dertigste kon Richard als hij een speelkaart vlak voor zijn ogen hield nog steeds de hofkaarten – boer, vrouw, heer – van de rest van de kaarten onderscheiden en kon hij de azen zien omdat die eruitzagen als grote, vage witte vlekken. Maar nu is zijn gezichtsvermogen zo achteruitgegaan, dat hij niet eens meer kan zien of een kaart rechtop of op zijn kop staat.

Maar Richard heeft zijn gezichtsvermogen – of liever het gebrek daaraan – nooit gezien als een handicap. In feite verwijst hij er opmerkelijk genoeg naar als een 'geschenk'! Toen hem werd gevraagd dat nader te verklaren, zei hij dat bij terugblik zijn blindheid misschien wel het beste is dat hem ooit is overkomen. Zo zei hij bijvoorbeeld dat zijn blindheid ervoor gezorgd had dat hij zijn tastzin zodanig ontwikkelde, dat deze hem in staat stelt te doen wat hij doet. Hij kan namelijk aan het gewicht voelen welke kaart hij in handen heeft. In de hofkaarten zit meer inkt, waardoor ze net iets zwaarder zijn dan de kaarten met cijfers. Ook al is het verschil miniem en kunnen jij en ik het niet voelen, toch heeft Richard zijn tastzin zodanig ontwikkeld, dat hij onderscheid kan maken tussen de hofkaarten en de genummerde kaarten.

De afdeling onderzoek en ontwikkeling van de United States Playing Card Company, de grootste leverancier van speelkaarten ter wereld, stuurt Richard met de regelmaat van de klok kaarten toe om deze te 'analyseren'. Het hoofd van de afdeling geeft toe dat hij een paar keer heeft geprobeerd Richard om de tuin te leiden door hem spellen toe te sturen die bestonden uit oude én nieuwe kaarten, maar dat het Richard altijd lukt de afwijkingen eruit te halen.

Richard Turner is een van die mensen die uitblinkt in alles waar hij aan begint. Hij heeft meer dan vijfendertig jaar de oosterse gevechtskunsten bestudeerd en heeft honderden full contact gevechten op zijn naam staan, waarvan een en ander is vastgelegd op dvd. Hoe kan een man die niet kan zien een gevecht leveren met iemand die dat wel kan? Richards antwoord daarop is 'door heel goed op te letten'! In de tijd dat Richard zijn meeste full contact gevechten leverde, had hij, terwijl hij alles wat zich vlak voor zijn neus bevond niet kon zien, nog steeds een beperkte randvisie. Maar Richard leerde zichzelf aan om te zien met zijn geest. Dit zou ons absoluut ongeloofwaardig in de oren hebben geklonken als we in vorige hoofdstukken Ben Underwood al niet hadden ontmoet – die trouwens ook aan karate doet – en kennis hadden genomen van het werk van Paul Bach-y-rita. Als je Richard blind ziet trainen in een dojo, kun je nauwelijks zien dat hij blind is. Ook dat is vastgelegd op zijn dvd.

Net als zoveel anderen die in hun leven de keerzijde hebben gevonden, bekijkt Richard alles wat hij meemaakt altijd van de zonnige kant. Volgens hem is zijn blindheid hem op vele manieren van pas gekomen bij zijn werk met de speelkaarten. Zijn blindheid voorkwam dat hij werd afgeleid door iets dat in zijn omgeving voorviel, of dat nu de televisie thuis was of de dingen die buiten de auto of de trein plaatsvonden wanneer hij op reis was. Daardoor kon hij altijd oefenen zonder dat hij werd afgeleid. Richards vermogen om zijn aandacht te richten zonder zich te laten afleiden van datgene waar hij mee bezig is, is er volgens hem grotendeels verantwoordelijk voor dat hij bereikt heeft wat hij heeft bereikt en dat hij degene is geworden die hij geworden is.

Maar wat Richard Turner in overvloed heeft is het kenmerk waardoor mensen de keerzijde hebben gevonden, ook al kwamen ze voor nog zulke tegenslagen te staan. Het is een combinatie van zelfdiscipline, geestkracht en het vaste voornemen om te slagen. Het is een koppige weigering om voor wat of wie dan ook te wijken, het is het vermogen om elke uitdaging het hoofd te bieden in de wetenschap dat alles wat je overkomt de potentie bezit om je vanbinnen uit te helpen groeien en het beste te worden waartoe je in staat bent.

Innerlijke gerichtheid

Richard Turner gelooft dat zijn blindheid een geschenk inhield, niet alleen omdat zijn beperking hem stelde voor uitdagingen die hij anders niet had hoeven te overwinnen, maar ook omdat hij zich juist doordat hij niet kon zien vollediger kon richten op wat hij deed en doet. Dat wil niet zeggen dat je volgens hem beter blind kunt zijn dan dat je kunt zien. Verre van dat. Het wil zeggen dat hij heeft geleerd bij alles wat hij meemaakt op zoek te gaan naar de keerzijde, iets positiefs dat het leven bevestigt. Dat is voor hem tot een tweede natuur geworden. Net als zo velen die we in dit boek zijn tegengekomen heeft Richard geleerd wat door anderen als een nadeel wordt gezien in een nieuw kader te zetten en zich alleen te richten op de positieve kant, de keerzijde van zijn ervaringen.

Op 19 januari 2008 deed KFox news verslag van een seminar dat dat weekend in El Paso, Texas, werd gegeven door een zekere Miguel

Valdez. Valdez is, net als Richard Turner, een vijfde dan zwarte bander en wordt, net als Richard Turner, officieel aangemerkt als blind. 'Ik kan niet autorijden. Ik kan niet lezen zonder dat het heel sterk vergroot wordt en ik kan geen gezichten onderscheiden', zegt hij. Hij heeft in El Paso zijn eigen school in de oosterse gevechtskunsten, maar hij was daar dat weekend niet om over karate te praten. Hij was daar om een groep gehandicapte kinderen toe te spreken en hen eraan te herinneren dat ze, voor welke obstakels ze zich in hun leven ook geplaatst zien, hoe groot en ogenschijnlijk onoverkomelijk die ook mogen lijken, hun dromen kunnen verwezenlijken als ze altijd kijken naar de positieve kant van welke ervaring ook.

Valdez zei: 'Mijn boodschap aan die jonge mensen is dat ze zich niet moeten richten op hun beperkingen, maar op hun vermogens en kwaliteiten, op wat ze wel kunnen en waar ze goed in zijn.' Het seminar maakte deel uit van een programma dat 'Training Tomorrow's Mentors Today' heet en dat zich richt op het aanmoedigen van mensen met een beperking. Volgens de programmacoördinator, Lucila Lozano, was dat voor de kinderen een uitermate belangrijke boodschap. 'Ze krijgen misschien van mensen die belangrijk voor hen zijn te horen dat ze bepaalde dingen niet kunnen', zei ze. 'Tenzij we enkel positieve mensen in ons leven tegenkomen, geloven we misschien niet dat een bepaald doel voor ons wel degelijk te bereiken is.'

Innerlijke kracht vinden

Als je voor je gevoel voor een onoverkomelijk obstakel komt te staan, wil ik dat je aan mij denkt. En dat je dan tegen jezelf zegt: 'Als hij het kan, kan ik het ook.'
W. MITCHELL

San Francisco, 19 juni 1971. De achtentwintigjarige W. Mitchell is de koning te rijk. Die morgen heeft hij voor het eerst in zijn eentje in een vliegtuig gevlogen. De dag daarvoor heeft hij een spiksplinternieuwe motor gekocht en nu is hij op weg naar zijn werk. Maar het leven kan van de ene seconde op de andere drastisch veranderen en dat overkwam W. Mitchell die middag. Dat hij aan het eind van de dag nog in leven was, was op zich al een wonder, maar het feit dat hij de keerzijde vond en daarmee geluk en succes, is velen een raadsel.

Toen Mitchell op zijn nieuwe motor de kruising naderde waar de 26th Street en de South Van Ness elkaar snijden, draaide de bestelwagen van een wasserij ineens vlak voor hem de weg op. Ze botsten op elkaar en bij de klap gleed de motorfiets over de straat en werden Mitchells elleboog en bekken verbrijzeld. En toen vloog de benzinedop van de motor. De hitte van de motor deed de brandstof tot ontbranding komen en Mitchell was in een oogwenk omgeven door vlammen. 'Ik stond in één klap in lichterlaaie', zegt hij. Het was alleen te danken aan het alerte optreden van iemand die bij een nabijgelegen parkeerplaats aan het werk was, dat hij het überhaupt overleefde. De man kwam aanrennen en doofde het vuur met een brandblusser. Tegen de tijd dat de laatste vlammen gedoofd waren was 65 procent van Mitchells lichaam ernstig verbrand. Dankzij zijn helm was zijn hoofd grotendeels gespaard gebleven en zijn leren jack had zijn lichaam beschermd voor nog ernstiger lichamelijk letsel. Maar zijn gezicht en zijn armen en benen waren vreselijk verbrand. Zijn handen waren zwartgeblakerd en verkoold en zijn benen waren rood en rauw. Mitchell verloor het bewustzijn en kwam pas veertien dagen later weer bij bewustzijn. Toen hij ten slotte weer bij zijn positieven kwam, had hij ongelooflijke, brandende pijn en moest hij onder ogen zien dat hem een volslagen andere toekomst wachtte.

Er waren gedurende een periode van vier maanden dertien bloedtransfusies, zestien huidtransplantaties en een aantal andere operaties nodig voordat W. Mitchell eindelijk het ziekenhuis kon verlaten. Hij herinnert zich dat hij, toen hij eenmaal was ontslagen, 'zeeën van tijd had om uit te dokteren hoe ik een en ander moest doen'. Hij moest weer leren zelf dingen te doen. 'Ik had overal hulp bij nodig', zegt hij. 'Ik kon geen vork oppakken, ik kon mijn broek niet uittrekken, ik kon niet alleen naar de wc, ik kon niet telefoneren.' Maar W. Mitchell is er de man niet naar om het op te geven. Hij werkte hard op alle fronten en op de kop af een halfjaar na de dag waarop hij het ongeluk kreeg, vloog hij weer in een vliegtuig.

Er is enorm veel moed en kracht voor nodig om een groot trauma te overwinnen, maar om twee grote ongelukken te overwinnen, daar komt nog wel wat meer bij kijken. Vier jaar na het motorongeluk stortte het vliegtuig waar W. Mitchell in zat neer. Hij was de enige aan boord die niet bij het wrak kon weglopen. Door de klap van de crash brak hij zijn ruggengraat en daar was niets meer aan te doen. Zijn onderlichaam was verlamd.

Mitchell moet toegeven dat er momenten waren waarop hij het niet meer zag zitten. 'Ik vroeg me af wat me in vredesnaam overkwam', zegt hij. 'Waar had ik dit aan verdiend?' Maar Mitchell is uiteindelijk een rasoptimist en hij heeft de instelling van 'Ik kan het'. Hij herinnert zich dat hij in de sportzaal van het ziekenhuis een andere patiënt zag, een jongeman, die ook verlamd was. 'Hij had bergen beklommen', zegt Mitchell, 'hij had geskied, hij was een actief buitenmens, en hij was ervan overtuigd dat zijn leven voorbij was.' Mitchell ging naar de jongeman toe en zei iets tegen hem dat deze aan het denken zette. 'Vóór mij dit overkwam, waren er tienduizend dingen die ik kon. Nu zijn dat er nog maar negenduizend. Ik kan de rest van mijn leven stilstaan bij de duizend dingen die ik niet meer kan, maar ik kies ervoor me te richten op de negenduizend dingen die ik nog wel kan.'

Wat W. Mitchell na de twee ongelukken die hem overkwamen zou bereiken is zonder meer verbazingwekkend te noemen. Na zijn motorongeluk richtte hij samen met anderen de Vermont Castings op, een maatschappij met inmiddels een omzet van 65 miljoen dollar die houtbranders maakt en duizenden mensen in dienst heeft. Hij werd later burgemeester van de stad Created Butte in Colorado en oefende dat ambt twee termijnen lang uit. Gedurende zijn ambtstermijn stak Mitchell 120.000 dollar van zijn eigen geld in een campagne om een nabijgelegen berg te redden uit de klauwen van nietsontziende, op geld beluste mijnmaatschappijen. Hij is een selfmade multimiljonair, hij heeft zijn brevet als piloot in het goederenvervoer behaald, hij is een mediapersoonlijkheid en schrijver. Mitchell is milieuactivist en zit in de raad van bestuur van de National Parks and Conservation Association en de American Wildlands. Hij is een veel gevraagd spreker – hij was van 2008 tot 2009 voorzitter van de International Federation of Public Speakers – hij doet aan parachutespringen en houdt van wildwatervaren.

Het leven van W. Mitchell getuigt ervan hoe rijk het leven kan zijn aan de keerzijde van extreme tegenspoed. Wat hij het mooiste vindt is anderen inspireren om een tegenslag te zien als een nieuw begin en tot mensen te laten doordringen dat als hij kan slagen, iedereen dat kan. 'Ik hoop een toetssteen te zijn voor mensen en hun de weg te wijzen naar nieuwe manieren van denken', zegt hij op zijn website. 'Er gaat van symbolen grote kracht uit. In Amerika roept de Vrijheidsklok [deze werd in Philadelphia geluid ter gelegenheid van de Amerikaanse Onafhankelijkheidsverklaring, vert.] in één enkel beeld het idee op van vrijheid. In India laat de Taj Mahal ons met één blik de diepgang en grenzeloze buitensporigheid zien van wat de liefde van een mens vermag. In San Francisco, de stad die ik als míjn stad beschouw, is de Golden Gate Bridge een staaltje van een ingenieurskunde dat zijns gelijke niet kent ... Wat ik wil, is een symbool voor je zijn. Met mijn gehavende gezicht, mijn klauwen zonder vingers, mijn rolstoel en echt, waarachtig geluk in mijn hart wil ik voor jou een levend voorbeeld zijn van de kracht waartoe de geest in staat is om wat je ook overkomt te boven te komen.'

Als Mitchell terugkijkt op zijn leven sinds de beide ongelukken die hem overkwamen, waren er volgens hem twee dingen die hem erdoorheen hebben gesleept. Het ene was de liefde en de steun van zijn familie en vrienden, het andere was zijn persoonlijke filosofie ten aanzien van het leven. Hij is een grote optimist, die zich meer richt op zijn mogelijkheden dan dat hij stilstaat bij wat hij niet kan. Hij streefde zowel in zakelijk opzicht als in zijn persoonlijke leven bepaalde doelen na en hij heeft zijn leven zin gegeven, niet alleen voor zichzelf, maar voor iedereen die hij ontmoet. In zijn toespraken legt hij voor zijn gehoor de nadruk op één belangrijk punt, kort samengevat in de zin die hij heeft gekozen als titel voor zijn boek: 'Het is niet wat je overkomt, maar wat je ermee doet.'

Als hij terugkijkt op zijn verleden, twijfelt hij er niet aan dat hij op allerlei manieren baat heeft gehad bij de ongelukken die hem zijn overkomen. 'Ik verkeerde in de gelukkige omstandigheid dat ik al doende – zowel vóór als na mijn ongelukken – een paar belangrijke dingen leerde waaraan ik ongelooflijk veel heb gehad.' Volgens hem heeft hij juist door wat hij heeft meegemaakt een 'geweldig leven' en hij hoopt dat zijn verhaal anderen eraan herinnert dat ze zelfs bij vreselijke tegenspoed ook een geweldig leven kunnen hebben. Maar wat nog het meest over Mitchell zegt, is de zin die hij heeft weten te verlenen aan zijn ervaringen. 'Zou ik willen inruilen wat ik heb opgestoken?' zegt hij. 'Voor geen goud!'

W. Mitchell overwon twee grote tegenslagen, maar hij is er vast van overtuigd dat de meeste mensen kunnen bereiken wat hij heeft bereikt. 'Ik heb geen bijzondere krachten, ik bezit geen magisch geboortegeschenk waarmee ik mijn eigen geluk in het leven kon roepen in het aanzicht van vreselijke beproevingen. Ik ben niet sterker of slimmer dan de doorsneemens. Ik zal nooit een "heilige" worden … We zijn allemaal gezegend met een innerlijke kracht die ergens in ons begraven ligt. Alleen krijgen de meesten van ons niet de kans die te gebruiken zoals dat bij mij wel het geval was.'

18

Tot besluit

Ga problemen uit de weg en je wordt nooit degene die het is gelukt ze te overwinnen.

RICHARD BACH

Aan het begin van dit boek gingen we op stap om te zien of de problemen en tegenslagen waarmee we in het leven te maken krijgen, gepaard gaan met kansen en, zo ja, hoe je die dan vindt. In onze speurtocht naar antwoorden hebben we allerlei verhalen gehoord over problemen, hindernissen en vormen van tegenspoed die juist een verandering op gang brachten. Van Julio Iglesias en Sir Richard Branson tot Oscar Pistorius en Sir Douglas Bader passeerden financiële en persoonlijke verliezen, vreemde ongevallen, levensbedreigende ziekten en menselijke tragedies die in een positieve, levensverruimende ervaring werden omgezet, de revue.

Het heeft misschien wel wat om de toekomst toe te schrijven aan het noodlot of aan de wil van God, maar sommigen van ons zien het leven als niets anders dan een reeks van volstrekt willekeurige toevalligheden. Ze laten de dobbelstenen rollen en duimen en bidden dat Vrouwe Fortuna het goed met hen voor heeft. Maar als je het leven van mensen als Harland Sanders en Michael Bloomberg of dat van Walt Disney en Peter Jones analyseert, kom je tot een heel andere conclusie over wat het nu precies is dat onze lotsbestemming bepaalt.

Wat duidelijk is geworden, is dat in veel gevallen het omzetten van een probleem of tegenslag in een kans niets met toeval te maken heeft. Ook al is niet werkelijk te voorzien hoe iets zal uitpakken, dat de mensen die het overkwam daarin iets vonden waarop ze een hoopvolle toekomst konden opbouwen, was in veel gevallen tamelijk voorspelbaar. Dat komt doordat, ook al brengt elk probleem een kans met zich mee, er een bepaald soort mensen met een bepaald soort overtuiging en gedrag voor nodig is om die kans te vinden.

Dat is de eerste sleutel tot de keerzijde. Het vinden van de verborgen kansen in het leven hangt niet af van wat ons overkomt. Het enige wat ertoe doet is hoe wij reageren op de uitdagingen die we op ons pad vinden. Mensen als Hsieh Kun-Shan en W. Mitchell laten zien dat het, zelfs al gaat het om een ongelooflijke tragedie, mogelijk is een nieuw en in vele opzichten rijker en zinvoller leven op te bouwen. Dat komt doordat zij geweldige optimisten zijn, die hoopvol gestemd zijn en de toekomst vol vertrouwen tegemoetzien.

Zonder optimisme, zelfs bij een financiële ramp, had Harland Sanders zijn leven als een wrak en als bankroetier kunnen eindigen, was Peter Jones nooit een Dragon geworden en had Tony Robbins kunnen eindigen als dakloze. Door de dingen van de optimistische kant te bekijken, neemt de kans om te herstellen van een levensbedreigende ziekte met sprongen toe, en toonaangevende psychologen van over de hele wereld hebben ontdekt dat, wat we ook met ons leven doen, onze kans op succes aanzienlijk wordt vergroot door een optimistische kijk.

Naast het feit dat ze optimistischer ingesteld zijn, hebben mensen die de keerzijde vinden vaak de mentaliteit van een ondernemer. Ze gaan actief op zoek naar kansen en mogelijkheden, dingen die hun iets te bieden hebben. Ze kijken naar de toekomst en richten zich op wat ze in hun mars hebben en op toekomstige mogelijkheden. Volgens Hsieh Kun-Shan was dat het geheim waardoor hij de grote uitdagingen overwon na het ongeluk dat hem overkwam. 'Ik kijk altijd naar de zonzijde,' zei hij, 'waarbij ik waardering opbreng voor wat me rest en niet treur en jammer over wat me is ontnomen.' Wanneer we kijken naar het leven van Ben Underwood en Amit Goffer – de eerste een jongen zonder ogen die zichzelf leerde zien en de tweede een man die het door de tragedie die hemzelf trof en door zijn genialiteit verlamde mensen mogelijk maakte om weer te lopen – beseffen we dat je nooit met zekerheid kunt zeggen of iets onmogelijk is. Met de juiste instelling zijn er altijd niet-onderzochte mogelijkheden en kansen voor de toekomst.

Soms is het om de keerzijde te vinden nodig dat we een stapje terug doen en vanuit verschillende hoeken en perspectieven naar een probleem kijken. Kijken of je, zoals Edison dat zijn leven lang deed, uit wat je meemaakt een les kunt trekken en welke *behoefte* door een bepaalde situatie wordt blootgelegd, waardoor je nieuwe ontdekkingen kunt doen. Was Amit Goffer niet zelf in een rolstoel beland, dan was hij vast nooit op zoek gegaan naar alternatieve oplossingen voor rolstoelgebruikers. Dat hij dat wel deed, heeft honderdduizenden mensen in staat gesteld om weer te lopen. Had Louis Braille niet zelf zijn gezichtsvermogen verloren, dan had hij misschien nooit het brailleschrift ontwikkeld waardoor blinden konden leren lezen en schrijven.

Zo kwam het alleen maar door de exorbitant hoge prijzen voor kunstmest dat boer Steve Heard op zoek ging naar alternatieve, voordeliger en milieuvriendelijker oplossingen die overal ter wereld een ommekeer in de landbouw teweeg hebben gebracht. En het was enkel en alleen doordat hij drie dagen in de rij moest staan dat Sanu Kaji Shrestha de inspiratie kreeg om zijn leven en werk te veranderen en zo zijn land te redden van een milieuramp.

Het idee van de keerzijde vereist misschien dat we bij tijd en wijle de manier waarop we tegen het leven aankijken herzien. We hebben vaak moeite om te geloven dat een verlies winst kan opleveren of dat falen soms een noodzakelijke stap is op de weg naar succes. We kunnen niet bevatten dat een tragedie, in welke vorm ook, de katalysator kan zijn voor een nieuw, zinvol leven. En toch zagen we dat een verlies winst kan opleveren aan de kant van de keerzijde. Toen Julio Iglesias wist dat er een eind was gekomen aan zijn droom om beroepsvoetballer te worden, vond hij een nieuwe droom en werd hij een wereldberoemde popster. Toen Mark Pollock zijn gezichtsvermogen verloor, bouwde hij een nieuw leven op vol avontuur en spanning dat hij nooit voor mogelijk had gehouden en waarmee hij duizenden mensen rond de hele wereld heeft geïnspireerd.

We zagen ook dat falen met de juiste instelling de sleutel tot succes in zich heeft. Een mislukte superlijm werd een zeer gewild en bijzonder goed lopend artikel dat in de kantoorboekhandelbranche bekendstaat als Post-it blocnotes en Bette Nesmith Graham, een gefrustreerde typiste, kwam door de fouten die ze maakte tot een oplossing die haar tot multimiljonair maakte. Deze en andere verhalen tonen aan dat, als we ons kunnen richten op de les die schuilgaat in elk falen en elke teleurstelling, we de keerzijde veel gemakkelijker kunnen vinden.

In tijden van persoonlijke tragedie toont de keerzijde ons een weg voorwaarts. Mensen als W. Mitchell, Hsieh Kun-Shan en de veel geprezen songwriter Kim Williams zijn het levende bewijs dat het mogelijk is om niet alleen om te gaan met pijn en ongelooflijk verlies, maar dat je door stug vol te houden lijden kunt omzetten in iets dat veel sterker is en veel grotere veranderingen in het leven teweegbrengt dan iemand ooit voor mogelijk had gehouden. Mensen als dokter Viktor Frankl, die de holocaust overleefde, Joni Aereckson Tada, die een groot trauma overwon, en een oorlogsveteraan als Captain Gerald Coffee hebben wetenschappers ertoe gebracht te onderzoeken hoe en waarom sommige mensen extreme tegenspoed en lijden overwinnen en zich daarna sterker en krachtiger voelen en er ook vast van overtuigd zijn dat ze door wat ze hebben meegemaakt in persoonlijk en spiritueel opzicht zijn gegroeid. De onderzoeken die daarvan het gevolg waren hebben aangetoond dat tegenspoed een keerzijde kent omdat je altijd de mogelijkheid hebt om je op tegenslag te bezinnen en de zin ervan te zien. Viktor Frankl ontdekte door zijn ervaringen als overlever van de holocaust en in zijn werk als psychiater dat elke vorm van lijden, zelfs onvermijdelijk lijden, een mogelijkheid biedt voor zingeving. En als er iets is waar we meer dan wat ook naar hunkeren, is het dat ons leven zin heeft.

Verhalen van de keerzijde herinneren ons eraan dat het belangrijkste in het leven misschien wel de liefde en de steun van vrienden en familie is. De kwaliteit van leven houdt verband met de kwaliteit van onze relaties. Ze zijn niet alleen de voornaamste oorzaak van ons geluk, alle mensen die de keerzijde hebben gevonden erkennen dat ze hun uiteindelijke succes voor een niet gering gedeelte te danken hebben aan de mensen om hen heen – hun familie en vrienden. Dokter James Rubens, de oogchirurg kindergeneeskunde die zorg droeg voor Ben Underwood, onderstreept het belang van de liefde en steun van de mensen die het dichtst bij ons staan: 'Ik heb in mijn hele loopbaan nog nooit iemand ontmoet die zo opmerkelijk is als Ben', zegt hij, 'en ik heb ook nooit iemand meegemaakt die zo opmerkelijk is als Bens moeder. En dat is, volgens mij, het geheim achter veel van Bens wonderbaarlijke talenten.'

Professor Peter Schulman van de universiteit van Pennsylvania waarschuwt mensen die denken dat ze het allemaal wel alleen rooien: 'Zelfs de doorgewinterde optimist heeft van tijd tot tijd, als hij wordt blootgesteld aan extreme of langdurige stress, te kampen met pessimistische gedachten.' Als je met stress te maken krijgt, komt het steeds meer aan op de steun van de mensen om je heen.

Uiteindelijk is de onderliggende boodschap van de mensen die de keerzijde hebben gevonden dat, wanneer het helemaal misgaat – en dat gebeurt van tijd tot tijd – we de dingen in een ander kader moeten zetten en vragen moeten stellen die ons helpen daarin iets positiefs en zinvols te vinden. Essentiële vragen, die gericht zijn op de mogelijkheden die voor ons liggen zodat we niet blijven vastzitten in het verleden. Maar de boodschap van de keerzijde is bovenal dat het leven zich niet altijd houdt aan ons idee over wat eerlijk of rechtvaardig is. Je kunt de ogen ten hemel heffen of het lot vervloeken, maar totdat je kunt aanvaarden wat je is overkomen, kom je nooit zo ver dat je de pijn en de teleurstelling van het verleden kunt loslaten en door kunt gaan om de blik vol hoop en verwachting op de toekomst te richten.

Voor mij is de meest verhelderende les die van de keerzijde afkomstig is dat ieder van ons door met het leven te worstelen daaruit veel sterker tevoorschijn komt. Wat een enorme ontdekking doe je dan! Het is het besef dat het leven ons niet overkomt, maar dat het leven door ons tot stand komt. Vroeg of laat leren we dat de toekomst niet zozeer wordt bepaald door wat ons overkomt, maar dat wie we zijn en wat we worden voornamelijk wordt bepaald door de manier waarop we reageren op de uitdagingen waarvoor het leven ons stelt.

Dat is de belangrijkste les die de keerzijde ons leert. Het is een nieuwe bevestiging van het potentieel dat we allemaal in ons hebben, om niet alleen om te gaan met de uitdaging waarvoor veranderingen ons stellen, maar om er iets in te vinden waardoor we een betere toekomst in het leven kunnen roepen.

DEEL III

Bespiegelingen – Gedachten over de keerzijde

Is het niet ongelooflijk hoe tegenslag ons in contact brengt met onszelf? Ontlenen we daar een waardevolle les aan, dan verdwijnt de angel uiteindelijk en komen we er als een verstandiger, veerkrachtiger mens uit tevoorschijn.

W. MITCHELL

Komt aan de keerzijde alles altijd op zijn pootjes terecht?

Fouten bestaan niet, toeval bestaat niet, alles wat ons overkomt is een zegen, ons geschonken om van te leren.
ELISABETH KÜBLER-ROSS

Toen ik onderzoek deed voor dit boek, kwam ik tot mijn verbazing tot de ontdekking dat vrijwel iedereen met wie ik sprak een verhaal te vertellen had of iemand kende met een verhaal dat aansloot bij de idee van de keerzijde. Van mensen die hun baan waren kwijtgeraakt tot mensen bij wie een chronische ziekte was vastgesteld of die een persoonlijk drama te verwerken kregen – bijna allemaal waren ze het er bij terugblik over eens dat er wel degelijk sprake was geweest van een keerzijde. De meesten waren erop gebrand te vertellen hoe ze de problemen of tegenslagen uiteindelijk hadden kunnen zien als katalysatoren waardoor hun leven ten goede was gekeerd. In die gesprekken kwam een aantal vragen en punten naar voren waarbij we in het laatste deel van dit boek nog eens zullen stilstaan om ze nader toe te lichten.

Toen ik begon met het onderzoek voor dit boek kwam ik een bericht tegen op een blog, waar ik mee in mijn maag zat. De blogger was een man bij wie multiple sclerose (MS) was vastgesteld en hij schreef: 'Ik heb een gruwelijke pest aan mensen die vinden dat MS iets positiefs in je leven brengt, dat het je tot een beter mens maakt of dat je daardoor blijft stilstaan om aan de rozen te ruiken en dat soort flauwekul.' Hij had natuurlijk gelijk. Dat dacht ik tenminste. Wanneer er bij jou een chronische, degeneratieve ziekte wordt vastgesteld, wat kun je daar dan in godsnaam voor positiefs aan ontlenen? Er zijn dingen die zo dramatisch, zo verschrikkelijk zijn, dat het, zoals die man op zijn blog schreef, 'flauwekul' zou zijn om zelfs maar te opperen dat er sprake zou kunnen zijn van een keerzijde. Hoe zou een ziekte als MS iets positiefs tot iemands leven kunnen bijdragen?

Ik las verder en ontdekte tot mijn verbazing verderop in de blog dat diezelfde man toegaf dat MS 'misschien toch wel een paar positieve dingen' in zijn leven had gebracht. 'Als ik in de koelte van de avond mijn wandeling van vijfendertig minuten maak', zo zei hij, 'gaat zij [zijn tienjarige dochter] met me mee en praten we onder het lopen met elkaar, iets wat we vroeger eigenlijk nooit deden.' Maar volgens hem viel dat soort positieve dingen al met al 'in het niet' bij de negatieve dingen.

De belofte die de keerzijde inhoudt is niet dat het leven na rampspoed of trauma hetzelfde is. Natuurlijk niet. Je kunt ook onmogelijk zeggen of het leven daarna werkelijk beter zal zijn. Maar het houdt wel de belofte in dat het leven een verandering ondergaat en dat dit nieuwe kansen, nieuwe uitdagingen biedt die, als je ze accepteert, zin en hoop kunnen bieden voor de toekomst. Ik stuitte toen op een interessant onderzoek dat zich bezighield met optimisme en het bewust positief omgaan met MS. Onderzoekers onderzochten 127 MS-patiënten op optimisme en het bewust en positief omgaan met MS en volgden een heel jaar lang hun voortgang. Toen de gegevens werden verzameld, leidden die tot enkele boeiende conclusies. De onderzoekers ontdekten namelijk dat patiënten die bewust op zoek gingen naar het positieve element in hun ziekte, aanzienlijk minder last hadden van depressies, terwijl ras-optimisten zelfs nog beter scoorden. Het onderzoek kwam tot de conclusie dat door een positieve, optimistische kijk op het leven en het bewust en op een positieve manier omgaan met de ziekte de levenskwaliteit van iemand die aan MS lijdt aanmerkelijk verbetert.

Een halfjaar na het lezen van de bewuste blog stuitte ik op een verhaal dat de bevindingen van de onderzoekers ondersteunde en nog meer inzicht gaf in de kracht van de keerzijde, zelfs voor iemand bij wie een chronische, degeneratieve ziekte als MS is vastgesteld.

Nancie Davis woont met haar man en hun vijf kinderen in Los Angeles. Ze drijft met succes haar eigen zaak in sieraden, ze skiet, tennist, doet aan fitness, reist in haar vrije tijd en heeft de zwarte band in karate behaald. Maar Nancy kreeg op haar vijfendertigste een geweldige klap te verwerken. Ze kreeg te horen dat ze MS had.

'Toen de ziekte in 1991 bij mij werd vastgesteld, was MS nog een vreemde ziekte waarvan de oorzaak niet bekend was en waarvoor geen remedie bestond', zegt Nancy. Er waren destijds nog geen medicijnen op de markt om de voortgang van MS een halt toe te roepen en ze is beslist niet te spreken over de artsen die haar niet de informatie konden geven waaraan iemand bij wie net MS is geconstateerd juist zo'n behoefte heeft. Ze gaven haar geen opbouwend advies, ze vertelden haar ook niet hoe de ziekte haar gezin en haar leven zou beïnvloeden en ze gaven haar al helemaal geen plan de campagne om het voortschrijden van de ziekte te vertragen of haar te vertellen hoe ze gezond kon blijven.

Toch werd door wat er daarna gebeurde duidelijk dat er wel degelijk een antwoord is op de blog van de man die aan MS leed. Er kan, zelfs nadat er een chronische, degeneratieve ziekte als MS is vastgesteld, wel degelijk sprake zijn van een keerzijde. Die is echter niet gelegen in de ziekte zelf maar in de reactie van de persoon in kwestie op de ziekte. Nancy Davis verspilde niet veel tijd of energie aan piekeren over wat ze kwijt was. Ze begon zich meteen te verdiepen in wat MS eigenlijk inhield. Dat is iets dat optimisten en mensen die uiteindelijk de keerzijde vinden met elkaar gemeen hebben. Anders dan de fatalisten, die geloven dat ze machteloos zijn en dat hun toekomst al definitief vaststaat, zijn optimisten ervan overtuigd dat ze invloed op hun toekomst kunnen uitoefenen. In plaats van bij de pakken te gaan neerzitten en de situatie gelaten te ondergaan, doen zij hun uiterste best om veranderingen te bewerkstelligen.

Hoe meer Nancy las, hoe meer bij haar de overtuiging postvatte dat ze betrokken wilde zijn bij het helpen vinden van een oplossing. Zo richtte ze in 1993 de Nancy Davis Foundation for Multiple Sclerose op, die zich ten doel stelt geld bijeen te brengen voor onderzoek dat uitgaat van de laatste inzichten, echt voor MS-patiënten opkomt en hun daarmee hoop biedt. In datzelfde jaar organiseerde ze een evenement om geld in te zamelen dat ze 'RACE to Erase MS' noemde. Dit werd gehouden als onderdeel van een ski-weekend in Aspen, Colorado, en bracht voor haar stichting meer dan 1,3 miljoen dollar op. Sindsdien is RACE to Erase MS een jaarlijks gebeuren geworden, dat is uitgegroeid tot een spectaculair benefietgala, dat tientallen miljoenen dollars heeft opgeleverd om het onderzoek te financieren waaraan zo dringend behoefte is.

Een van de dingen die Nancy ontdekte was dat veel onderzoekers dubbel onderzoek verrichtten en zelden met hun collegae van gedachten wisselden of hun bevindingen uitwisselden. Nancy besloot daarom op te zetten wat zij The Center Without Walls noemde, een stichting die onderzoek financiert binnen het netwerk van de zeven belangrijkste MS-instellingen die met erkende én vernieuwende onderzoeksprogramma's werken. Dankzij Nancy's initiatief werken al die centra nu wél samen, wisselen ze hun bevindingen wél uit en doen ze geen dubbel onderzoek meer. Daardoor kunnen ze veel sneller werken aan het gezamenlijke doel dat ze zich hebben gesteld: het vinden van een remedie voor MS.

Volgens de officiële cijfers worden tussen de 250.000 en 350.000 mensen in de Verenigde Staten en bijna 100.000 mensen in het Verenigd Koninkrijk door MS getroffen. Meer dan 75 procent van de patiënten is vrouw en bij de meesten wordt de ziekte tussen het twintigste en veertigste levensjaar vastgesteld. Het is een vreselijke ziekte, die langzaam het zenuwstelsel aantast. In de zestien jaar dat Nancy's stichting nu bestaat, heeft deze vaak het voortouw genomen en zo bijgedragen tot verregaande veranderingen in de behandeling van MS. Vijftien jaar geleden waren er geen medicijnen om het voortschrijden van MS tegen te gaan, nu bestaan er maar liefst zes medicijnen die zijn goedgekeurd door de US Food and Drug Administration (FDA), terwijl andere in de pijplijn zitten. 'Ook al is er nog geen remedie voor MS', zegt Nancy. 'Toch hebben we in betrekkelijk korte tijd heel veel pionierswerk verricht en we houden niet op tot we over de eindstreep zijn en werkelijk een remedie voor MS hebben gevonden.'

Naast haar werk voor het ondersteunen van onderzoek, heeft Nancy ook een inspirerend boek geschreven, *Lean On Me*, waarmee ze mensen wil helpen die net te horen hebben gekregen dat ze MS of welke andere degeneratieve ziekte ook hebben. De ondertitel van het boek, 'Ten Powerful Steps to Moving Beyond Your Diagnosis and Taking Your Life Back', onderstreept de hartstocht en de ambitie van de schrijfster. 'Op een bepaald moment in je leven wordt bij jezelf of bij iemand van wie je houdt een levensbedreigende ziekte vastgesteld', schrijft Nancy. 'Ik krijg telefoontjes van enkele van de meest briljante, hoogopgeleide mensen die totaal afknappen als de ziekte bij hen wordt geconstateerd. Ze zijn volledig van de kaart, ze weten niet hoe ze om een second opinion moeten vragen en of een en ander wel door de verzekering wordt vergoed. ... Het boek', zo zegt ze, 'gaat erover hoe je de baas wordt over je eigen gezondheid.'

Daarnaast kwam Nancy Davis ook met het idee van een medische identiteitspas, die gebruikers vierentwintig uur per dag toegang geeft tot een medische dienstverlening die precies is afgestemd op de behoeften van de gebruiker en die heel klantvriendelijk is. Deze identiteitspas is enig in zijn soort, want hij geeft toegang tot het centrale elektronische patiëntendossier, waartoe je in noodgevallen waar ook ter wereld toegang kunt krijgen.

Nancy Davis beweert beslist niet dat ze MS heeft verslagen, maar ze gaat met zevenmijlslaarzen in de goede richting. Doordat ze zelf deze ziekte had, kon ze iets betekenen voor duizenden mensen over de hele wereld en speelde ze een heel belangrijke rol in het onderzoek naar een remedie tegen MS. Daarmee heeft ze bewezen dat je, zelfs als je door een chronische, ongeneeslijke ziekte wordt getroffen, nog steeds de keerzijde kunt vinden.

Wat is de keerzijde van een economische crisis?

Houd moed. Ik heb in het zakenleven vele economische depressies de revue zien passeren. Amerika is daar altijd sterker en welvarender uit tevoorschijn gekomen. Wees even dapper als je voorvaderen. Heb vertrouwen! Schrijd voorwaarts!

THOMAS A. EDISON

Terwijl ik zit te schrijven aan de laatste bladzijden van dit boek, staat de wereld op de rand van een economische recessie. Volgens velen zou dit weleens de ergste recessie kunnen zijn sinds de Grote Depressie van de jaren dertig. Volgens de media en mensen die voorspellende uitspraken doen over de economie staat ons zwaar weer te wachten. Wereldbanken zijn failliet gegaan, bedrijven worden geliquideerd, mensen verliezen hun baan en kunnen niet meer in hun levensonderhoud voorzien, en veel mensen raken hun huis kwijt. Dit leidt allemaal tot de overduidelijke vraag: wat is daarvan de keerzijde?

Ik hoop dat ik in de voorafgaande hoofdstukken duidelijk heb kunnen maken dat elke verandering kansen met zich meebrengt. Dat is bij een economische recessie niet anders. Het geheim om de keerzijde te vinden in tijden van een economische crisis is het ontwikkelen van de ondernemersmentaliteit en het bewust op zoek gaan naar kansen.

Bepaalde bedrijven doen het bij een recessie juist opvallend goed. Zo lijken zware economische tijden wel een feest voor liquidatieadvocaten, incassobureaus en deurwaarders; op de huizenmarkt wordt er bij de verhuur steeds meer winst gemaakt, terwijl er bij de verkoop zwaar verlies wordt geleden. Bedrijven die zich richten op de veranderende behoeften van de klant doen het uiteraard ook heel goed. Lageprijzenwinkels als Lidl, Aldi en Eén-eurowinkels doen het tijdens een economische recessie heel goed omdat de klant op zoek is naar de goedkoopste en beste producten. Volgens krantenberichten gaf in een tijd dat M&S, een duur warenhuis, een omzetdaling van 44 procent vertoonde, Lidl een stijging van de omzet van 22 en Aldi een van 10 procent te zien.

Bedrijven die doen aan outsourcing – het uitlenen van personeel – lijken ook baat te hebben bij een dalende economie. Barnaby Lashbrooke, managing director van TimeEtc Limited, een bedrijf dat allerlei diensten verleent op het gebied van kantoorondersteuning, zoals secretariële en administratieve dienstverlening, had in de eerste zeven maanden van 2008 maar liefst vier keer zoveel werk! Het bedrijf is gegroeid van zes naar elf medewerkers en in een tijd waarin veel bedrijven noodgedwongen medewerkers moeten ontslaan, blijft TimeEtc medewerkers aantrekken, zo groot is de vraag naar de diensten die door het bedrijf worden verleend. Volgens Lashbrooke gaat het zijn bedrijf om een aantal redenen voor de wind:

'Ten eerste helpen we kleine bedrijven alles op poten te zetten op een veel kosteneffectievere manier dan waartoe ze zonder een dergelijke dienstverlening in staat zouden zijn. Wij stellen hen in staat de kunst af te kijken van een deskundige, waarbij ze alleen betalen voor het deel waarvan ze gebruikmaken en de persoon in kwestie niet fulltime in dienst hoeven te nemen. Zo hebben ze de beschikking over een heel team voor een fractie van wat het kost om zelf iemand in dienst te nemen, hebben ze niets te maken met de overhead en hoeven ze niet voor geschikte kantoorruimte te zorgen.

Aan de andere kant helpen we ook grotere en reeds gevestigde bedrijven, die misschien onlangs een werknemer zijn kwijtgeraakt maar die nu het aantal medewerkers willen beperken en de functie op een andere en meer efficiënte manier willen invullen. Zo kan er in veel minder tijd veel meer gedaan worden en het is ook nog eens een geweldige kostenbesparing.'

Zo is ook het betrekkelijk nieuwe bedrijfsconcept van autoverhuur per uur een enorm succes gebleken. Mensen in het Verenigd Koninkrijk kunnen voor slechts 5 pond per uur een auto huren – een stuk goedkoper dan het huren van een taxi. Dit levert mensen die zelf geen auto hebben maar er af en toe wel een nodig hebben een grote besparing op. WhizzGo is een bedrijf met een netwerk van milieuvriendelijke auto's, geparkeerd op strategische punten in kleine en grote steden in heel Engeland, die ze per uur verhuren. Volgens de cijfers hebben ze hun omzet het afgelopen jaar met meer dan 30 procent zien stijgen.

Bedrijven die zaden leveren waarmee mensen hun eigen fruit, groenten en kruiden kunnen telen, hebben hun omzet eveneens zien stijgen, want de klant wil niets liever dan geld besparen. Zo is er in het laatste halfjaar ook een enorme toename te zien geweest in het thuis zelf maken van bier en wijn en de aanschaf van de spullen die je daarvoor nodig hebt.

Gedurende een economische recessie moeten de meeste mensen iets veranderen aan hun uitgavenpatroon of hun inkomsten vergroten. En dus zal elk bedrijf dat manieren biedt om op essentiële producten en dienstverlening geld te besparen het goed doen. Tegelijkertijd zouden bedrijven die iemand de kans geven om van huis uit of parttime te werken ook succesvol moeten zijn.

Er zijn ook grote kansen weggelegd voor wie kapitaal heeft omdat men nu een echte klapper kan maken door tegen spotprijzen roerend en onroerend goed en aandelen te kopen. Er zijn maar heel weinig mensen die meer verstand hebben van effecten en aandelen dan Warren Buffet, die wordt beschouwd als een van 's werelds meest succesvolle investeerders. Hij is CEO en de grootste aandeelhouder van Berkshire Hathaway, een toonaangevend investeringsbedrijf. Hij werd door Forbes in de eerste helft van 2008 aangemerkt als de rijkste man ter wereld, met een geschat nettovermogen van 62 miljard dollar. Buffet schreef onlangs over de kansen die investeerders tijdens een recessie ter beschikking staan. In een tijd waarin de meeste investeerders in paniek raken en niet weten hoe snel ze hun aandelen moeten verkopen, is het volgens Buffet juist de tijd bij uitstek om te kopen. 'Slecht nieuws is de beste vriend van een investeerder', zegt hij. 'Zo kun je voor een habbekrats een aandeel verwerven in de toekomst van Amerika.'

Volgens Buffet zal 'op de lange duur het nieuws van de aandelenmarkt goed zijn. In de twintigste eeuw heeft de Verenigde Staten met heel veel problemen te kampen gehad, waaronder twee wereldoorlogen en andere traumatische, geldverslindende conflicten, de Grote Depressie, zo'n twaalfmaal een economische recessie en grote financiële paniek, torenhoge olieprijzen, een griepepidemie en het aftreden van een president die het zo bont had gemaakt dat hij uit de gratie viel. En toch steeg de Dow Jones van 66 naar 11.497.'

Je kunt aanvoeren dat zelfs met zulke winsten veel investeerders aanzienlijke bedragen verloren hebben. Buffet verklaart dat de mensen die minder geluk hadden alleen aandelen kochten wanneer ze het gevoel hadden dat dat veilig was. En dat ze die dan weer verkochten als de krantenkoppen hen onpasselijk maakten. Volgens hem moet je, als je in het bedrijfsleven je slag wilt slaan, uitgaan van de benadering van Wayne Gretsky – van hem wordt wel gezegd dat hij de grootse hockeyspeler aller tijden is – die eens heeft gezegd: 'Ik schaats gewoon de puck achterna en ga niet in de richting waar hij vandaan komt.' Dat zou tijdens een economische recessie weleens de sleutel kunnen blijken te zijn tot het met succes koers zetten naar de keerzijde. Mensen die winst behalen zien de mogelijkheden, ze zien veranderingen aankomen en passen zich daarbij aan.

In een recessie zijn altijd belangrijke keerzijden te vinden. In moeilijke tijden worden we ertoe gedwongen de manier waarop we leven en werken te herzien. We worden uit onze gemakkelijke stoel gedreven, maar voor wie er oog voor heeft, zijn er nog steeds voldoende mogelijkheden. Een recessie zorgt er vaak voor dat veel bedrijven failliet gaan, waardoor er anderzijds een groter marktaandeel is voor de bedrijven die het wel redden.

Is tegenspoed een noodzakelijk kwaad of heeft die ook zijn goede kanten?

Er is tot op heden in de Amerikaanse geschiedenis nog nooit iemand geweest die nooit iets heeft hoeven presteren en wiens naam toch de moeite van het vermelden waard is.
THEODORE ROOSEVELT

Omdat tegenslag de voorloper kan zijn van een positieve uitkomst en omdat een trauma kan leiden tot persoonlijke en spirituele groei, wordt vaak de vraag gesteld of pijn en lijden noodzakelijk of goed zijn. Zoals we hebben gezien, kunnen pijn en lijden zeker leiden tot groei en tot kansen die zich anders niet hadden voorgedaan. Maar is lijden voor groei echt 'noodzakelijk'? Professor Tedeschi en professor Calhoun, de vooraanstaande vertegenwoordigers van posttraumatische groei, zijn hier beiden heel duidelijk over. 'Wij beweren bepaald niet dat een trauma "goed" zou zijn', zeggen ze. 'Voor de meeste mensen die een trauma overleven staan posttraumatische groei en diepe wanhoop vlak bij elkaar en is die groei niet het gevolg van het trauma zelf maar van de moeilijkheden die mensen trotseren om daarmee om te gaan.'

Ze leggen er verder de nadruk op dat 'een trauma voor groei niet noodzakelijk is'. Het is volgens hen zeer wel mogelijk dat mensen 'op een zinvolle manier rijpen en zich ontwikkelen zonder dat ze met een drama of een trauma te maken krijgen'. Een trauma is geen garantie voor groei en, ook al neemt men posttraumatische groei waar bij veel mensen die een trauma hebben overleefd, toch moeten levenscrises, verlies en trauma altijd als onwenselijk worden gezien.

Dokter Viktor Frankl, de grondlegger van de logotherapie, stelde dezelfde vraag: is lijden voor het ontdekken van zingeving essentieel? Hij was in zijn antwoord ook heel beslist. 'Geenszsins', zei hij. 'Ik houd alleen staande dat zingeving tot de mogelijkheden behoort ondanks – nee, zelfs dankzij – lijden, *vooropgesteld* ... dat dat lijden onvermijdelijk is.' Als je lijden kunt vermijden, is het enig zinvolle wat je kunt doen dat een halt toeroepen. Onnodig persoonlijk lijden is volgens Frankl 'masochistisch en getuigt bepaald niet van heldhaftigheid'. Dat lijkt misschien zonneklaar, maar het behoeft toch een nadere verklaring. Toen een man, die 'Wendell' genoemd werd, uit het uiterste zuiden van Amerika in de *Jerry Springer Show* verscheen in een rolstoel – hij miste zijn beide onderbenen – was het het publiek op slag duidelijk dat de toestand waarin deze man verkeerde weinig zin had. Wendell was een stoere kerel die over zijn hele lichaam bedekt was met tatoeages. Toen hem werd gevraagd hoe hij zijn benen had verloren, zei hij dat hij op een dag had besloten dat hij een hekel aan zijn benen had. En dus had hij ze afgezaagd. Het was alle kijkers duidelijk dat je bij de geestesgesteldheid van Wendell de nodige vraagtekens moest zetten. Het deed hem ook geen goed dat hij een rok droeg, dat hij make-up op had en dat hij zijn naam had veranderd in Sandra! Het lijdt geen twijfel dat er aan zelfverminking weinig eer te behalen valt en dat daarin geen grotere zin te vinden is. Hoewel Wendell, ironisch genoeg, zei dat hij zonder zijn benen beter sliep.

Is optimisme altijd de beste optie?

Verwacht overal het beste van, blijf optimistisch – tenminste tot ze dieren in paren naar Cape Canaveral gaan brengen.
ANONIEM

Ondanks alle voordelen van optimisme en wat het ons brengt, zijn er momenten waarop optimisme niet op zijn plaats is. Professor Martin Seligman zegt dat 'als de prijs van het falen hoog is, optimisme misschien de verkeerde strategie is. Als je plannen hebt voor een riskante, onzekere toekomst, levert optimisme je niets op.' Seligman waarschuwt dat wanneer de prijs van het falen hoog is, optimisme moet worden afgezwakt door voorzichtigheid. 'De piloot die overweegt het ijs al dan niet nogmaals van zijn vliegtuig te halen, of de feestgangers die al dan niet besluiten naar huis te rijden terwijl ze een glaasje op hebben, moeten daar vooral niet te lichtvaardig of onterecht positief over denken', zegt hij. 'De risico's zijn daarbij te groot.'

Optimisme is – tenzij je alleen de sfeer wilt proeven – ook geen goede strategie als je een casino binnenstapt, want de wetten van de waarschijnlijkheid tonen aan dat het huis uiteindelijk altijd wint. Zelfs de meest fanatieke speler verliest ten slotte.

Professor Susan Segerstrom geeft een soortgelijk advies. Volgens haar hebben optimisten de neiging koste wat het kost door te gaan, maar zijn er tijden waarin zwichten een betere optie is. Ze geeft het voorbeeld van een man die probeert een afspraakje te maken met een vrouw die hij aantrekkelijk vindt, maar die zijn gevoelens niet beantwoordt. Die man kan die vrouw misschien twee, drie of zelfs vier keer mee uit vragen, maar als ze nog steeds geen belangstelling toont, zal hij het op een bepaald moment moeten opgeven – hopelijk, zo zegt Segerstrom, voordat de rechter de man in kwestie op verzoek van de vrouw een straatverbod oplegt.

Segerstrom zegt in wezen dat de kans op succes in evenwicht moet zijn met de prijs die je betaalt voor het falen. Als de kans op succes minimaal is en de gevolgen van het falen hoog zijn, is de beste optie het aanvaarden van de nederlaag. Optimisten bereiken altijd enorm veel omdat ze bereid zijn risico's te nemen en hun hulpbronnen aan te spreken om hun doel te bereiken. Maar die risico's moeten worden afgewogen tegen en in evenwicht zijn met de prijs die je betaalt voor een eventueel falen. In tijden van grote en ernstige risico's, kun je maar het beste uitgaan van het Arabische spreekwoord: 'Vertrouw op God, maar bind wel je kameel vast'. [Of in de Nederlandse variant: 'Vertrouw op God, maar zet wel je fiets op slot', vert.]

Wat is het alternatief voor de keerzijde?

Leven is verandering. Groei is een optie. Kies wijs.
KAREN KAISER CLARK

Als je wordt geconfronteerd met een probleem, tegenslag of rampspoed, kun je twee dingen doen: je kunt op zoek gaan naar de keerzijde en een toekomst opbouwen, of je kunt blijven zitten waar je zit en je vastklampen aan herinneringen aan het verleden. Als het leven moeilijk wordt, geeft de keerzijde hoop; zonder de keerzijde dreigt het gevaar dat je terechtkomt in wat bekendstaat als de 'negatieve spiraal'.

De negatieve spiraal is geen ongewoon verschijnsel bij mensen bij wie een slopende of levensbedreigende ziekte wordt vastgesteld. Veel mensen die te horen krijgen dat ze kanker, MS of aids hebben, zien die diagnose als de doodstraf. Als ze te horen krijgen hoe het ervoor staat, kunnen ze door negatieve, pessimistische gevoelens in een negatieve spiraal belanden waarin wanhoop en depressie steeds meer toenemen. De spiraal verandert in een neerwaartse vrije val, waardoor de situatie verergert en die kan leiden tot zelfdestructief gedrag, waardoor de persoon in kwestie steeds dieper wegzinkt in een afgrond van depressiviteit.

Onderzoeken wijzen uit dat mensen die in de negatieve spiraal terechtkomen vaak binnen zeer korte tijd dood zijn. Door te leren optimistisch te worden en op zoek te gaan naar de keerzijde, ervaren patiënten een veel hogere kwaliteit van leven en hebben ze ook een veel grotere kans om het te overleven. Door beter voor zichzelf te zorgen, de behandelings- en dieetvoorschriften op te volgen en op zoek te gaan naar alternatieve en aanvullende geneesmethoden kunnen zelfs patiënten die worden aangemerkt als hiv-positief hun leven verlengen en misschien met de snelle ontwikkeling van de medische wetenschap zelfs lang genoeg leven om een nieuwere, meer effectieve behandeling te ondergaan.

Epiloog

De deuren van de kleedkamer zwaaiden langzaam open en de jongen stapte nerveus het zwembad binnen. Het schreeuwen en joelen kwam gaandeweg tot bedaren toen de jongens zich een voor een naar hem omdraaiden. Hij voelde hoe alle ogen op hem gericht waren en hij hoorde dat er druk werd gefluisterd. Hij deed zijn uiterste best om zijn tranen, die die dag voor de tweede keer opwelden, terug te dringen. Hij had een grote fout gemaakt. Dit was precies waar hij bang voor was geweest.

Een uur geleden had hij het met meneer Greenstein over de keerzijde gehad en samen hadden ze de essentiële vragen besproken.

- Wat is hier goed aan?
- Wat zou hier goed aan kunnen zijn?
- Wat kan ik nu doen om met deze situatie mijn voordeel te doen?
- Wat kan ik hiervan leren waar ik zelf iets aan heb?
- Wat kan ik hiervan leren waar anderen iets aan hebben?

De jongen had in eerste instantie gezegd dat hier niets goed aan was, maar toen het hem werd voorgehouden, had hij moeten toegeven dat dit misschien een kans was om moed te tonen en daarmee het respect van zijn leeftijdgenoten te winnen. Het kon ook een kans zijn om erachter te komen wie echt zijn vrienden waren.

Hij kon het ook zien als een persoonlijke test om te kijken of hij sterk genoeg was om zijn angsten onder ogen te zien of dat hij er liever van wegliep. Als hij deze angst kon overwinnen, hielp hem dat misschien andere angsten te overwinnen waar hij in de toekomst wellicht mee te maken zou krijgen. En als hij deze angst overwon, was hij misschien in staat andere mensen te helpen soortgelijke angsten te overwinnen.

Maar dat alles daargelaten, was dit zijn kans om te leren zwemmen en dus moest hij besluiten of zijn angst voor wat andere kinderen tegen of over hem zouden zeggen, hem ervan zou weerhouden om dat te leren.

'Je kunt niet verliezen', had meneer Greenstein gezegd. 'Wat er ook gebeurt, als je door die deuren loopt, kom je als overwinnaar uit de bus. Besluit je dat niet te doen, dan zal niemand je dat kwalijk nemen en denkt niemand minder over je, maar als je je angst onder ogen kunt zien, is er een kans dat je de keerzijde vindt.'

En dus liep de jongen met knikkende knieën door de deur die de kleedkamer scheidde van het zwembad van de school. Het eerste wat hij dacht was: Wat doe ik hier in vredesnaam? en het tweede: Hoe heb ik zo stom kunnen zijn?

Hij stond daar helemaal in zijn eentje. Ook al had hij een zwembroek aan, hij had het gevoel dat hij daar in zijn nakie stond, nee, erger dan dat. De rode schubben die zijn hele lichaam bedekten waren voor iedereen duidelijk zichtbaar. 'Waar ben ik in godsnaam mee bezig?' mompelde hij bij zichzelf. Hij besloot dat het één grote vergissing was geweest. Hij had hier niet moeten komen. Hij stond op het punt zich om te draaien en de benen te nemen.

En toen gebeurde er iets wat hij van zijn levensdagen niet had verwacht. George, zijn beste vriend, klom uit het zwembad en holde naar hem toe. Hij kwam bij hem en sloeg zijn arm om hem heen. 'Kom op, we hebben je nodig.' Er klommen nog een paar jongens uit het zwembad, die naar het tweetal toe renden. 'Ja, kom nou, jij hoort erbij.' Twee van de jongens grepen hem beet en duwden hem het zwembad in. George volgde, trok zijn knieën zo hoog mogelijk op, bracht ze naar zijn borst en maakte een bommetje. Het water spatte hoog op.

Ik kan nog steeds de kreten en het gelach horen en als ik mijn ogen dichtdoe kan ik de opschudding in het zwembad die middag zien. Die dag leerde ik iets over het onder ogen zien en overwinnen van angst. Ik leerde dat ik wel degelijk enige moed bezat en dat ik sterk genoeg was om me niet door mijn angst te laten tegenhouden. Ik leerde dat mensen niet altijd zien wat ik zie en dat sommige angsten denkbeeldig zijn. Ik leerde dat ik vrienden had van wie ik op aankon. Maar bovenal begon ik die dag iets te begrijpen over de keerzijde.

Doordat ik psoriasis heb gehad, werd ik als tiener introspectiever en gevoeliger, maar volgens mij hielp het me ook om een verandering te ondergaan en te worden wie ik nu ben. Ik ging gezonder eten en leven en toen ik in de twintig was, gaf ik een carrière in de rechten op en ging een opleiding volgen voor fysiotherapeut en natuurgenezer.

Ik opende een kleine praktijk voor natuurlijke geneeswijzen en ging niet lang daarna regelmatig stukjes schrijven voor de *Nursing Times* en de *Health Guardian*, waarin ik schreef over de nieuwste onderzoeken met betrekking tot alternatieve geneeswijzen en aanvullende therapieën.

Tijdens het onderzoek naar alternatieve geneeswijzen voor mijn maandelijkse columns stuitte ik op een plantaardige remedie waarvan in gecontroleerde, klinische proeven was aangetoond dat meer dan 80 procent van de mensen die aan psoriasis leden er baat bij had. Tot mijn verbazing was de remedie niet in de handel en ik kwam er later achter dat de farmaceutische industrie totaal niet geïnteresseerd is in natuurlijke plantenextracten waarop je geen patent kunt aanvragen. Zonder patent is een behandeling of remedie niet de moeite waard om erin te investeren en dus was een natuurlijke remedie waarmee aantoonbaar vier van de vijf mensen die aan psoriasis leden konden worden geholpen genegeerd en jarenlang onbekend gebleven.

Omdat geen enkel farmaceutisch bedrijf ook maar wilde overwegen een product zonder patent op de markt te brengen, besloot ik zelf een bedrijf op te zetten dat het middel in productie kon nemen. In 1996 konden mensen die aan psoriasis leden voor het eerst in het Verenigd Koninkrijk een natuurlijk middel zonder corticosteroïden kopen dat echt hielp.

Een paar jaar later schreef ik mijn eerste boek. Daarna kwamen er nog zes en je houdt nu mijn achtste boek in handen. Maar wat veel belangrijker is, ik heb een paar fantastische vrienden, ik heb een mooie vrouw, ik heb twee prachtige kinderen en ik heb in alles wat ik heb meegemaakt de zin van en het doel in mijn leven gevonden.

Heb ik het dus ooit betreurd dat ik sinds ik acht was psoriasis had? Absoluut niet! Om te spreken met Oscar Pistorius, die toen hem werd gevraagd of hij ooit had gewild dat hij met een gaaf lichaam met twee voeten was geboren, zei: 'Nee. Als ik benen had gehad, denk ik niet dat ik … nee, ik weet wel zeker dat ik dan nooit was geweest wie ik nu ben, en daar ben ik toevallig heel gelukkig mee.'

We kijken maar al te vaak met spijt en verlangen naar hoe het geweest had kunnen zijn en zien daardoor niet de kansen die vlak voor onze neus liggen. Ik hoop dat dit boek in tijden van tegenslag en verandering, hoe traumatisch ook, een boodschap van hoop en bemoediging brengt. In plaats van achterom te kijken kan ieder van ons de toekomst vol vertrouwen en verwachtingsvol tegemoet zien en door de juiste vragen te stellen de keerzijde vinden.

Referenties en bronnen

Inleiding

Vóór de Suicide Act van 1961 werd aangenomen, was zelfdoding in Groot-Brittannië een misdaad en wie het toch probeerde en er niet in slaagde, stond vervolging en gevangenisstraf te wachten. Op grond van die wet wordt iemand die bij de zelfdoding van een ander helpt, assisteert, advies geeft, deze uitvoert, of iemand bij een poging om zelfmoord te plegen bijstaat, daarvoor aansprakelijk gehouden en kan hij een gevangenisstraf krijgen van maximaal veertien jaar.

DEEL I: ONTDEKKINGEN – DE KEERZIJDE VINDEN

1 De weg naar Madrid

Voor Julio Iglesias en zijn verhaal zie www.julioiglesias.com

2 Bepalende momenten

Het interview met Peter Jones, *Skymag*, juli 2008, blz. 16.
Zie ook www.peterjones.tv
Het Tony Robbins Seminar, Unlimited Power (Nightingale Conant);
zie ook www.tonyrobbins.com
Rhonda Byrne, *The Secret* (Simon & Schuster, 2006) en het interview met Marci Shimoff, www.keepingthesecret.com. Zie ook www.thesecret.tv
Harvey Mackay, *We Got Fired And It's The Best Thing That Ever Happened To Us* (Ballentine, 2004)

3 Tegenslagen en kansen

Sarah Benjamin – zie www.simplyrosepetals.com

Simon en Helen Pattinson – www.montezuma.co.uk

4 Het leven verandert: Wanneer er nare dingen gebeuren

Billy Bob Harrell – verhaal in de *Houston Press News*, 10 februari 2000

John McGuinness – verhaal in de *Mail on Sunday*, 20 april 2008

Joni Aerekcson Tada, zie http://www.joniandfriends.org

Alan Byrd, zie www.alan-byrd.com

Padraig Harrington – zie www.nationalpost.com/sports/story.html?id=670086

Douglas Bader – zie www.douglasbaderfoundation.co.uk

5 De twee kanten van een trauma

Matthew J. Friedman is hoogleraar psychiatrie aan de Dartmouth Medical School en staat aan het hoofd van het National Center for Post-traumatic Stress Disorder

Ute Lawrence is medeoprichter van de Post-traumatic Stress Disorder Association (Londen, Ontario, Canada)

Paul T.P. Wong, Ph.D, C. Psych., is voorzitter van het International Network on Personal Meaning, Coquitlam, BC., Canada

PSTD-statistieken – Volgens één onderzoek maakt 90% van de bevolking minstens eens in zijn leven een trauma mee. Kessler, R. C., Sonnega, A., Bromet, E., Hughes, M., Nelson, C.B.: Posttraumatic stress disorder in the National Comorbidity Survey. *Arch Gen Psychiatry* 1995; 52:1048-1060

Thrisha, Meili, *I am the Central Park Jogger: A story of Hope and Possibility* (Scribner, 2004). Zie ook www.centralparkjogger.com

Posttraumatische Groei: A New Perspective on Psychotraumatology. Richard G. Tedeschi, en Lawrence Calhoun, 1 april 2004. *Psychiatric Times*, Deel 21, no. 4

Richard G. Tedeschi, en Lawrence Calhoun. The Paradox of Post-Traumatic Growth. *Boston Globe*, 20 maart 2006

Pathways to Posttraumatic Growth, T.P. Wong, Ph.D., C. Psych.
www.meaning.ca/archives/presidents_columns/pres_col_may_2003_post-traumatic-growth.htm

From Wounds, Inner Strength: Some Veterans Feel Lives Enlarged by Wartime Suffering. Door Michael E. Ruane. *Washington Post* Staff Writer, zaterdag 26 november 2005, blz. A01

Voor Ute Lawrence, schrijver en oprichter van de Post-traumatic Stress Disorder

Association (Canada) zie www.ptsdassociation. com. Zie ook Struggling for a Way to 'Just get Over It', *Globe & Mail*, 4 augustus 2008, en *The Power of Trauma* (iUniverse) door Ute Lawrence

6 Reden tot optimisme

Zie voor professor Charles Carver www.psy.miami.edu/faculty/ccarver

Optimisme en bronnen: Effects on each other and on health over 10 years. Susan C. Segerstrom, faculteit psychologie, universiteit van Kentucky, *Journal of Research in Personality* 41 (2007) 772-786

Voor informatie over Susan Segerstrom, universitair hoofddocent psychologie aan de universiteit van Kentucky, zie www.uky.edu/AS/Psychology/faculty/segerstr.html

Optimisme en rehabilitatie na een bypassoperatie werd onderzocht door Scheier, M.F, Matthews, K.A., Owens, J.F., Schultz, R., Bridges, M.W., Magovern G.J., Sr., en Carver, C.S., *Arch Intern Med* 1999; 159:829-835

Dispositional Optimism and All-Cause and Cardiovascular Mortality in a Prospective Cohort of Elderly Dutch Men and Women. Erik J. Giltay; Johanna M. Geleijnse; Frans G. Zitman; Tiny Hoekstra; Evert G. Schouten, *Arch Gen Psychiatry*, 2004; 61:1126-1135

Dispositional Optimism and the Risk of Cardiovascular Death. The Zutphen Elderly Study. Erik J. Giltay; Marjolein H. Kamphuis; Sandra Kalmijn; Frans G. Zitman; Daan Kromhout. *Arch Intern Med.* 2006; 166:431-436

Optimism, pessimism, and change of psychological well-being in cancer patients. Pinquart, M., Fröhlich, C., Silbereisen, R. K. *Psychol Health Med*, 12(4): 421-32 (2007)

Dispositonal optimism: development over 21 years from the perspectives of perceived temperament and mothering. Kati Heinonen, Katri Räikkönen, faculteit psychologie, universiteit van Helsinki, P.O. Box 9, FIN-00014, Helsinki, Finland

Anda, R., Williamson. D., Jones, D., et al. Hopelessness and heart disease – zie Depressed affect, hopelessness, and the risk of ischemic heart disease in a cohort of US adults. *Epidemiology*. 1993; 4:285-294. ISI | PUBMED

Everson, S.A., Goldberg, D.E., Kaplan, G.A., et al. Hopelessness and risk of mortality and incidence of myocardial infarction and cancer. *Psychosom Med.* 1996; 58:113-121

Voor meer informatie over de LOT-R, de optimismevragenlijst die wordt gebruikt bij talloze onderzoeken over de uitwerking van optimisme, zie www.psy.miami.edu/faculty/ccarver/sclLOT-R.html

Optimisme-onderzoek – Professor Martin Seligman. Ga voor meer gegevens over dit onderzoek naar optimisme door professor Seligman naar de Martin Seligman Research Alliance website van de universiteit van Pennsylvania:
www.psych.upenn.edu/seligman/
Voor Norman Cousins zie
Anatomy of An Illness as Perceived by the Patient (Norton, 1979)
'Underpinnings of dispositional optimism and pessimism and associated constructs' – Kati Heinonen. Faculteit psychologie, universiteit van Helsinki
Hsieh Kun-Shan. Zijn ongelooflijke kunstwerken zijn te zien op www.vsarts.org/PreBuilt/showcase/gallery/exhibits/permanent/artists/kshsieh.html
Voor Lance Armstrong zie www.lancearmstrong.com

DEEL II: WEGEN – OP ZOEK NAAR DE KEERZIJDE

Motto: Charlotte Bühler, Basic Theoretical Concepts of Human Psychology, *American Psychologist* XXVI, april 1971

8 Grote verwachtingen: De strategieën van optimisten
Peter Schulman is hoofdonderzoeker van de faculteit psychologie van de universiteit van Pennsylvania

De verkeerde notie dat optimisten teleurstelling over zich afroepen kreeg geloofwaardigheid door een interview met admiraal Jim Stockdale. Stockdale was, naar verluidt, de hoogste officier in het Amerikaanse leger die tijdens de Vietnam-oorlog krijgsgevangen werd gemaakt en vastzat in het 'Hanoi Hilton'-krijgsgevangenenkamp. In de acht jaar dat hij vastzat, werd hij maar liefst twintig keer gemarteld en was hij er, net als alle andere gevangenen, van dag tot dag niet zeker van of hij ooit weer vrij zou komen.

In het boek *Good to Great* staat een interview dat James C. Collins met Stockdale had. Een van de vragen die hij stelde was: 'Hoe is het u gelukt die acht jaar in de gevangenis door te komen?' Stockdale zei: 'Ik heb er altijd op vertrouwd dat het goed zou aflopen. Ik heb er nooit aan getwijfeld dat ik er ten slotte uit zou komen en ik was er ook van overtuigd dat ik uiteindelijk zou overwinnen en alles wat ik had meegemaakt zou kunnen omzetten in dé gebeurtenis van mijn leven, die ik, als ik erop terugkeek, niet zou hebben willen missen.'

Toen vroeg Collins Stockdale welk type gevangenen het niet overleefden. Zonder ook maar een moment te aarzelen, waaruit bleek dat hij daar al over had nagedacht, antwoordde Stockdale: 'O, da's makkelijk, de "optimisten".' Dit lijkt een beetje op het idee dat Donald Trump opperde dat de mensen die nooit slagen in de zakenwereld de materialisten zijn!

Stockdale's beschrijving van de manier waarop hij de wereld ziet is het beeld van een ras-optimist, iemand die gelooft dat hij het, wat de situatie ook mag zijn, uiteindelijk zal redden. Maar toen Stockdale zijn opmerking nader toelichtte, werd duidelijk dat hij zijn woorden verkeerd gekozen had. Volgens hem waren 'degenen die het niet haalden de mensen die zeiden: "We zijn er met Kerst uit." En Kerstmis kwam en ging. Dan zeiden ze: "We zijn er met Pasen uit." En Pasen kwam en ging. En dan kwam Thanksgiving en dan was het weer Kerst. Ze stierven aan een gebroken hart.' De mensen die hij beschreef waren geen optimisten (zoals men dat in de moderne psychologie gewoonlijk ziet). De mensen naar wie hij verwees waren degenen die door veel mensen zouden worden aangemerkt als 'wishful thinkers' en die uiteindelijk de hoop opgaven. Dit is precies wat professor Martin Seligman beschrijft in zijn werk over aangeleerde hulpeloosheid (zie hieronder).

Mike en Bettina Jetter – kijk voor hun prachtige boek *The Cancer Code* op www.cancercode.com en voor details over de revolutionaire software die hij in het leven riep toen hij werd behandeld voor CML op www.mindjet.com. Mike en zijn vrouw Bettina zijn op dit moment bezig met een nieuw project om vrouwen te inspireren en kracht te geven. Zie voor meer informatie www.coachingsanctuary.com

Mind-mapping werd populair gemaakt door de Britse schrijver over psychologie Toby Buzan. Zie voor meer informatie zijn boek *The Mind Map Book* (Penguin Books, 1996)

Optimist International. Ben je erin geïnteresseerd optimisme aan te kweken bij kinderen, ga dan naar *Optimist International*, een wereldwijde organisatie die zich ten doel stelt 'het beste uit kinderen te halen' door hun 'hoop en een positieve kijk op het leven te geven'. De vereniging werd in 1919 opgericht en heeft nu meer dan 100.000 volwassen leden, die actief zijn in meer dan 3000 optimistenclubs in landen over de hele wereld en kinderen stimuleren het beste uit zichzelf te halen. De vrijwilligers van Optimist International zijn voortdurend in de weer om deze wereld

tot een betere plek te maken. De organisatie heeft per jaar 56.000 projecten lopen, waarmee ze zes miljoen jonge mensen helpen.
Het Credo van de Optimisten is:

Wees zo sterk, dat niets je gemoedsrust kan verstoren.
Praat over gezondheid, geluk en voorspoed met iedereen die je ontmoet.
Laat al je vrienden voelen dat er iets in hen zit.
Zie altijd van alles de zonnige kant en laat je optimisme tot waarheid worden.
Denk alleen het beste, zet je alleen in voor het beste en verwacht alleen het beste.
Wees over de successen van anderen net zo enthousiast als over die van jezelf.
Vergeet de fouten uit het verleden en richt je op de grotere successen in de toekomst.
Zet altijd een vrolijk gezicht en schenk elk levend wezen dat je ontmoet een glimlach.
Steek zoveel tijd in het verbeteren van jezelf dat je geen tijd over hebt om kritiek te leveren op anderen.
Wees te groot voor gepieker, te edel voor woede, te sterk voor angst en te gelukkig om toe te geven aan ellende.

Zie voor meer informatie www.optimist.org

Voor Martin Seligman zie *Learned Helplessness: A Theory for the Age of Personal Control* door Christopher Peterson, Steven F. Maier, Martin E.P. Seligman (Oxford University Press, VS, 1995) en *Learned Optimism* (Vintage, 2006)

Onderzoek naar optimisme

Applying Learned Optimism. Schulman, P., *University of Pennsylvania Journal of Personal Selling & Sales Management*, Deel XIX Nr. 1 (winter 1999), 31-37

CAVEing the MMPI for an Optimism-Pessismism Scale; Seligman's Attributional model and the assessment of explanatory style. Colligan, R.C., Offord, K.P., Malinchoc, M., Schulman, P., Seligman, M.E. *J Clin Psychol* 50 (1): 71-95 (1994)
Learned Optimism door Martin E.P. Seligman,
www.psych.upenn.edu/seligman/index.htm
Finding benefit in breast cancer: relations with personality, coping, and concurrent wellbeing. Kenya R. Urcuyo, Amy E. Boyers, Charles S. Carver & Michael Antoni. *Psychology and Health*, april 2005, 20(2): 175-192

9 De mentaliteit van de ondernemer: Zoeken naar verborgen kansen

Regarding Henry (Paramount Pictures, 1991) werd geschreven door J.J. Abrams

Wil je de Cup Carrier zien die Clare Newton heeft uitgevonden, ga dan naar http://www.1000inventions.com/detail2.php?id=189

Michael Gerber, *The E-Myth* (HarperBusiness, VS, 1988)

10 Je leven herkaderen: De vragen waar het echt op aankomt

Dan Ariely, *Predictably irrational* (HarperCollins, 2008); zie ook Painful Lessons, die je kosteloos kunt downloaden van www.predictablyirrational.com

Gemma Stone – www.rockandruby.com

Jodi Pliszka, *Bald is Beautiful: My Journey to Becoming* (Nightingale Press, 2007)

NLP – Zie voor meer informatie en onderzoek www.nlpresearch.org

12 De erfenis van Edison: Levensfilosofieën

Helaas waren niet al Edisons filosofieën goed. Het feit dat hij tegen wisselstroom was, bracht hem ertoe een korte maar felle campagne te voeren om het gebruik van wisselstroom uit te bannen of het voltage om veiligheidsredenen te verlagen. Als onderdeel van deze campagne brachten Edisons medewerkers in het openbaar dieren door elektrocutie om het leven, waaronder zwerfkatten, zwerfhonden en ook enkele koeien en paarden. Hiermee wilden ze aantonen hoe gevaarlijk wisselstroom was. Op 4 januari 1903 brachten Edisons medewerkers de olifant Topsy in Luna Park in de buurt van Coney Island door elektrocutie om het leven. Het dier had een paar mensen gedood en haar eigenaars wilden haar niet langer laten leven. Edisons bedrijf filmde de electrocutie. Voor meer informatie zie www.wired.com/science/discoveries/news/2008/01/dayintech_0104

Voor Ralph Teetor zie www.cruise-in.com/resource/cismar08.htm en *Time* magazine, 27 januari 1936, 'I see'
www.time.com/time/magazine/article/0,9171,847646,00.html

Voor The Perfect Circle Corporation zie
www.waynet.org/waynet/spotlight/2003/030521-perfectcircle.htm

Voor het verhaal over Steve Heard zie *Mail on Sunday*, 17 augustus 2008, blz. 53

Voor Sanu Kaji Shrestha zie www.fost-nepal.org

Voor Trevor Baylis zie www.trevorbaylisbrands.com

13 De kunst van het zien: Het onmogelijke doen

Amit Goffer – The ReWalk™ wordt op dit moment klinisch onderzocht en Amits nieuwe bedrijf, Agor Medical Technologies in Haifa, Israël, hoopt de REWalk™ in 2010 volledig in productie te hebben genomen. Zie voor meer informatie www.argomedtec.com

14 Een wereld van mogelijkheden: Hoop voor de toekomst

Oscar Pistorius: *The Fastest Man on No Legs*, Channel 5 TV
Natalie du Toit zie www.nataliedutoit.com
Voor informatie over Don Rogers zie www.indstate.edu

15. De drie wegen: De zoektocht naar betekenis en zingeving

Dr. Viktor Frankl, *Man's Search For Meaning* (Washington Square Press, 1959)
For What Are We Born to Become? The Logotherapy of Dr Viktor Frankl door Carol Miller
Voor het verhaal over Sara Tucholsky zie de *Chicago Tribune*, 1 mei 2008
Randy Pausch, *The Last Lecture* (Hyperion, 2008)
Voor informatie over MADD zie www.madd.org

16 Het relationele aspect: Je omringen met de juiste mensen

Voor informatie over de seminars en evenementen van Mark Pollock zie www.markpollock.com
Edward Diener is hoogleraar psychologie aan de universiteit van Illinois
Harold Kushner, *When All You've Ever Wanted Isn't Enough* (Pan Books, 2000)

17 De geest richten: Innerlijke kracht vinden

Voor informatie over Richard Turner zie www.richardturner52.com
Voor informatie over W. Mitchell zie www.wmitchell.com

Deel III: Bespiegelingen – Gedachten over de keerzijde

Voor Nancy Davis zie www.erasems.org
Voor Warren Buffet zie het artikel in de *New York Times*, 17 october 2008

Dankwoord

Een van de hoofdkenmerken van de keerzijde die steeds weer naar voren kwam was hoe belangrijk het is een netwerk om je heen te hebben waarvan je op aankunt. Dat geldt ook voor het schrijven van een boek. Ik wil graag mijn agente en vriendin Sara Menguc bedanken. Zonder haar steun en enthousiasme voor dit project en het feit dat zij in mij als schrijver is blijven geloven, had ik *De keerzijde* beslist niet kunnen schrijven. Mijn dank gaat ook uit naar Sara's echtgenoot, Haluk, die een paar verhalen vond en naar mij opstuurde, en naar haar collega Amabel Gee.

Ook wil ik mijn redacteur bij Headline, John Moseley, bedanken die achter het idee van *De keerzijde* stond en alles aan het rollen bracht, en verder David Wilson, hoofduitgever van non-fictie bij Headline. John en David verleenden van meet af aan hun steun aan het project en waren vol enthousiasme.

Ook wil ik alle mensen bedanken die tijd voor mij vrijmaakten om met mij te praten en te corresponderen over hun verhalen of hun werk op aanverwante terreinen. Sommigen van hen zijn goede vrienden geworden. Mijn speciale dank gaat uit naar Jodi Pliszka, Amit Goffer, professor Dan Ariely, professor Charles Carver, professor Susan Segerstrom, Mike en Bettina Jetter, Gemma Stone, Helen en Simon Pattinson, Richard Turner, Barnaby Lashbrooke, Krista Grueninger van Optimists International voor haar toestemming om Het Credo van de Optimisten over te nemen, Mark Pollock en Ken Ross, voorzitter van de EKR Foundation, voor hun welwillende toestemming om uitspraken van Elisabeth Kübler-Ross te gebruiken.

Speciale dank ook aan mijn lieve vrouw Karen, die al in het project geloofde toen het nog niet meer was dan een idee. Net als dat het geval was bij mijn vorige boeken, waren haar kritiek en commentaar van onschatbare waarde. En ten slotte wil ik jou bedanken dat je *De keerzijde* hebt willen lezen. Ik heb mijn uiterste best gedaan om zeker te stellen dat alles wat erin staat klopt. Mochten er, ondanks de inzet van alle hier genoemde personen, toch nog fouten in zitten, dan komen die geheel en al voor mijn rekening.

Over de auteur

Adam J. Jackson werd in 1962 in Sussex in Engeland geboren. Hij voltooide in 1983 zijn rechtenstudie aan de universiteit van Southampton. Hij werd jurist en oefende zijn vak uit in Londen. Na drie jaar besloot hij echter die wereld vaarwel te zeggen en een carrière op te bouwen in de natuurgeneeskunde.

Vanaf 1995 schreef hij maandelijks een column voor de *Nursing Times* en de *Health Guardian*, waarin hij verslag uitbracht over de laatste ontwikkelingen en onderzoeken op het gebied van alternatieve geneeswijzen en therapieën.

Door de problemen die hij zelf met zijn gezondheid had, ontdekte Jackson dat alles een schaduw- én een zonzijde heeft. Toen hij acht was, werd bij hem psoriasis geconstateerd, die zo erg werd dat hij erdoor in het ziekenhuis belandde. Dit dreef hem ertoe op zoek te gaan naar een behandeling van psoriasis en uiteindelijk bracht hij M-Folia op de markt, een middel waar geen steroïden in zitten en waar mensen over de hele wereld baat bij hebben.

De keerzijde is Jacksons achtste boek. Zijn eerdere boeken in de reeks *The Secrets of Abundant Health, Wealth, Love & Happiness* zijn in zevenentwintig talen vertaald. Jackson is ook een gedreven spreker en een echte zakenman. Hij woont met zijn vrouw, Karen, hun kinderen, Sophie en Samuel, en hun hond in Hertfordshire in Engeland.

Ga voor meer informatie naar zijn website:
www.adamjjackson.com